Schicksalsjahr 1945

Inferno Nordhausen

Chronik
Dokumente
Erlebnisberichte

Schicksalsjahr 1945

Inferno Nordhausen

Chronik
Dokumente
Erlebnisberichte

zusammengestellt von Peter Kuhlbrodt
herausgegeben vom Archiv der Stadt Nordhausen

Nordhausen 1995

Schriftenreihe
„Heimatgeschichtliche Forschungen
des Stadtarchivs Nordhausen/ Harz"
Nr. 6

Die Drucklegung erfolgte mit finanzieller Unterstützung der Thüringer Staatskanzlei und
des Landratsamtes Nordhausen.

Herausgeber: Archiv der Stadt Nordhausen
Umschlaggestaltung: Karin Kisker, Nordhausen
Gesamtherstellung: Kodi Satzstudio Neukirchner, Nordhausen

ISBN-Nr. 3-929767-09-0

Inhalt

I.   Nordhausen in den letzten Monaten der nationalsozialistischen Diktatur
      Chronik vom 1. Januar bis zum 10. April 1945   10
      Dokumenten- und Bildteil   29

II.   Nordhausen unter amerikanischer Besatzung
      Chronik vom 11. April bis zum 30. Juni 1945   41
      Dokumenten- und Bildteil   55

III. Nordhausen unter der russischen Besatzungsmacht
      Chronik vom 1. Juli bis zum 31. Dezember 1945   79
      Dokumenten- und Bildteil   113

IV.   Erlebnisberichte
      Anneliese Hirschfeld, In der „Mabag" 1945   140
      Heinz Junker (1919-1979), Erinnerungen   143
      Eva Stiede, In der Boelcke-Kaserne   148
      Alfred Kronberg, Der 3. April 1945 in der Weberei Gudorf   150
      Hans-Viktor Diederichs, Die Zerstörung der Stadt   152
      Julius Becker (1866-1951), Die Zerstörung Nordhausens   154
      Hertha Reinhardt, Zeitzeuge des 3. und 4. April 1945   157
      Alfons Stockert, Erlebnisse eines jungen Soldaten   161
      Manfred Just, Fünf entscheidende Tage in Nordhausen   166
      Frieda Schlöffel, Meine Erlebnisse zum Kriegsende 1945   171
      Rudolf Uhley (1887-1976), Aufzeichnungen   173
      Hella Alert, Die Apriltage 1945 in Salza   177
      Irma König, Bomben auf Bielen   179
      Heinz Seidenstricker, Die Tage danach   179
      Hildegard Koch, 1945 in Nordhausen   180
      Irene Großmann, Ein Rückblick   185
      Lieselotte Holzmann, Im Siechhof gefangen   189
      Irma König, Der Einzug der Amerikaner in Bielen   190
      Rolf Hecker, Von den Amerikanern mal kurz einkassiert   192
      Rudolf Mönch, Unschuldig im Internierungslager Niedersachswerfen   193
      Fritz Schmalz, Streng bewachter Marsch zum Lager „Dora"   194
      Artur Grosser, August/September 1945 im Lager „Dora"   195
      Otto Müller, 1945/46 in der Teichmühle bei Münchenlohra   196

Abkürzungs- und Siglenverzeichnis   198

War eine Stadt am Bergeshang, der war mein Herz verschrieben:
Der Türme Reihe, ihrer Glocken Klang,
ich lernt' es alles lieben.

War'n es der Treppen Winkel nicht, wo ich berauscht gesessen,
war's Ziegelrot im Abendlicht,
ich kannte meiner Stadt Gesicht
und hab' es nicht vergessen.

War keines Tores Rahmenbild im Dämmerlicht der Gassen,
das nicht des Malers Lust gestillt,
ward mancher Bogen angefüllt
mit Winkeln und Gelassen.

War nicht ein bunter Dächerkranz im bunten Farbenreigen,
den ich im gold'nen Abendglanz
und winters bei der Flocken Tanz
mocht' Freund und Fremden zeigen.

War nicht ein Wort in Holz und Stein, das ich nicht oft gelesen,
wie der Geschichte Wechselreih'n,
mocht's rühmlich oder elend sein,
war's Heimat doch gewesen.

War nicht ein Baum im Kranz der Stadt, den ich nicht still umworben,
denn Freude gab mir jedes Blatt,
das rauschte um die alte Stadt,
bis es im Gras verdorben.

War nicht ein Lied, war's Lust, war's Leid,
das für Dich nicht gesungen,
beim frohen Tanz, im Schritt der Zeit,
ging es hinaus zum Männerstreit,
die Gassen hat's durchklungen.

War eine Welt mit Brand und Schwert, was wußte die vom Lieben,
sie brach in Trümmer, was mir wert,
Die Türme, Mauern, Haus und Herd,
sind Scherben nur geblieben.

War eine Stadt am Bergeshang, der war mein Herz verschrieben,
schwingt drüber keiner Glocke Klang,
tönt trauervoller Lieder Sang
um das, was uns geblieben.

W. Reinboth 1945

Vorwort

Erforschung und Verbreitung der Geschichte des Jahres 1945 in unserer Stadt stießen bis zum Jahre 1990 auf nicht geringe Schwierigkeiten.

Unter dem unmittelbaren Eindruck der Geschehnisse verfaßte Hans Silberborth, der bekannte Autor der „Geschichte der Freien Reichsstadt Nordhausen" (1927), noch im Jahre 1945 ein Manuskript „Nordhausen unter den Amerikanern", das nach seinem Tode 1949 zusammen mit anderen bisher unveröffentlichten Texten in die Bundesrepublik gelangte und trotz unserer Recherchen bisher nicht aufgefunden werden konnte. Danach ist auf diesem so wichtigen Gebiet stadtgeschichtlicher Forschung jahrzehntelang so gut wie nicht gearbeitet worden. Dieser immer spürbarere Mangel veranlaßte Anfang der achtziger Jahre den Nordhäuser Arzt Manfred Schröter, auf der Grundlage zahlreicher Befragungen von Zeitzeugen ein Manuskript zu erarbeiten, das im Jahre 1985 als Sonderheft der „Beiträge zur Heimatkunde aus Stadt und Kreis Nordhausen" gedruckt wurde. Die schon fertiggestellte Auflage von 5 000 Exemplaren ist jedoch Ende März 1985 auf Anordnung der damaligen SED-Kreisleitung konfisziert und vernichtet worden. Dafür wurde in der Reihe „Unser aktuelles Argument", herausgegeben von der Kreisleitung Nordhausen der SED, in Nr. 4/1985 wider besseres Wissen von einem „Zerstörungsangriff amerikanischer Bomber auf Nordhausen" gesprochen und davon, daß der Kommandant der US-Panzerarmee zu den Hauptschuldigen an der Zerstörung und am Tode Tausender Menschen gehöre. Erst die KPD habe dann im Sommer 1945 dazu aufgerufen, die Schuttmassen wegzuräumen. So ist besonders den Jüngeren, die das Geschehen 1945 nicht aus eigenem Erleben kannten, durch schlimme Geschichtsklitterung ein völlig verzerrtes Bild dieses Jahres verordnet worden.

Inzwischen erwarb sich in der Bundesrepublik auf dem Gebiet lokaler zeitgeschichtlicher Forschungen Manfred Bornemann auch für die Geschichte der Stadt Nordhausen große Verdienste. Hatte er schon 1971 die Studie „Geheimprojekt Mittelbau" veröffentlicht (zweite, völlig neu bearbeitete und erweiterte Auflage 1994), so erschienen von ihm 1974 „Schicksalstage im Harz" und 1977 „Die letzten Tage in der Festung Harz", zwei Arbeiten, die inzwischen mehrere Nachauflagen erlebten. Besonders die „Schicksalstage" enthalten viel Material auch über das Kriegsende in Nordhausen und eine Übersetzung des erschütternden Berichtes von Sergeant Ragene Farries über die Bergung der Häftlinge der Boelcke-Kaserne, auf dessen Wiedergabe deshalb hier verzichtet wurde.

1988 durfte dann Manfred Schröters Arbeit „Die Zerstörung Nordhausens und das Kriegsende im Kreis Grafschaft Hohenstein 1945" als Sonderheft der schon genannten „Beiträge..." in Nordhausen erscheinen, eine Arbeit, die auch heute für die Behandlung dieses Themas unentbehrlich ist.

Am 3. und 4. April 1995 begeht die Stadt Nordhausen wiederum einen bedeutenden Gedenktag. Vor 50 Jahren versank der größte Teil der Stadt in Schutt und Asche. Wenige Tage darauf besetzten amerikanische Truppen Nordhausen und beendeten die nationalsozialistische Diktatur. Aber das ganze Jahr 1945 ist von Bedeutung, wurden in ihm doch gewissermaßen die Weichen gestellt für ein weiteres halbes Jahrhundert deutscher „Nachkriegsgeschichte".

Wir sahen es als unsere Aufgabe an, die letzte Generation der noch lebenden Zeitzeugen, die heute Siebzig- und Achtzigjährigen, zu befragen, um zu helfen, den nach uns Kommenden ein möglichst wahrhaftiges Bild des damaligen Geschehens zu vermitteln. Geht man einmal davon aus, daß nur die heute mindestens im vollendeten 6. Lebensjahrzehnt Stehenden das Jahr 1945 einigermaßen bewußt erlebt haben, die Jüngeren aus eigenem Erleben also gar nichts wissen, zum anderen in der Vergangenheit darüber nur sehr einseitig informiert wurde, so verwundert es nicht, daß über das Jahr 1945 große Wissenslücken bestehen. Diese mit vorliegender Publikation schließen zu helfen, das soll unser Hauptanliegen sein.

Um ein einigermaßen klares Bild zu gewinnen, mußten etwa 1 000 Akten des Bestandes S (1945 bis 1990) im Stadtarchiv durchgesehen werden. Hinzugezogen wurden ferner die lokale Presse und andere gedruckte Archivalien sowie die wichtigsten Darstellungen. Dennoch bleiben Fragen offen, die durch weiterführende Studien beantwortet werden müssen. Das vorgelegte Material erlaubt in Detailfragen Präzisierungen, zum Beispiel in den genannten Arbeiten zur Geschichte des „Lagers Dora" in der Nachkriegszeit.

Erleichtert wurde die Materialzusammenstellung durch bereits vorliegende Untersuchungen über das unheilvolle Wirken des NKWD in Nordhausen seit Sommer 1945. Hier sei auf unsere Publikation „Die Graupenstraße" hingewiesen. Der Vorsitzende der jüdischen Landesgemeinde Erfurt, Raphael Scharf-Katz, der 1945 schreckliche Wochen als Häftling der Boelcke-Kaserne verbrachte und das Inferno überlebte, hatte zugesagt, einen Erinnerungsbericht zu schreiben. Sein plötzlicher Tod bedeutete auch für diese Schrift einen schmerzlichen Verlust.

Zum Schluß sei all denen gedankt, die das Zustandekommen unserer Veröffentlichung maßgeblich gefördert haben: denjenigen, die als Zeitzeugen schrieben oder im Stadtarchiv ihre Erlebnisse mitteilten, Werner Steinmann für die Erlaubnis, seine Fotos vom zerstörten Nordhausen verwenden zu dürfen, ebenso der Firma Senso-Film (Berlin), Rolf Hecker (München), der Thüringer Staatskanzlei zu Erfurt und dem Landratsamt Nordhausen für die Bereitstellung finanzieller Mittel.

I
Nordhausen in den letzten Monaten der nationalsozialistischen Diktatur

CHRONIK
vom 1. Januar bis zum 10. April 1945

1. Januar 1945

Am Montag, dem 1. Januar 1945, findet um 10.00 Uhr im „Riesenhaus" ein Appell aller politischen Leiter, Warte und Amtsträgerinnen der NS-Frauenschaft statt. Auch die Bataillons- und Kompanieführer des Volkssturmes nehmen daran teil.

SHK, 2. Jg., Nr. 306 v. 30.12./1.1.1945

Im Neujahrsappell stellt Kreisleiter Nentwig das Ziel der Arbeit im Volkssturm und die Lösung aller politischen Aufgaben der Zukunft unter die Parole „Für Freiheit und Sozialismus!"

SHK, 3. Jg., Nr. 1 v. 2.1.1945

„Es gibt keinen 'Voralarm' " (Zeitungsmeldung)

„'Öffentliche Luftwarnung' ist ein kleiner Alarm und wird angekündigt durch einen dreimal sich wiederholenden Dauerton. 'Fliegeralarm' dagegen wird durch einen auf- und abschwellenden Heulton angezeigt. In beiden Fällen ist mit Feindtätigkeit und Bombenabwürfen zu rechnen ... Während 'Öffentliche Luftwarnung' eine geringe Anzahl Feindflugzeuge ankündigt, meldet der 'Fliegeralarm' den Einflug eines größeren Kampfverbandes."

SHK, 2. Jg., Nr. 306 v. 30.12./1.1.1945

Tag und Nacht Hochbetrieb in den Nordhäuser Wartesälen

„Stündlich strömen neue Gesichter in die Säle, die sich oft in wahre Feldlager verwandeln. Da hockt man zwischen den Tischen auf Koffern und Kisten, sogar auf Rucksäcken, und versperrt Türen und Wege. Doch dann wird der nächste Zug aufgerufen, und eine kleine Völkerwanderung bricht auf zum Bahnsteig. Nur wenige Minuten währt das Abebben des Gewühls, dann kommen schon wieder neue Gäste, Urlauber und Umquartierte, die sich auf ihre Wartezeit einrichten... Inzwischen ist es spät abends geworden. Die Nachtschicht des Gaststättenpersonals hat begonnen, und noch immer sind die Säle gefüllt. Hier und da nickt ein Kopf vorn über; man versucht einen kurzen Schlaf. Die Landser haben darin eine Meisterschaft errungen."

4. Januar 1945

„Mit Wirkung vom 5. Januar ist nunmehr im gesamten Reichsgebiet einheitlich von Sonnenuntergang bis Sonnenaufgang zu verdunkeln." Die Beratungsstelle der NS-Frauenschaft - Deutsches Frauenwerk gibt Ratschläge, wie man praktische Taschen zur Aufnahme von Luftschutzgepäck näht. „Aus den Stoffabfällen läßt sich gut ein Nasen- oder Mundschutztuch gegen Staub und Qualm herstellen... Eine schützende Kapuze falten wir leicht und schnell aus einem Vierecktuch oder einfachem weißen Stoff zusammen. Schließlich nehmen wir noch eine dicke Schlafdecke, versehen sie geschickt mit Bändern, und wir haben im Notfall einen guten Schutzmantel gegen Funkenflug und Feuer."

SHK, 3. Jg., Nr. 3 v. 4.1.1945

„Nach wie vor führt die Partei ihre Mitgliederappelle durch, so die Ortsgruppe Weddingen im Gefolgschaftsraum der Fa. Grimm und Triepel. Auch die Glücksmänner ziehen noch herum und haben noch manchmal das Glück, daß ihnen einer ein Los abkauft."

Chronik StA, S. 1

6./7. Januar 1945

Aufruf „Nordhäuser, bewährt euch im deutschen Volksopfer!"

„Zum Volksopfer werden alle Deutschen heute aufgerufen, und nun ist die Reihe auch an den Nordhäusern und Südharzern, die Führung nicht zu enttäuschen, die diesen Ruf in schwerer Zeit an das Volk richtet. Es gilt, Kleidung und Ausrüstungsstücke für Wehrmacht und für Volkssturmsoldaten herbeizuschaffen, aus den Reserven der Haushaltungen herauszuholen und sie einer dringend notwendigen Verwertung zuzuführen."

SHK, Nr. 7 v. 9.1.1945

8. Januar 1945

Seit dem 8. Januar werden in der Boelcke-Kaserne Häftlinge untergebracht. In den ehemaligen Unterkünften und Fahrzeughallen vegetieren zahlreiche kranke Häftlinge der Evakuierungstransporte aus dem Osten. Sie dürfen bei Luftalarm keine Schutzräume aufsuchen, sondern bleiben zusammengepfercht in ihren Unterkünften.

MS, S. 6

9. Januar 1945

Auf Anordnung des Reichsverkehrsministers wird allen Besitzern ziviler Kraftfahrzeuge vorgeschrieben, ein Fahrtenbuch zu führen. „Kraftfahrzeuge jeder Art dürfen nur zur Erfüllung kriegs- und lebenswichtiger Aufgaben benutzt werden."

SHK, Nr. 7 v. 9.1.1945

12. Januar 1945

Ratschlag des „Südharzer Kurier" für den Fall eines Luftangriffs

„Ohne Gerät kannst du dich selbst nicht retten und keinen Brand bekämpfen. Deshalb: Feuerpatschen, Handspritze, Schaufeln, Aexte, Beile, Einreißhaken und Seile griffbereit im Luftschutzraum! Dein Leben kann davon abhängen, ob diese Geräte im Augenblick der Gefahr einsatzbereit sind."

SHK, Nr. 10 v. 12.1.1945

„Nordhäuser, bringt euer Volksopfer heute noch!

Nordhausen stand gestern im Zeichen des Volksopfers für Volkssturm und Wehrmacht. Die Sammelstellen der Ortsgruppen hatten ihre Pforten zum erstenmal geöffnet und konnten bereits eine erfreuliche Anteilnahme verzeichnen. Noch waren nicht viele Haushalte vertreten; doch diejenigen, die als Spender kamen, brachten Textilien und Ausrüstungsgegenstände aller Art in Mengen, ja einige mußten ihre Spende sogar auf dem Handwagen anfahren. Auch die Hitler-Jugend setzte sich ein und rief durch Fanfarenmarsch und Sprechchor auf: Öffnet Truhen und Schränke für das Volksopfer! Und von vielen Schaufenstern mahnte eine riesige Aufschrift: 'Volksopfer - Alles für die Front!'"

SHK, Nr. 11 v. 13./14.1.1945

15. Januar 1945

In der Mathilden-Mittelschule findet ein Konzert blinder Künstler statt.

SHK, Nr. 12 v. 15.1.1945

16. Januar 1945

Feindeinflüge mehren sich

„Es mehren sich die Feindeinflüge und Feindüberflüge in und über unser Gebiet. Oft schon frühmorgens ertönen die Sirenen. Auf Stunden muß dann die Arbeit unterbrochen werden, die Arbeiter sammeln sich in ihren Luftschutzräumen, die Schüler eilen nach Hause. Am ungestörtesten verläuft noch der Nachmittag; abends aber setzen sehr früh neue Luftwarnungen ein."

Chronik StA, S. 4

Ausgezeichnet

Für Tapferkeit vor dem Feinde wird mit dem Eisernen Kreuz 2. Klasse ausgezeichnet: Gefreiter Kurt Bröder, Nordhausen, Hüpedenweg 2

SHK, Nr. 13 v. 16.1.1945

17. Januar 1945

Fast täglich wird die Bevölkerung aufgefordert, Kleidung und Ausrüstungsgegenstände für die Front zu spenden. „Opfere auch Du in entscheidungsvoller Stunde!" Ferner wird über die Einsatzbedingungen der Wehrmachtshelferinnen informiert. Täglich werden auch die Verdunkelungszeiten angegeben, am 17.1. z. B. von 16.40 Uhr bis zum folgenden Tag um 8.10 Uhr.

SHK, Nr. 14 v. 17.1.1945

Arbeit in ungeheizten Räumen

„Auch in Nordhausen beginnt man, in ungeheizten Arbeitsräumen und Büros die Arbeit zu verrichten. Die Familien müssen um einen einzigen Ofen oder Küchenherd, für den die Heizung gerade noch langt, zusammenrücken. Besonders schlecht steht es um die Häuser mit Zentralheizung. Es ist gut, daß der Winter sehr milde ist, sonst kämen Leben und Tätigkeit vielfach zum Erliegen."

Chronik StA, S. 2

18. Januar 1945

Hausbrandkohle auf 60 Prozent beschränkt

„Die Nordhäuser Hausbrandverbraucher können für das bis zum 31. März 1945 laufende Kohlen-wirtschaftsjahr vorläufig mit höchstens 60 v. H. ihrer für Heiz-, Koch- und Waschzwecke im Vorjahr gewährten Zuteilungsmenge rechnen."

SHK, Nr. 15 v. 18.1.1945

Zum 100. Geburtstag von Bernhard Suphan

Im „Südharzer Kurier" wird an den 100. Geburtstag von Bernhard Suphan erinnert: „Ein Nord-häuser stellte Herders Werke zusammen. Vor 100 Jahren wurde der Herder-Forscher Bernhard Suphan geboren."

19. Januar 1945

Luftschutzraum sauber und wohnlich

„Richtet Eure Luftschutzräume so ein, daß - im Rahmen der vorhandenen Möglichkeiten - auch ein längerer Alarm dort einigermaßen bequem überstanden werden kann. Alle überflüssigen Gegen-stände müssen aus den Kellern entfernt werden, damit genügend Raum für die Freimachungs- und Löschgeräte, für das Luftschutzgepäck, für Luftschutzbetten und Stühle vorhanden ist. Überprüft jeden Schutzraum nach folgenden Gesichtspunkten: Hat der Luftschutzraum Durchbrüche nach außen oder zu den Nachbarhäusern? Der Kellerdurchbruch hat schon vielen Volksgenossen das Leben gerettet. Ist der Schutzraum splittersicher? Ist die Raumdecke ordnungsgemäß abgesteift? Ist die Inneneinrichtung vollständig? Sind Beil, Hacke, Luftschutzspritze, Feuerpatsche, Wasser, Sand, Kerzen, Streichhölzer im Luftschutzkeller?"

SHK, Nr. 14 v. 19.1.1945

21. Januar 1945

Auch am Sonntag geöffnet

Die „Volksopfer"-Annahmestellen sind am Sonntag geöffnet. Am Sonntag, dem 28. Januar, findet die Haussammlung durch Volkssturm und Politische Leiter statt.

Die Sammelstellen befinden sich für :

die Ortsgruppe Finkenburg	Rautenstraße 7 (Modehaus Theiß)
die Ortsgruppe Bismarck	Restaurant „Stadt Straßburg", Barfüßerstraße
die Ortsgruppe Weddingen	Kneiffstraße 1
die Ortsgruppe Horst Wessel	Grimmel 4 (Süßmosterei Jühne)
die Ortsgruppe Ostmark	Kasseler Straße 14
die Ortsgruppe Schlageter	Freiheitsstraße 15

die Ortsgruppe Gustloff	Töpferstraße 18/19 (bei Krüger)
die Ortsgruppe Richthofen	Erfurter Straße 20
die Ortsgruppe Meyenburg	Wallrothstraße 4

SHK, Nr. 14 v. 19.1.1945

23. Januar 1945

Nach dem Wegfall der D- und Eilzüge wird in der Presse auf Einschränkungen in der Postbeförderung hingewiesen. Außerhalb des Ortsverkehrs ist nur die gewöhnliche Postkarte zugelassen.

Für besonderen Fronteinsatz erhält das Kriegsverdienstkreuz 2. Klasse mit Schwertern Oberleutnant Alfred Lüttge, Nordhausen, Thüringerstraße 1.

„Alles das beachten!

Vielleicht müssen einmal, wenn du beim Löschen bist, fremde Menschen dein Eigentum bergen. Schreibe deshalb Name und Anschrift auf jedes Möbelstück! Auch wirst du später froh sein, wenn du eine Aufstellung von 'Hab und Gut' gefertigt hast. Zieh bei Alarm stets derbe Schuhe an. Vielleicht mußt du dich über brennendes Gerümpel retten."

SHK, Nr. 19 v. 23.1.1945

24. Januar 1945

Worte eines Preußenkönigs

Der „Südharzer Kurier" zitiert Friedrich den Großen: „Die Pflicht ist meine Religion." „Manchem unter uns mag der Aufruf zum allgemeinen 'Volksopfer' etwas wider seine Meinung gehen, und er sähe sich lieber in Ruhe gelassen. Da uns jedoch unsere gegen unsern Untergang verschworenen Feinde niemals in Ruhe lassen und wir uns zunächst noch unserer Haut zu wehren haben, so gelte auch unserem vielleicht schwankenden Verhalten der eherne Preußenruf zur Pflicht: es muß sein, also sei es!"

SHK, Nr. 20 v. 24.1.1945

25. Januar 1945

„V 2" in der Wochenschau

In Nordhausen sieht man in der neuesten Wochenschau die V 2 im Kriegseinsatz: „Ein Dröhnen erfüllt die Lüfte: Über den Köpfen der deutschen Landser steigt in rasender Geschwindigkeit ein schlanker Stahlleib in die Stratosphäre und schreibt nie gesehene Zeichen in den Himmel: 'V 2' zieht ihre verderbenbringende Bahn! Zum ersten Male verfolgen wir im Filmbild den Flug des revolutionären deutschen Ferngeschosses."

NSV-Ortsgruppe „Richthofen"

Die Ortsgruppe „Richthofen" führt um 20.00 Uhr einen Mitgliederappell für die Zellen 1 - 3 durch, der im Gefolgschaftsraum der Firma „Friedrich", Hallesche Straße, stattfindet. Es spricht Kreisschulungsleiter Bärwinkel. Vorher wird jedoch die Rede des Gauleiters Sauckel im Gemeinschaftsempfang angehört. Pg. Bärwinkel nennt als Tugenden dieser Stunde: den Widerstandswillen, die Opferbereitschaft und die Kampfentschlossenheit. „Wir müssen noch wahrer, noch zäher, noch verbissener, noch fanatischer werden, dann werden wir selbst die unzweifelhaft schwere Aufgabe meistern, die an uns gestellt wird."

SHK, Nr. 21 v. 25.1.1945

27./28. Januar 1945

Der Zugverkehr der Harzquerbahn wird an Sonntagen eingestellt.

Sonntag: Großsammeltag für das Volksopfer

Als Sammler betätigen sich Block- und Zellenleiter der NSDAP, Volkssturmsoldaten, Jungvolk und Jungmädelschaft sowie Wehrmachtsangehörige. Behörden, Betriebe und Hotels werden zum Opfern aufgerufen. Fenstervorhänge, Gardinen, Teppiche u. a. m. sollen abgeliefert werden.

SHK, Nr. 23 v. 27./28.1.1945

30. Januar 1945

Am Jahrestag der Machtübernahme veranstaltet der Kreisabschnitt Nordhausen der NSDAP eine öffentliche Kundgebung im Riesenhaus, auf der Kreisleiter Oberbereichsleiter Nentwig spricht. „Durch unser Erscheinen beweisen wir unsere Treue zum Führer und unseren Willen, durchzuhalten bis zum letzten Atemzug!" Kreisleiter Nentwig findet beschwörende Worte: „Wir sollen heute dem Führer erneut unsere bedingungslose Hingabe bis zum Letzten geloben... Wir wollen niemals nachlassen, an den Sieg zu glauben und für den Sieg zu schaffen, niemals ablassen vom Willen zu Kampf und Sieg."

SHK, Nr. 26 v. 31.1.1945

Arbeit in der Rüstungsindustrie

„Kennzeichnend für die Zeit sind morgens in der Winterdunkelheit die überfüllten Elektrischen, welche die Menschen an die Arbeit oder an den Bahnhof bringen zur Weiterfahrt nach Niedersachswerfen und Ilfeld. Müde, hungernde Gestalten, die aber ihre Pflicht bis zum Äußersten tun. Viele Ortsfremde aus allen deutschen Gauen sind dabei, aber auch Fremdvölker wie Franzosen, Holländer, Belgier. Im Südharzer Gebiet der Gipszone von Ellrich im Westen bis Rottleberode im Osten ist eine einzige ungeheure Rüstungsindustrie aufgebaut... Den in diesen Betrieben Arbeitenden ist nicht nur über ihre Tätigkeit, sondern auch über alle sonstigen Geschehnisse Schweigen auferlegt."

Chronik StA, S. 3

1. Februar 1945
Veit-Harlan-Film „Opfergang"

Im Nordhäuser Filmtheater „Capitol" läuft der Veit-Harlan-Film „Opfergang".

Für besonderen Feindeinsatz erhält das Kriegsverdienstkreuz 2. Klasse mit Schwertern Obergefreiter Kurt Haase, Nordhausen, Salzburger Straße 3.

Kreisleiter Nentwig äußert auf einer Zusammenkunft mit Gärtnern: „Jeder Deutsche muß mindestens zehn Feinde aufwiegen."

SHK, Nr. 28 v. 2.2.1945

5. Februar 1945
Nur wenige sichere Bunker

„... seit Ende Januar erfolgt so gut wie täglich mindestens ein feindlicher Überflug, bald schon zwischen 7 und 8, bald gegen 10 Uhr von den feindlichen Fliegern, die alltäglich Berlin angreifen. Die Feinde fliegen ungehindert von deutscher Gegenwehr. Bei dieser Gefahr hat auch in Nordhausen jeder sein Notgepäck gepackt; freilich suchen die wenigsten bei Alarm sogleich die Luftschutzräume auf. Wenige wirkliche Bunker und Splittergräben sind angelegt."

Chronik StA, S. 4

Kreisleiter Nentwig äußert auf dem großen Betriebsappell der Vertreter des Einzelhandels: „Wir wollen den Feind schlagen!... Es hängt allein vom Willen einer Nation ab, ob sie sich behauptet."

SHK, Nr. 31 v. 6.2.1945

6. Februar 1945

Pausenlos ruft der „Südharzer Kurier" zum Opfern auf: „Wir opfern alles, was wir nicht selbst benötigen." „Jeder muß noch einmal in Kasten und Schüben, in Schränken und Truhen nachsehen und das letzte, was nicht unbedingt notwendig ist, abgeben."

SHK, Nr. 31 v. 6.2.1945

7. Februar 1945

Am Nachmittag singen und tanzen im Riesenhaus „volksdeutsche" Mädchen aus Südosteuropa. Der Nachmittag soll dem Ziel dienen, „die innige Verbundenheit zwischen Reichs- und Volksdeutschen zu stärken zum gemeinsamen Kampf gegen die Feinde, die das Vaterland bedrohen."

SHK, Nr. 33 v. 8.2.1945

„Noch stärker als im ersten Weltkrieg ist das Ansehen des Geldes gesunken. Es gibt ungeheuer viel Scheine und ungeheuer wenig Ware, die mit den Scheinen zu kaufen wäre. Es fällt auf, daß schon Kinder mit 20-Markscheinen herumhantieren, als wären es Groschen."

Chronik StA, S. 5

8. Februar 1945

Auf einer Kundgebung der NSDAP im Riesenhaus hören die Nordhäuser „Volksgenossen" über Radio Reden des Gauleiters Fritz Sauckel, des kommandierenden Generals des Wehrkreises IX in Kassel, des Ritterkreuzträgers Oberleutnant Feig und des Führers des ersten thüringischen Volkssturmbataillons im Einsatz. „Kreisleiter Nentwig und der Standortälteste von Nordhausen wandten sich nach der Übertragung in zündenden Worten an die Bevölkerung und wiesen ihr klar den Weg für die kommenden Wochen: durchstehen und kämpfen!"

SHK, Nr. 34 v. 9.2.1945

12. Februar 1945

Aufruf an Nordhäuser Hausfrauen

„Auf meinem Kochherd ist noch ein Plätzchen frei..." Die Hausfrauen werden aufgerufen, mit den Nachbarinnen gemeinsam den Kochherd zu benutzen. Wir müssen jetzt überall enger zusammenrücken, wir müssen mehr denn je eine enge Gemeinschaft bilden, und warum sollte dies nicht auch in der Küche möglich sein?"

SHK, Nr. 36 v. 12.2.1945

14. Februar 1945

Paul Schönemann, wohnhaft Eichendorffstraße, wird während seines Dienstes von Tieffliegern erschossen. Er war Reichsbahnlokführer.

SHK, Nr. 42 v. 19.2.1945

17. Februar 1945

Die Nordhäuser Straßenbahnwagen werden mit Anhängern ausgerüstet, um den Gütertransport innerhalb der Stadt zu erleichtern. Die Bevölkerung wird aufgerufen, die Löschsandtüten, Sandkisten und Wasservorräte zur Brandbekämpfung in Häusern und Wohnungen zu verdoppeln und zu verdreifachen.

21. Februar 1945

Der Angriff alliierter Jagdbomber auf einen vollbesetzten D-Zug ist der erste opferreiche Akt des Krieges, der die nähere Umgebung betrifft. Die angreifenden Maschinen zerschießen zwischen Berga-Kelbra und Aumühle den Kessel der Lokomotive. Während der Dampf zischend entweicht und der Zug stoppen muß, wenden die Piloten mehrere Male zu erneuten Anflügen und jagen die Geschoßgarben ihrer Bordkanonen in die Waggons. Vierzig Menschen sind auf der Stelle tot.

MS, S. 10

Auf einer Kreisarbeitstagung der NSDAP im Adolf-Hitler-Haus (Baltzerstraße) gelobt Kreisleiter Nentwig vor Ortsgruppenleitern und Ortsbauernführern: „Immer werden wir die treuen Kampfgefährten Adolf Hitlers sein, der noch alle Krisen meisterte und auch diesmal das deutsche Volk und damit Europa vor dem drohenden Untergang retten wird."
Der Kreisstabsführer des Volkssturms, Pg. Dr. Koch, spricht über Aufstellung, Ausbildung und Organisation des Volkssturmes.

SHK, Nr. 45 v. 22. 2. 1945

„Die ersten 200 Volkssturmmänner Nordhausens sind zum Fronteinsatz nach dem Osten gekommen."

Chronik StA, S. 6

22. Februar 1945

Donnerstag um die Mittagszeit geschieht ein erster Angriff feindlicher Flieger auf Nordhausen. In dem Kasernenviertel zwischen der Stadt und Sundhausen, in der Halleschen Straße, beim Schlachthofe und auf dem Gelände von Anger und Söhne, ferner in der Schützenstraße kommt es zu größeren Gebäudeschäden und Personenverlusten. Die Zeitungen dürfen von dem Angriff nichts bringen.

Chronik StA, S. 6

Es herrscht klares, sonniges Winterwetter. Gegen 12.30 Uhr beginnen die Sirenen zu heulen. Am Himmel erscheint nur eine einzige Kette von silberkleinen Flugzeugen. Es sollen 15 amerikanische „Liberator" gewesen sein, die vom Osten her auf die Stadt zufliegen. Dann kracht es ohrenbetäubend. Rauch und Staubwolken steigen über der östlichen Unterstadt auf. Die erste Bombe schlägt in die Turbinenhalle der „Mabag" ein, die zweite dicht neben dem Wohnhaus des Heizers auf dem Betriebsgelände der Firma H. Angers Söhne, die dritte fällt mitten zwischen eine kleine Reihe von Werkswohnhäuschen im Schlachthof, und die weiteren Abwürfe des ersten Angreifers schlagen in den großen Garten des Wohnhauses Rothenburgstraße 10. Die Serie von 9 Bomben des zweiten Flugzeuges zerschlägt in der östlichen Halleschen Straße einen ganzen Block von neugebauten Unteroffizierswohnungen der Boelcke-Kaserne und auf der gegenüberliegenden Straßenseite die Häuser Nr. 23 und 24. Der dritte Pilot trifft und zerschmettert mit seinen Bomben die Wohnhäuser Nr. 11 und 12 in der Schützenstraße. Die Nachbarhäuser Nr. 10 und 13 werden dabei schwer beschädigt.

MS, S. 10 f.

Als Auffangstelle für alle geschädigten Nordhäuser wird das Keglerheim in der Förstemannstraße eingerichtet. Im „Südharzer Kurier" Nr. 48 v. 26.2.1945 erscheint eine Todesanzeige mit 45 Namen. Hinzu kommen

>Emilie Wille, geb. Voigt
>
>Ida Lorentz, geb. Wille
>
>Renate Lorentz
>
>Martha Treu, geb. Niebuhr
>
>Ingeborg Quednau, geb. Priske.

Die beim Angriff verletzte Eugenie Obbarius, geb. Huke, verstirbt am 16. März. Die Zahl der Opfer beträgt mithin 51.

23. Februar 1945

Die Nordhäuser Ortsgruppen „Horst Wessel" und „Gustloff" versammeln sich um 20 Uhr im Riesenhaus zu einem Mitgliederappell. Es spricht Oberbannführer Karl Gebhardt: „Jeder Parteigenosse beweist durch sein Kommen die gläubige Zuversicht, die ihn beseelt und die helfen wird, den Sieg zu erringen."

SHK, Nr. 46 v. 23.2.1945

Der Musiklehrer Emil Ibe, seine Frau, sein 12jähriger Sohn und die einjährige Tochter werden ein Opfer von Tieffliegern.

SHK, 17./18.3.1945

24. Februar 1945

Der Kaufmann Karl Allemeier wird von Tieffliegern erschossen.

Eine Gemeinschaftsküche der DAF wird eingerichtet, die an Bedürftige ein warmes Mittagessen verabreicht. Zunächst werden täglich 120 Portionen ausgegeben.

Chronik StA, S. 6

27. Februar 1945

Am Vormittag werden die Opfer des Luftangriffs vom 22. Februar auf dem Neuen Friedhof beigesetzt. Anwesend sind Kreisleiter Nentwig, Oberbürgermeister Dr. Meyer, Abordnungen der Wehrmacht. Hitler-Jugend säumt den Weg bis zum Feierplatz, auf dem die Fahnen über den blumengeschmückten Särgen der Toten wehen. Kreisleiter Nentwig ruft zu Haß und Vergeltung gegenüber den Feinden auf. Unter dumpfem Trommelwirbel verliest Kreisbeauftragter Witzel die Namen der Opfer des ersten Luftangriffes auf Nordhausen.

SHK, Nr. 49 v. 27.2.1945

Es ist nicht möglich gewesen, nach der Katastrophe des Eisenbahnzuges schon wieder eine so große Anzahl von Särgen bereitzustellen. Einige der Toten müssen deshalb in Papiertüten bestattet werden.

MS, S. 12

28. Februar 1945

Trotz der allgemeinen Not, der Knappheit an menschlichen Arbeitskräften und der Notwendigkeit des Einsatzes jedes brauchbaren Menschen finden noch immer viele Schulungen statt. Nordhäuser Betriebsführer und Werkmeister werden auf Reichsschulen der DAF geschickt und dort weiter für die Rüstungsindustrie ausgebildet... Abgesehen von Lebensmitteln findet kaum noch ein Verkauf statt. Die Restaurationen sind über Mittag gefüllt, die vielen Heimatlosen, durch die Kriegsereignisse verschlagenen Menschen suchen sie dann auf, um ihre Kohl- oder Kartoffelsuppe zu essen, selbst der Kinobesuch ist schwach, weil die dauernden Alarme die Vorstellungen teils unterbrechen, teils ganz unmöglich machen. Nach dem ersten Angriff am 22.2. eilen immer mehr Besorgte bei Alarm ins Feld hinaus, viele Stunden am Tage fallen für die Arbeit überhaupt fort durch die häufigen Warnungen vor Luftangriffen. Nur frühmorgens und gegen Abend herrscht ein reges Leben. Dann bevölkern die Ströme der arbeitenden Bevölkerung die Straßen und die Straßenbahnen.

Chronik StA, S. 6 f.

1. März 1945
Über 20.000 Ortsfremde in Nordhausen

Am 1. März 1945 leben in der Stadt

> 42.207 Bürgerinnen und Bürger,
>
> 23.467 Ortsfremde, darunter 659 Kriegsgefangene, 503 verwundete Soldaten in 5 Lazaretten, 420 Angehörige der Kriegsmarine, 6082 ausländische Arbeitskräfte, untergebracht in Massenquartieren.

S 257, Bl. 5

3./4. März 1945
Kriegseinsatzscharen der BMD-Mädel

Auch im Bann Nordhausen (223) werden jetzt wie überall im Reich Einsatzscharen des BDM aufgestellt. Vier verschiedene Arten gibt es in Nordhausen bisher: eine Versorgungsschar, die das Kochen übernehmen soll, eine Einsatzschar Nähen, Waschen und Bügeln, eine Gesundheitsdienstschar und eine Einsatzschar im Nachrichtenwesen. Jede dieser Einheiten besteht aus 20 Mädeln, dazu gehört jeweils eine zweite gleichstarke Bereitschaftsschar.

SHK, Nr. 53 v. 3./4.3.1945

11. März 1945

Am Ehrenmal auf dem Geiersberg findet die Heldengedenkfeier statt. Vor den Abordnungen des Standortes Nordhausen und Nordhäuser Volkssturmmännern hält in Anwesenheit des Kreisleiters der Standortälteste der Wehrmacht eine kurze Ansprache. Zur Ausgestaltung der Feier tragen der Chor der NSDAP, der Fanfarenzug der Hitlerjugend sowie ein verwundeter Soldat als Sprecher bei.

SHK, Nr. 59 v. 10./11.3.1945

14. März 1945

Im Gefolgschaftsraum der Firma W. Friedrich, Hallesche Straße, findet für alle Parteigenossen der Ortsgruppe „Richthofen" ein Appell statt.

Mahnung zu Ruhe und Disziplin im Luftschutzkeller

„Im Luftschutzkeller sollen alle Gespräche über Alarme und eventuelle Alarmfolgen grundsätzlich verpönt sein... Auch Ausmalung der verschiedensten Bombenschäden, Diskussionen über Kampfstoffe, Worte wie 'Abbrennen', 'Einstürzen', 'Verschütten', 'Ausgraben' und ähnliche Schreckensvokabeln sind keineswegs am Platze."

SHK, Nr. 62 v. 14.3.1945

16. März 1945

Ratschläge für den Fall eines Luftangriffes

„Wenn du verschüttet bist, dauert die Befreiung vielleicht Stunden. Versorge dich deshalb mit Lebensmitteln und Getränken. Kochgeschirr, Teller und Bestecke nicht vergessen!"

SHK, Nr. 64 v. 16.3.1945

Die Front nähert sich immer mehr Mitteldeutschland, damit nehmen auch die Tiefangriffe der Feindflieger zu. Schon im März 1944 wurden durch Tiefflieger bei der Zichorienfabrik an der Stolberger Straße ein Mann getötet, eine Frau schwer verletzt. Jetzt häufen sich diese Angriffe... Besonders schwere Verluste an Material, aber auch an reisendem Publikum haben die fahrenden Züge.

Chronik StA, S. 7

Nordhäuser Hausfrauen werden von Handwerkern darin unterwiesen, wie kleinere Dachreparaturen ausgeführt, geborstene Fensterscheiben behelfsmäßig mit Pappe benagelt werden u. a. m.. Während den Gärtnereien verboten wird, weiterhin Blumen zu ziehen, sollen alle nur in Frage kommenden Flächen, selbst Sportplätze und andere Rasenflächen, mit Frühkartoffeln und Gemüse bestellt werden.

SHK, Nr. 65 v. 17./18.3.1945

20. März 1945

Arbeitstagung des Kreises Nordhausen - Südharz der DAF

Kreisleiter Nentwig äußert vor den „Amtswaltern" der DAF: Die Entscheidung dieses Krieges bringen allein die inneren Werte, die wir besitzen: die Tapferkeit, der Mut, die Leistung und die Haltung.

SHK, Nr. 68 v. 21.3.1945

24. März 1945

Die Tochter des Domänenpächters von Salza heiratet einen SS-Offizier des KZ-Lagers „Dora". Aus diesem Anlaß läßt der SS-Offizier drei Häftlinge an der Baustelle B 12 (SS-Führungsstab B 12, Hauptsturmführer Schlachter) in der Nähe der Kantine aufhängen.

Mitteilung v. Inge Aschenbrenner, Nordhausen

25. März 1945

Am Sonntag werden im Stadttheater die Vierzehnjährigen, „die sich bisher als Pimpfe und Jung-mädel bewährt haben", in die Hitler-Jugend und den BDM aufgenommen. Fanfarenklänge, Chöre der Jungmädel-Singegruppe, Gemeinsame Lieder und festliche Musik bilden die Umrahmung. Die Feierrede hält Kreisleiter Nentwig. Die Jugendlichen werden auf den „Führer" verpflichtet. Kreisleiter Nentwig gibt die Parole aus: „Bereit sein, stark sein, nie verzagen, kämpfen."

SHK, Nr. 69 v. 22.3.1945

28. März 1945

Auf einer Kreisarbeitstagung der NSDAP im Adolf-Hitler-Haus sprechen Kreisschulungsleiter Bärwinkel, Kreisamtsleiter Bär und der Kreisbeauftragte für den Luftschutz, Posse. Kreisleiter Nentwig gibt seinen Zuhörern „eine von hoher Warte gesehene und umfassende Umschau". Nentwig äußert: „Für unsere Nation gibt es jetzt nur den Weg zum strahlenden Sieg oder zum ehrenvollen Untergang." Auch am Donnerstag und Freitag finden Appelle der Ortsgruppen der NSDAP und eine Arbeitstagung statt.

SHK, Nr. 75 v. 29.3.1945

In der Stadtverwaltung entfalten Oberbürgermeister Dr. Meyer und sein Stellvertreter, Stadtrat Sturm, eine fieberhafte Tätigkeit. Akten werden vernichtet, Fluchtfahrzeuge vorbereitet, Proviant und Kleidung gepackt.

StA, S. 130, Bl. 1

Am 1. April, dem Ostersonntag, gegen Mittag, fliegt eine Staffel Jabos über die Stadt. Eine Ma-schine wirft eine Bombe im Gebiet der Arnoldstraße ab. Sie trifft das Hotel „Hessischer Hof" und zerstört es zusammen mit dem Nachbarhaus. In den beiden Häusern sterben dreißig Menschen.

MS, S. 16 f.

3. April 1945

16 Uhr: Erster Großangriff auf die Stadt

Nachmittags 16 Uhr erster Großangriff auf Stadt und Flur Nordhausen. Die Stadt wird vor allem in ihren Außenbezirken getroffen, am Stadering, in der Ludolfinger- und Albert-Träger-Straße, in der Riemann- und Köllingstraße, ferner im Süden an der Halleschen Straße. Doch auch im Stadtinnern finden schon erhebliche Zerstörungen statt, besonders um die Neustadtstraße und die Neustadt-Kirche (Jakobikirche) herum. Auch obere Baltzerstraße, Hagen und Schützenstraße haben gelitten... In Sundhausen, Bielen, bei Himmelgarten, in Leimbach, in Crimderode fallen schwere Bomben und Luftminen; zahlreiche Tote sind zu beklagen. Die ganze Stadtflur von Nordhausen wird abgestreut, teils mit schweren Bomben, dann aber auch mit vielen leichten, hochexplosiven Granaten. Schwere Bombentrichter zu Hunderten liegen in der östlichen Stadtflur, in der Flur Bielen, Petersdorf und Steigerthal.

Chronik, StA, S. 9

250 „Lancaster"-Bomber sind über der Stadt. 20 Minuten lang fallen mindestens 1 000 Tonnen Sprengbomben.

US, S. 288

Zerstört werden auch Teile der mit Häftlingen überbelegten Boelcke-Kaserne.

4. April 1945

Morgens 9 Uhr Großangriff auf die Stadt Nordhausen mit 5-Zentner-Sprengbomben und Phosphorbomben. Die ganze Altstadt, außer dem Viertel um die Gumpert- und Barfüßerstraße und das Altentor herum wird so gut wie eingeebnet. In der westlichen Vorstadt im Zorgegrunde die ganze Zeile der Arnoldstraße und Halleschen Straße und dann das ganze Gelände östlich des Taschenberges und Neumarktes bis gegen den Neuen Friedhof hin wird schwer mitgenommen. Im Stadtinnern und im Neumarktviertel entstehen durch Phosphorbomben und durch Funkenflug große Flächenbrände... Nach dem 25 Minuten währenden Angriff fliegen noch stundenlang feindliche Einzelflieger über der Stadt.

Chronik StA, S. 9

Die Bomber der RAF werfen Brandbomben, Phosphorbehälter und 1 000-Kilo-Sprengbomben über der Stadt ab. Die Innenstadt wird fast vollständig zerstört. Das Feuer frißt sich immer weiter vor, und am Abend ist die Stadt ein Flammenmeer.

US, S. 289

Über 1 000 Tote fordert dieser Angriff unter den Häftlingen des Außenlagers Boelcke-Kaserne. Die Bomben detonieren auf den Lagerstraßen und in den Unterkunftsblocks. Bald liegen auf dem Kasernengelände ungezählte zerfetzte Leichen.

Bericht Eva Stiede

Nach dem schweren Angriff verlassen Oberbürgermeister Dr. Meyer und der Standortälteste und Leiter des Wehrkreiskommandos, Major Quelle, den Keller des Stadthauses I. Wenig später verlassen sie die Stadt mit unbekanntem Ziel.

MS, S. 33

5. April 1945

Geisterhaft muten die sinnlosen Vorbereitungen an, die der Nordhäuser Volkssturm in diesen Tagen zur Verteidigung der Stadt trifft. Im Stürzetal, am Alten Friedhof, bei Wildes Hölzchen, in der Gumpe, auf dem Holungsbügel und an den Stadteingängen hebt man wieder Gräben und Löcher aus. An der Promenade, im Gehege und an der Zorge gräbt man stellenweise Deckungen für eine „zweite Verteidigungslinie" und tarnt sie mit Buschwerk. In der ehemaligen Zichorienfabrik an der Stolberger Straße sitzen die 'Kommandeure' und machen sich anhand des Stadtplanes Gedanken, wie man mit vier Maschinengewehren, einigen hundert Kleinkalibergewehren und primitiven Karabinern des Modells 1945 (sogenannten Sauckel-Spritzen) und ein paar Dutzend Panzerfäusten Nordhausen gegen die tausend Panzer der 1. US-Army verteidigen könne.

MS, S. 35

In der vernichteten Innenstadt wüten noch tagelang zahlreiche Brände, so z. B. in der Rautenstraße.

S 133, Bl. 115

Die Stadtverwaltung richtet in der Gehegegaststätte Möhring („Forsthaus") ein provisorisches Magistratsbüro ein. Die wenigen noch zu ihren Pflichten stehenden Mitarbeiter melden sich an jedem Morgen dort und erhalten „Einsatzbefehle". Sie sollen z. B. versuchen, aus den Trümmern der Rathäuser Gegenstände, Unterlagen und Formulare zu retten.

MS, S. 33

6. April 1945

Am Nachmittag zeigen sich zum letzten Male deutsche Flugzeuge am Himmel. Es sind zwei Ketten Me 109, die im Tiefflug die Stadt in nordsüdlicher Richtung überfliegen.

MS, S. 35

8. April 1945

Am Sonntagvormittag ziehen nach elf Uhr einige hundert Bombenflugzeuge mit nördlichem Kurs über Nordhausen. Etwas später tauchen sechs amerikanische Jagdbomber auf. Die Bomben, die sie abwerfen, zerstören Häuser in der Hohensteiner Straße, Unter den Weiden, im Gebiet zwischen Heinrich-Zille-Straße und Lohmarkt, in der Flickengasse.

MS, S. 35 f., Bericht Helga Roesch v. 15.9.1994

Nach der totalen Zerstörung des Krankenhauses werden 200 meist bettlägerige Kranke in Petersdorf in einer Gastwirtschaft und auf dem Harzrigi unter den primitivsten Verhältnissen untergebracht. Wegen der erneuten Luftangriffe zieht das ganze Krankenhaus am 8. April in die Kohnstein-Stollen um.

S 133, Bl. 115

In der Nähe der Schreiberschen Zichorienfabrik in der oberen Stolberger Straße, wo sich die Befehlsstelle befindet, sollen in den letzten Kriegstagen von einem SS-Kommando zwei Schauspielerinnen wegen defätistischer Äußerungen erschossen worden sein.

Bericht Doris Bennewitz v. 25. 3. 1993

10. April 1945

Das Combat Command B der 3rd U.S. Armored Division nimmt noch am Abend die Ausgangspositionen für den Einmarsch in die Stadt ein: eine Gruppe besetzt mit hereinbrechender Dunkelheit Großwerther. Der Ortspolizist Moye kann dort im letzten Augenblick durch sein resolutes Auftreten verhindern, daß eine deutsche Nachhut die Straßenbrücke über den Bahnkörper sprengt. Diese Gruppe soll Nordhausen mit einem Schwenk über Steinbrücken - Sundhausen von Süden her angreifen. Eine zweite Gruppe stellt sich bei Hesserode auf. Sie würde über den Holungsbügel von Westen in das Weichbild der Stadt und nahe Salza vorstoßen. Die Masse der Staffel B versammelt sich auf der Höhe von Kleinwerther. Sie hat auf der Reichsstraße 80 zum Zentrum vorzudringen.

MS, S. 40

„Weiße Fahnen sind Schandfetzen"

Zum letztenmal erscheint der „Südharzer Kurier" und fordert zum Durchhalten auf: „Wir müssen jetzt mehr denn je in eiserner Haltung zusammenstehen, damit wir unser Schicksal meistern. Weiße Fahnen sind Schandfetzen! Was hättet Ihr gesagt, wenn unsere Volksgenossen im Westen und Osten kapituliert hätten?"
Die Beamten, Angestellten und Arbeiter der Stadtverwaltung und des Landratsamtes werden aufgefordert, sich zur Dienstaufnahme im Gehege, Kaffee Forsthaus, bzw. im Landratsamt, Horst-Wessel-Allee, zu melden. Der Aufruf ist von Oberbürgermeister Dr. Meyer, Kreisleiter Nentwig und Landrat v. Wolffersdorff unterzeichnet.

SHK, Notausgabe v. 10.4.1945

Als die 3. US-Panzerdivision in Richtung Nordhausen fährt, gibt es in der Stadt selbst keine deutschen Soldaten mehr. Das Luftnachrichtenbataillon, das vor den Häftlingen in der Boelcke-Kaserne gelegen hat, ist bereits im Januar 1945 an der Westfront eingesetzt worden. Dagegen waren die Luftwaffensoldaten auf dem Flugplatz im Südosten der Stadt zunächst noch geblieben. Sie montierten u. a. die „Mistel"-Gespanne.

Jetzt ist auch der Nordhäuser Flugplatz verlassen, denn die Luftwaffensoldaten haben sich bereits in den Harz zurückgezogen.

US, S. 290

I
Nordhausen in den letzten Monaten der nationalsozialistischen Diktatur

Dokumenten- und Bildteil

über die Behandlung der polnischen Zivil - Arbeiter.

Feind bleibt Feind auch in der Gefangenschaft. Die Polen sind Angehörige einer anderen Rasse, sie sind Slaven und tragen deren Eigenschaften. Nur mutig in der Masse, ducken sie sich unterwürfig unter den stärkeren Sieger, in Verschlagenheit stets auf der Lauer auf Gelegenheit nach Rache. In der Rache sind sie grausam und blutdürstig. Wenn viele Polen auch persönlich vielleicht den Krieg nicht gewollt haben, so tragen sie doch in ihrem slavischen Blut ein starkes Nationalgefühl und werden sich ihrem Polentum stets irgendwie verpflichtet fühlen.

Es gibt daher mit den Polacken keine Gemeinschaft. Der Deutsche muss der "Herr" über die Polacken sein, nur so wird er sie meistern. Wir wollen nicht deren Achtung, sondern ihren Gehorsam und ihre Arbeit.

Zwischen Deutschen und Polacken besteht (schon in Erinnerung an die blutrünstigen Morde unserer Volksgenossen) ein unüberbrückbarer Abgrund ! Es ist unmöglich, dass Polen plötzlich unsere Kameraden werden. Daher gehört kein polnischer Gefangener oder Zivil-Arbeiter an den Tisch deutscher Bauern.

Haltet Haus und Blut rein vor diesen Slaven. Seid stolz! Der letzte Deutsche, der bei Euch arbeitet, sei Euch lieber, als jeder Polacke !

Seid wachsam und streng, aber nicht würdelos den Polen gegenüber.

Der Pole darf nicht mit "Heil Hitler" grüssen. Das ist der Schwur deutscher Menschen für Führer, Volk und Reich.

Seid wachsam, Feind bleibt Feind!

H e i l H i t l e r !

Kreisleiter

Der deutsche Volkssturm in Nordhausen und im Kreise Grafschaft Hohenstein

Ende Oktober erschien in Nordhausen an den Anschlagsäulen der Aufruf des Führers über Bildung des deutschen Volkssturmes. Er soll eine Kampfgruppe mit soldatisch-militärischer Aufgabe werden, die bis zur Stunde des Gefechtseinsatzes und während der Ausbildung im zivilen Leben steht und dem kriegswichtigen Beruf bis dahin erhalten bleiben muß. Die politische Führung und der organisatorische Aufbau liegt in den Händen der Partei. Die Gau- und Kreisleiter sind für die Führung, die Erfassung, den Aufbau und die Gliederung des Volkssturms verantwortlich. Die Hoheitsträger der Partei, denen Gau- bzw. Kreisstabsführer für den Volkssturm zur Seite stehen, treffen die Führerauswahl, indem die Gruppenführer vom Kompanieführer, die Zugführer vom Bataillonsführer, die Kompanieführer vom Kreisleiter und die Bataillonsführer vom Gauleiter ernannt und bestätigt werden. Das Bataillon ist die oberste Einheit des Volkssturms. Die Organisation wird angeglichen an die gebietliche Gliederung der Partei. Bei Aufstellung der Gruppen, Züge und Bataillone wird die Geschlossenheit der Blocks, Zellen, Ortsgruppen möglichst gewahrt. Am Sonntag, d. 29.X.44, wurden die Meldepflichtigen der Jahrgänge 1884 - 1928 im Stadtgebiet Nordhausen erfaßt. Die Erfassungsstellen für die Bezirke der sieben Ortsgruppen Bismarck, Finkenburg, Gustloff, Horst Wessel, Meyenburg, Ostmark, Richthofen, Schlageter, Weddingen waren vorher festgesetzt worden. Am 5.IX. fand der erste Appell statt. Die feierliche Vereidigung erfolgte am 12. desselben Monats auf dem Neumarkt. Im ganzen Kreisgebiet gibt es 29 Bataillone, von denen 10 dem Stadtgebiet Nordhausen angehören.

Aus den mir vorliegenden Akten der Ortsgruppe Schlageter erscheint mir folgendes erwähnenswert.

1. Befehle des Gaustabes

Anordnung über die Dienstrangabzeichen vom 29.11.44: Der Gruppenführer trägt einen silberfarbenen Stern auf dem Kragen, der Zugführer zwei, der Kompanieführer drei, der Bataillonsführer vier.

Jeder Volkssturmmann und -führer trägt die Volkssturmarmbinde am linken Oberarm.

Nach einer Anordnung des Wehrkreiskommandos vom 15.11.44 können Angehörige und Führer des Volkssturms feldgraue Uniformen tragen. Jedoch dürfen keinerlei Rang- oder Dienstgradabzeichen getragen werden. Der Geburtsjahrgang 1884 ist im Volkssturm zu halten. Ein automatisches Ausscheiden erfolgt am 1-I-45 nicht. In Einzelfällen können auf Antrag Entlassungen vorgenommen werden. Der Antrag auf Entlassung ist beim Kreisleiter zu stellen. Aus dem Volkssturm soll keiner verscheucht werden.

2. Befehle des Kreisstabes

Auch im Volkssturm gibt es keinen Dienst ohne weltanschauliche Besinnung. Demgemäß ergehen noch besondere Befehle über die weltanschauliche Schulung.

Der Dienst im Volkssturm ist Wehrdienst. Infolgedessen sind Dienstbefreiungen nur möglich, wenn schwerwiegende Gründe vorliegen. Der Dienst findet am Sonntag statt. Er nimmt weitgehend Rücksicht auf das Wetter. Das Gelände ist unterrichtsmäßig Gegenstand der Ausbildung.

Der Dienst wird durch Aushang an einer bestimmten Stelle bekanntgegeben (Pressekästen der Ortsgruppen). Für jedes Bataillon ist ein Arzt vorgesehen. Für den Fall eines Terrorangriffes wird immer ein Bataillon bereitgestellt.

3. Verschiedenes

Die mit 1 bis 16 bezeichneten Bataillone erhalten folgende heimatgebundene Namen:

1. Roland von Nordhausen	9. Wolkramshausen
2. Altentor	10. Ellrich
3. Heinrichsburg	11. Sachsa
4. Wiedigsburg	12. Bleicherode
5. Frauenberg	13. Sollstedt
6. Geiersberg	14. Ilfeld
7. Königshof	15. Helwig von Harzungen
8. Töpfertor	16. Salza

Ausbildung

Grundsatz ist: „Wenig aber gründlich". Der Ausbildungsplan für eine Volkssturmkompanie:
Dem Ausbildungsplan liegt als Mindestforderung folgende Waffenausstattung zugrunde:

> 1 LMG
>
> 30 Gewehre
>
> 1 Panzerfaust (Üb.)
>
> befehlsmäßiges Pioniergerät

Ausbildungszeit

> 15 mal einen halben Tag je 4 Stunden ausschließlich
> An- und Abmarsch.

1. Tag

1. Zug: Schießausbildung
Anschießen der Gewehre und Feststellen der Schießfertigkeit der Schützen. Üben von Gefechtsanschlägen.
2. Zug: Waffenausbildung
Ausbildung an den vorhandenen Handfeuer- und Maschinenwaffen.

Stationsausbildung:	Gewehr	MG
	Pistole	Panzerfaust

3. Zug: Gefechtsausbildung

a) Geländebeurteilung

b) Zielansprache

c) Entfernungsschätzen

d) Vorarbeiten im Gelände

2. Tag

1. Zug: Waffenausbildung	wie 1. Tag
2. Zug: Gefechtsausbildung	wie 1. Tag
3. Zug: Schießausbildung	wie 1. Tag

3. Tag

1. Zug: Gefechtsausbildung	wie 1. Tag
2. Zug: Schießausbildung	wie 1. Tag
3. Zug: Waffenausbildung	wie 1. Tag

4. Tag

1. Zug: Schießausbildung

Gefechtsmäßiges Schießen mit Gewehr und MG. Auf Schießstand oder im Gelände. Nur auf Gefechtsscheiben bis 200 Meter.

2. Zug: Waffenausbildung: MG und Panzerfaust

a) Beseitigen von Hemmungen

b) Schärfen und Entschärfen der Panzerfaust

c) Scharfmachen der Handgranate und deren Handhabung

3. Zug: Gefechtsausbildung

Die Gruppe in der Verteidigung

a) Ausbau einer Stellung

b) Kampf in der Stellung

c) Ablösen in einer Stellung

5. Tag

Stoff des 4. Tages im zugweisen Wechsel.

6. Tag

Stoff des 4. Tages im zugweisen Wechsel.

7. Tag

1. Zug: Schießausbildung

Gefechtsmäßiges Schießen mit Gewehr, MG und Panzerfaust. Werfen scharfer Handgranaten.

2. Zug: Sperrenbau

a) Bau von Schnellsperren

b) Anfertigen von Behelfsminen

c) Ausbau von Stützpunkten in Verbindung mit Sperren

3. Zug: Gefechtsausbildung

Der Zug in der Verteidigung

a) Posten- und Meldedienst

b) Spähtrupptätigkeit

c) Gegenstoß

8. Tag

Stoff des 7. Tages im zugweisen Wechsel.

9. Tag

Stoff des 7. Tages im zugweisen Wechsel.

10. Tag

1. Zug: Schießausbildung

2. Zug: Sonderausbildung

a) Pionierdienst

b) Fliegerabwehr

c) Panzerabwehr

3. Zug: Gefechtsausbildung

Der Zug in der Verteidigung

11. Tag

Stoff des 10. Tages im zugweisen Wechsel.

12. Tag

Stoff des 10. Tages im zugweisen Wechsel.

13. Tag

Die Kompanie in der Verteidigung.

a) Kampf in der Stellung (Stellungsanbau)

b) Abriegeln eines Einbruchs

c) Gegenstoß

14. Tag

Die Kompanie in der Verteidigung: 13. Tag

15. Tag

Die Kompanie bei der Vernichtung gelandeter Luftlandetruppen.

Lieder

Wie bei der Wehrmacht sollen auch im Volkssturm auf dem Marsch Lieder gesungen werden.
Als Lieder kommen unter anderen in Betracht:

Volk ans Gewehr, Heilig Vaterland, Wohlauf Kameraden, Der Gott der Eisen wachsen ließ, Nur der Freiheit gehört unser Leben, für Nordhausen sp. ein Lied von Karl Parrhysius, Nordhausen: „Die Volkssturmbataillone".

Abgeschlossen am 18.I.1945

Stadtarchiv

Carl Parrhysius, Nordhausen:

„Die Volkssturm-Bataillone"

Der Führer rief - sie traten an -
Der Vater gleich dem Sohne.
Auch wir marschieren Mann für Mann,
Im Volkssturmbataillone.
In West, in Ost, in Nord und Süd
Droh'n feindliche Gewalten,
Drum stehen wir in Reih und Glied
Und wollen Wache halten!
Der Feind will unsern Untergang
Das wird er nie erreichen!
Der Weg ins deutsche Vaterland
Geht über unsre Leichen!

Schließt fest zusammen Eure Reih'n,
Für Heim und Herd zu fechten,
Wir wollen freie Männer sein,
Und nicht ein Volk von Knechten!
Stimmt an ein Lied mit hellem Klang,
Laßt frei die Fahnen fliegen,
Gott seg'ne unsern Waffengang
Und helfe uns zum Siegen.
Der Frieden ist das hohe Ziel -
Doch nur mit vollen Ehren;
Und wer nicht mit uns kämpfen will,
Mag sich zum Teufel scheren!

Carl Parrhysius war mit 73 Jahren der älteste Freiwillige des Nordhäuser Volkssturmes, 1. Aufgebot.

SHK, 3. Jg., Nr. 53 v. 3./4.3.1945

Stadt Nordhausen Bevölkerungsübersicht einschl. Militärpersonen nach dem Stande vom 1.3.1945

1. Ständige Bevölkerung	42.207	
2. Militärpersonen:		
Kasernen (Luftnachrichtenschule und Fliegerhorst)	69	
in Privatquartieren	429	
in Massenquartieren (versch. Kommandos)	763	
in 5 Lazaretten	563	
in Hotelbetrieben, Gast- und Geschäftshäusern (Marine)	420	
		2.244
3. Werktätige für die umliegende Industrie		
in Privatquartieren	2.200	
in Massenquartieren (Deutsche)	748	
in Massenquartieren (Ausländer)	6.082	
		9.030
4. Auswärts Fliegergeschädigte bzw. Umquartierte	5.059	
II. Wohnsitz	1.102	
		6.161

5. Ausländer

in Privatquartieren (Gaststätten angestellte,
Handwerker, Kaufleute uw.)   879
in Massenquartieren (Baracken)   4.458
                                           5.337

----

6. Kriegsgefangene   659

            zusammen   23.467   „Ortsfremde
                                           Personen"
            insgesamt   **65.674** **Personen**

Städtisches Krankenhaus Nordhausen   Salza, den 11. April 1945
Hilfskrankenhaus Kohnstein

Herrn
Oberbürgermeister Dr. Meyer
Nordhausen

Über die Lebensmittelversorgung des Städtischen Krankenhauses in Nordhausen, jetzt in Salza, habe ich gestern Herrn Stadtrat Stade als Dezernenten eingehend unterrichtet und ihn gebeten, dafür Sorge zu tragen, daß eine Belieferung mit Lebensmitteln aller Art sofort erfolgen muß.

Ich nehme an, daß Herr Stadtrat Stade Ihnen heute vormittag bereits darüber berichtet hat und daß es gelingt, durch Fahrzeuge Lebensmittel nach hier zu bringen.

Bei dem Versuch, heute Kartoffeln für das Krankenhaus sicherzustellen, habe ich erfahren, daß innerhalb des Lagers Dora Hunderte von Zentnern Kartoffeln eingemietet sind. Ferner habe ich in den vielen Baracken und Bekleidungskammern Bettbezüge, Hemden, Wäsche, Decken usw. festgestellt, die für die Versorgung der ausgebombten Nordhäuser Bevölkerung nutzbar gemacht werden können. Eine Sicherstellung dieser enormen Vorräte wäre dringend erwünscht.

Ich bringe deshalb in Vorschlag, daß Sie, Herr Oberbürgermeister, sofort Fühlung mit dem Herrn Landrat in Nordhausen nehmen, damit die zu Tausenden aus Nordhausen im Stollen befindlichen Volksgenossen zur Bergung dieser enormen Vorräte herangezogen werden. Es ließe sich durch Vereinbarung mit dem Herrn Landrat sicher ermöglichen, daß durch die in den einzelnen Stollen befindlichen Lautsprecher sämtliche männlichen Personen zur Arbeitsleistung beordert werden. Es liegen hier außerordentlich hohe Werte, die unbedingt gerettet werden können.

                                     gez. George
                                     Stadtoberinspektor

Nordhäuser Rathaus im Fahnenschmuck

Stadtsparkasse im Herbst / Winter 1940

Wehrmacht im Stadtbild, hier in der Töpferstraße

Wehrmacht in der oberen Rautenstraße

Bannführer Gebhardt spricht. Im Hintergrund
ein Jungvolk-Fanfarenzug, 1941

Luftschutz-Gasmasken-Übung des Jungvolkes
auf dem Neumarkt 1942

Kornmarkt

Jungvolk-Aufmarsch
im Gehege, 1937

Meldung an den
Jungstammführer,
1937

Aufmarsch der
Hitlerjugend mit
Bannfahne zur
Feierstunde in der
„Schauburg" (Kino),
Arnoldstraße, 1943

Vorbeimarsch vor
dem Kreisleiter am
Eingang zur
Promenade, 1943

Schüler des Realgymnasiums mit Ausbilder beim Flakhelfer-Übungseinsatz am Flakgeschütz, 1944

Jugendkundgebung
vor dem Stadttheater;
im Vordergrund ange-
tretene Jungmädel

Aufmarsch der Hitler-
jugend zur Feier des
Heldengedenktages
am Wehrfreiheits-
denkmal vor dem
Stadttheater, 1943

Spalier der Marine-
hitlerjugend und
Aufmarsch zur Feier,
1943

Alle Fotos: Stadtarchiv

II
Nordhausen unter amerikanischer Besatzung

CHRONIK
vom 11. April bis zum 30. Juni 1945

11. April 1945

Im Morgengrauen rollen amerikanische Kampfwagen in Richtung Steinbrücken vor. Sie treffen auf keinerlei Widerstand. Steinbrücken und wenig später auch Sundhausen werden rasch besetzt und durchkämmt. Die Panzer formieren sich auf der R 4. Ein Dutzend von ihnen fährt als Vorhut auf die Stadt zu. Eine andere Gruppe rollt quer über das Rollfeld des Flugplatzes in Richtung des Hangars. Gegen sechs Uhr beginnen auch auf der Wertherschen Höhe die Panzermotoren zu dröhnen. Eine lange Reihe Shermans setzt sich in Bewegung, rollt auf die Stadt zu, fährt durch bis zur ersten Kreuzung, gibt Sicherungen ab nach links in die Siedlung und nach rechts in die Richtung der Gutsgehöfte, zieht Infanterie nach und rollt weiter... Die Panzer fahren bis zur Siechenbrücke. Infanterie kommt auf LKWs nach. Die Soldaten springen an den Kreuzungen von den Fahrzeugen und beginnen, die Straßen zu durchkämmen... Gegen 7.45 Uhr biegt eine Gruppe Shermans ins Altentor ein. Die großen Panzer überragen fast die kleinen Häuser. Sie zwängen sich bis zur Ecke Elisabethstraße vor, dann wird es zu eng für die Kolonne.

MS, S. 40 ff.

Die amerikanischen Soldaten fragen sofort nach der Kaserne, weil sie dort offenbar am ehesten mit Widerstand rechnen. Wenig später erreichen sie die Boelcke-Kaserne. Das Gelände ist gekennzeichnet vom Bombardement. Berge von Toten liegen in den Trümmern, Opfer von Krankheiten, Opfer des Hungers und der Bomben. Viele liegen im Sterben. Der schreckliche Geruch von Verwesung und das Schreien und Wimmern der Kranken sind allgegenwärtig.

MB, S. 83 f.

Am späten Nachmittag ist die Besetzung Nordhausens durch die Panzer des Combat Command B der 3rd U.S. Armored Division und die nachrückenden Truppen der 104th U.S. Infantry Division abgeschlossen.
In der Befehlsstelle der Stadt im Gehege übergeben Stadtrat Franz Sturm, Karl Großmann, Polizeimeister der Schutzpolizei und Adjutant des geflohenen Majors Dettmann sowie Wilhelm Werrbach, Revierhauptmann der Schutzpolizei, offiziell die Stadt an die US-Truppen.
Die Amerikaner, erbittert durch den Anblick der vielen toten Häftlinge in der Boelcke-Kaserne, wollen zunächst alle leitenden Beamten der Stadt, die sie sofort scharf verhört haben, erschießen, nehmen davon aber Abstand, nachdem ihnen ein ehemaliger polnischer Häftling den genauen Sachverhalt geschildert hat.

Doris Bennewitz, Bericht v. 25.3.1993

12. April 1945

In Nordhausen übernimmt die 104. Infanterie-Division das Kommando, während das Panzerregiment - B und das Panzerbataillon Hogan ihren Vorstoß nach Osten fortsetzen.

US, S. 292

Am Morgen beginnt das 329. Medical Battalion mit der Bergung der überlebenden Häftlinge der Boelcke-Kaserne. Später werden etwa 1000 Nordhäuser auf den Straßen aufgegriffen und gezwungen, als Leichenträger zu arbeiten. 300 schwerkranke Häftlinge werden auf Tragbaren in ein Behelfslazarett geschafft, ebenso etwa 400 „Gehfähige".

LAH, S. 332,

Über die Zustände in der Boelcke-Kaserne und die Bergung der Toten sowie Überlebenden hinterläßt Sergeant Ragene Farris vom 329th Medical Battalion einen erschütternden Bericht. Auch David Malachowsky schreibt später ausführlich darüber.

LAH, S. 329 - 332, eine Übersetzung bei MB, S.132 - 135, DM, S. 11 - 15

Militärgouverneur der Stadt Nordhausen ist Captain William A. Mc Elroy.
Unter dem Eindruck der vorgefundenen Konzentrationslager gibt das Military Government die Stadt Nordhausen 8 Tage lang den ehemaligen Häftlingen und ausländischen Zwangsarbeitern zur Plünderung frei.
Zu diesem Zeitpunkt leben im Stadt- und Kreisgebiet ca. 27 000 ehemalige Zwangsarbeiter, Männer, Frauen und Kinder. Die meisten Häftlinge sind Anfang April auf Evakuierungstransport geschickt worden.
Für die Stadt Nordhausen werden Lebensmittel-Strafrationen festgesetzt, die unter den Rationen anderer Städte liegen.

S 130, Bl. 13

Auch in den nachfolgenden Wochen setzen Deutsche und Ausländer die Plünderungen fort.

S 193, Bl. 1

Sieben Monate später charakterisiert ein Redakteur der kommunistischen „Thüringer Volkszeitung", der mit „Cowa" zeichnet, die Zeit der amerikanischen Besatzung folgendermaßen: „April, Mai, Juni: plündernde Horden, 21 Uhr Ausgangssperre, bei allen Häusern verrammelte Türen und Fenster. Jeder fragt sich, ob er heute das Opfer sein wird. Turbulente Szenen vor den Geschäften, stundenlanges Schlangestehen und am Ende doch leer nach Hause gehen, weil die frechen Kerle einfach 3 - 4 Brote mit Gewalt abholten."

Th Vztg, Nr. 78 v. 12.11.1945

13. April 1945

Unter der Leitung von Oberst Paulette wird der Friedhof für die toten Häftlinge angelegt. Bis zum 16. April werden dort von Nordhäusern 1 278 Opfer der Boelcke-Kaserne bestattet. Captain Mc Elroy betraut am 16. April den Dolmetscher bei der US-Militärverwaltung, Herbert Kayser, mit der Leitung des Friedhofes.

S 139, Bl. 19

In ehemaligen Häftlingsbaracken in Niedersachswerfen errichten die Amerikaner ein Internierungslager für belastete Nationalsozialisten oder ihnen verdächtig erscheinende Personen. 55 Namen von Internierten sind überliefert, darunter von fünf Frauen. U. a. werden genannt: Wilhelm Werrbach, Polizeihauptmann; Franz Sturm, Stadtrat, stellv. Bürgermeister; Heinrich Kaiser, erster Kreisleiter der NSDAP in Nordhausen, dann in Saalfeld; Margarete Nentwig, Frau des Kreisleiters Nentwig; Erika Lenk, Kreisjugendführerin in der NS-Frauenschaft; Dr. Herbert Meyer, Oberbürgermeister bis 1945; Dr. Hans Meister, ehem. Oberbürgermeister und Staatsrat; Max Bärwinkel, Kreisschulungsleiter der NSDAP.

Erinnerungsbericht Rudolf Mönch,
ferner S 192, Bl. 230 ff., S 482, Bl. 149, 153; S 513, Bl. 19, 24

15. April 1945

Militärgouverneur William Mc Elroy entläßt offiziell die alte Stadtverwaltung.

S 130, Bl. 2

16. April 1945

Von der amerikanischen Militärverwaltung wird Otto Flagmeyer zum Bürgermeister ernannt. Ihm werden sämtliche in Nordhausen befindliche Behörden einschließlich Reichsbahn und Reichspost unterstellt.

S 130, Bl. 3

Als provisorisches Rathaus dient das ehemalige Arbeitsamt, Spangenbergstraße 31/32.
Unter Bürgermeister Otto Flagmeyer werden Dr. Kurt Klenke als Vertreter des Bürgermeisters und Stadtkämmerer, Karl Hensel, Stadtrat a. D., Dezernent für Fürsorge, Wohnungswesen, Kriegssachschäden und das Standesamt und Albert Pabst, Stadtrat a. D., als Leiter des Ernährungs- und Wirtschaftsamtes eingesetzt. Josef Schmidt ist Polizei-Präfekt, Heinrich Völkel Vertreter des Polizei-Präfekten und Hermann Dahl Leiter der Polizei-Inspektion.

S 16, Bl. 1 ff.

Unter der Leitung von Dolmetscher Herbert Kayser werden auf dem Ausländerfriedhof vom 16.4. bis 4.5. weitere 218 Opfer bestattet. Es sind ehemalige Häftlinge, die in Ilfeld und im Krankenrevier des Lagers „Dora" verstorben sind. Jeden zweiten Tag fährt ein Leichenwagen nach Ilfeld und zum Lager „Dora", um die Toten von dort nach dem Nordhäuser Friedhof zu bringen, wo sie sofort beerdigt werden. Eine Arbeitskolonne ist laufend damit beschäftigt, neue Gräber auszuheben. Anfang Mai werden die Gräber mit Gras besät. Bis Ende Mai werden weitere 66 Opfer beerdigt, die in „Dora" und Ilfeld in der Zeit vom 4.5. bis 23.5.1945 verstorben sind.

S 139, Bl. 19

17. April 1945

Zur Lösung der dringendsten Aufgaben im Transportwesen wird eine Fahrbereitschaft gebildet. Sie hat ihren Sitz in den Räumen der Firma Gebhardt & König, Grimmelallee. Mit einer geringen Anzahl fahrbereiter Kraftfahrzeuge soll das Transportwesen in Gang gesetzt werden. Die amerikanische Militärverwaltung schreibt vor, wieviele Personen- und Lastkraftwagen zugelassen werden dürfen. Kraftstoff wird zunächst aus kleinen Lagern entnommen, die in der Umgebung von Nordhausen vorgefunden werden. Später wird der Kraftstoff mit Tankwagen aus der Nähe von Hannover nach Nordhausen geholt. Der Kraftstoff wird von der Fahrbereitschaft angekauft und an die Fahrzeugbesitzer weiterverkauft.

S 138, Bl. 21

Städtisches Hilfskrankenhaus nach Ilfeld verlegt

Das Nordhäuser Hilfskrankenhaus wird in den Räumen der ehemaligen Napola in Ilfeld eingerichtet. Das 50. Medical Battalion der US-Army unterstützt die Verlagerung durch Bereitstellung von Fahrzeugen. Auch die Bauern der umliegenden Orte stehen am Morgen des Umzuges mit über 100 Pferdegespannen vor den Stollen am Kohnstein und helfen mit. Auch aus dem „Kurhaus" (Café und Restaurant, Gastwirt Behrens, Hindenburg-Allee), das ebenfalls als Notkrankenhaus dient, werden Patienten nach Ilfeld gebracht. Das Hilfskrankenhaus in Ilfeld ist am 25.4. mit 187 Kranken belegt, darunter sind 46 Ausländer. Sie werden von 7 Ärzten und 35 Schwestern betreut. Chefarzt ist Dr. Kurt Weidemann. Vom Military Government ist für das Krankenhaus Second Lieutenant Paul H. Hall zuständig.

20. April 1945

Die Innenstadt gleicht einem Trümmermeer. Die Strom- und Wasserversorgung ist seit dem 3./4. April ausgefallen. Viele Straßen sind unpassierbar. Um die Enttrümmerung in Gang zu setzen, wird die männliche Bevölkerung im Alter von 14 bis 65 Jahren zum Arbeitseinsatz befohlen. Alle haben sich mit Kreuzhacke, Schaufel oder Spaten im Arbeitsamt in der Ritterstraße 1 (ehemals Gebäude der Reichsbank) zu melden.

S 411, Bl. 13

21. April 1945

Polizeipräfekt Josef Schmidt bildet eine Polizeitruppe. Die Polizisten versehen ihren Dienst in Zivil und ohne Waffen, sind aber mit einer Armbinde gekennzeichnet, deren Aufschrift „MG Police, Polizei" lautet. Die Polizeiwache befindet sich im Café Laue im Gehege.

S 411, Bl. 2

Mit dem Aufbau eines neuen Justiz-Wesens beauftragt der Bürgermeister den Justiz-Inspektor Eduard Schmidt. Die Häuser Bahnhofstraße 8 (früheres Wehrmeldeamt) und Bahnhofstraße 14 (Firma Hausbrandt) werden für die Justizverwaltung vorgesehen.

S 467, Bl. 1 ff.

25. April 1945

Herr Warnecke, Verwalter des Barthelhofes (an der Darre, Rudolf Schulzes Erben) bringt mit Pferdefuhrwerken Getreide in die Kersting-Mühle (jetzt Alte Mühle), um die Stadt mit Mehl zu versorgen.

Bericht Doris Bennewitz v. 25.3.1993

„Die Firma Jericho liefert jetzt täglich 4 000 Brote zu je 1,5 kg an das Lager ‘Dora‘, in dem sich gegenwärtig 13 000 Personen aufhalten sollen. Diese Lieferung erscheint unverhältnismäßig hoch. Sie würde bei der angegebenen Personenzahl mehr als doppelt so hoch sein wie die Ration der Nordhäuser Bevölkerung, die gegenwärtig wöchentlich nur 1 500 g erhält."

Stadtrat Pabst am 25.4.1945; S 439, Bl. 9

Ein Hitler-Junge wirbt Mitglieder für den „Werwolf"

Der ehemalige Fähnleinführer im Jungvolk Eggerding, Osterstraße, bemüht sich in Gemeinschaft mit einem hier unbekannten ehemaligen Hitler-Jungen, ca. 100 Jungen im Alter von ungefähr 14 bis 17 Jahren für die „Werwolf"-Organisation zu werben, wie der Bürgermeister dem Militärgouverneur mitteilt. In einer Bekanntmachung an die Bevölkerung heißt es: „Eggerding sowie die mit ihm in Verbindung stehenden Jugendlichen sind dem Militärgericht zur strengsten Bestrafung zugeführt." Alle männlichen Jugendlichen im Alter von 12 bis 17 Jahren werden aufgefordert, sich bei der Stadtverwaltung „zwecks nützlichen Einsatzes" zu melden.

S 856, Bl. 11; S 411, Bl. 5

Vier Hilfspolizisten, durch einen Hinweis aus der Bevölkerung informiert, entdecken in den Kellern des ehemaligen Adolf-Hitler-Hauses in der Baltzerstraße 14 Panzerfäuste, 30 - 40 000 Schuß Munition und eine Anzahl Gewehre.

S 856, Bl. 12

26. April 1945

Sämtliche Inhaber von Industrie- und Gewerbebetrieben sowie Handelseinrichtungen aller Art werden aufgefordert, Gewerbegenehmigungen neu zu beantragen. Ein Nachweis über politische Bestätigung in der NS-Zeit ist zu erbringen.

S 411, Bl. 7

29. April 1945

In einem Memorandum untersagt Captain Mc Elroy Feiern zum Ersten Mai. Er verbietet auch die derzeitige Gründung von Parteien. „Mehrere Personen" hatten eine entsprechende Bittschrift eingereicht.

S 149, Bl. 5

30. April 1945

Die Registrierung aller Nordhäuser Einwohner vom 12. Lebensjahr an findet vom 30.4. bis 4.5. im „Forsthaus", Gehege, statt.

S 411, Bl. 8

Nordhäuser Bürgermeister: „Es ist keine Schande, wenn wir morgen arbeiten." In einem Aufruf an die Nordhäuser Bevölkerung zum Ersten Mai fordert Bürgermeister Flagmeyer angesichts des noch nicht beendeten Krieges, Disziplin zu bewahren und von äußeren Demonstrationen abzusehen.

S 411, Bl. 10

Anfang Mai 1945
Plündernde Polen vernichten Archivalien

Akten, Chroniken und andere Handschriften des Stadtarchivs, die in den Kellerräumen der Sparkasse ausgelagert sind, werden hier größtenteils durch plündernde Polen vernichtet. Bestände der wissenschaftlichen Bibliothek des Archivs und Zeitungsbände, die im Waisenhaus ausgelagert sind, werden von Nordhäusern vor den Plünderern im Keller der Heinrich-Mittelschule verborgen.

S 139, Bl. 82; Vber. 1946, S. 61

2. Mai 1945

Der Bürgermeister von Salza an die amerikanische Militärbehörde: Auftragsgemäß melde ich, daß die in Salza vorhandenen Brieftauben getötet wurden und die Köpfe der Tauben von den Besitzern im Bürgermeisteramt vorgelegt wurden.

N 181, Bl. 8

8. Mai 1945

In einem Aufruf des Bürgermeisters an die Nordhäuser Bevölkerung wird allen Plünderern die Todesstrafe angedroht. „Bei weiteren Plünderungen ist die Ernährung und die Existenz der Einwohner infrage gestellt."
Der Aufruf wird auch in polnischer Sprache verbreitet.

S 411, Bl. 16

11. Mai 1945

Mit Zustimmung der amerikanischen Besatzung ordnet Bürgermeister Flagmeyer an, daß in der Stadt und im Lager „Dora" Verkaufsstellen für Zigarren, Zigaretten, Rauch- und Kautabak eingerichtet werden, um auf diese Art den Plünderungen in den Tabakfabriken Einhalt zu gebieten.

S 133, Bl. 5

12. Mai 1945

Seit diesem Tag treten in Nordhausen, zunächst vereinzelt, Typhusfälle auf. Vom 22.5. an steigt die Zahl der Erkrankungen verhältnismäßig rasch.

S 189, Bl. 63

13. Mai 1945

An diesem Sonntag findet auf Anordnung des amerikanischen Militärgouverneurs auf dem neu angelegten Ehrenfriedhof eine Gedenkfeier für die Opfer des nationalsozialistischen Terrors in den Konzentrationslagern statt. Die Gedenkrede hält Bürgermeister Otto Flagmeyer. Es wird angeordnet, daß Blumen mitzubringen sind. Die Veranstaltung ist mit der Ausgabe von Ausweisdokumenten verbunden.

S 137, Bl. 2; S 411, Bl. 19

Alle über 12 Jahre alten Personen erhalten Registrierscheine mit Fingerabdruck. Von diesen Ausweisen werden bis 31. Dezember 1945 rund 30 000 Stück ausgestellt. Diese amerikanischen Dokumente gelten bis Ende Mai 1946.

Vber. 1946, S. 15

15. Mai 1945

Der amerikanische Kommandant beruft einen aus fünf Mitgliedern bestehenden Stadtrat, der eine beratende Funktion haben soll. Ihm gehören an: Otto Ploetz; Heinrich Reuter, Bankdirektor; Rechtsanwalt Aurin; Dr. phil. Johannes Rathje und August Baumbach, Beauftragter des Bürgermeisters bei der Reichsbahn. Sie wählen als ihren Vorsitzenden Otto Ploetz.

Im Stadt- und Kreisgebiet werden Mitte Mai ca. 27 000 Ausländer registriert, d. h. ehemalige Zwangsarbeiter und ehemalige Häftlinge (nur noch zu einem geringen Teil), die z. T. schon in ihre Heimat abtransportiert wurden.

S 194, Bl. 14

Zur Ingangsetzung der Aufräumungsarbeiten müssen rund 1 000 Schaufeln, 300 Kreuzhacken und 40 Schubkarren beschafft werden.

Ein Teil dieser Geräte wird dem Städtischen Lagerplatz später durch die russische Besatzungsmacht wieder abgenommen. Für den Städtischen Fuhrpark werden 10 - 12 Pferde beschafft.
5 Angestellte der Stadt übernehmen die Leitung des Schippdienstes und richten ihr Büro im Restaurant „Stern" (Waisenstraße) ein. Daraus entwickelt sich das Wiederaufbauamt, das in den unteren Räumen der Kneiffschen Tabakfabrik in der Kneiffstraße untergebracht wird.

S 138, Bl. 4, 6

21. Mai 1945

Die Militärverwaltung ordnet an, die Bettenzahl im Nordhäuser Behelfskrankenhaus in Ilfeld um 100 - 120 zu erhöhen.

S 856, Bl. 24

Die Fahrbereitschaft wird dem Kraftverkehrsamt unterstellt. Als Fahrbereitschaftsleiter werden Richard Jungblut und Ernst Flagmeyer eingestellt.
Im Juni wird der Fahrbereitschaft ein Kraftwagenpark aus solchen Kraftfahrzeugen angegliedert, die der Stadt von der amerikanischen Militärverwaltung übergeben worden sind. Ende Juni stellt die Militärverwaltung weitere 180 Fahrzeuge für die Zivilbevölkerung zur Verfügung. Ende Juni hat die Stadt Nordhausen bereits wieder 351 fahrbereite Fahrzeuge. Am Ende des Jahres verfügt die Stadt über 363 fahrbereite PKW und LKW. Praktisch vermindert sich diese Fahrbereitschaft jedoch durch tägliche große Ausfälle um 60 Prozent.

S 138, Bl. 21 f. ; Rechenschaftsbericht Dr. Schultes, AN Nr. 4 v. 12.1.1946

24. Mai 1945

Der Stadtrat betont die dringende Notwendigkeit, ein Nachrichtenblatt in einfachster Form für die Stadt Nordhausen und den Kreis Grafschaft Hohenstein herauszugeben.

S 13, unpag.

Der Appell zur Ablieferung aller durch Plünderung unrechtmäßig angeeigneten Werte hat, wie der Bürgermeister schreibt, „ein befriedigendes Ergebnis gezeigt". Für diejenigen, die den Appell noch nicht beachtet hätten, wird als letzte Frist der 24. Mai genannt.

S 411, Bl. 27

25. Mai 1945

Bürgermeister Flagmeyer ordnet an, daß alle Straßennamen der NS-Zeit durch neue bzw. die alten ersetzt werden. Z. B. wird der Schlageterring in Stresemannring umbenannt, die Straße der SA in Promenadenstraße, die Horst-Wessel-Allee in Grimmelallee, „Am Ratskeller" in Jüdenstraße, die Richthofenstraße in Darrweg.

27. Mai 1945

Bürgermeister Flagmeyer ordnet an, an diesem Tag die Symbole der NS-Zeit in Nordhausen zu entfernen:

1. Das Wehrfreiheitsdenkmal vor dem Stadttheater,
2. den Horst-Wessel- und Schlageter-Stein am Stadtpark-Eingang,
3. den Klaus-Buhe-Stein gegenüber dem Parkschloß.

S 411, Bl. 32

28. Mai 1945

Rechtsanwalt Dr. Hilmar Rudloff, der dem provisorischen Leitungsgremium der evangelischen Kirchen Nordhausens angehört, fordert von der Stadtverwaltung die Sicherstellung des Luther Denkmals. „Die Statue des großen Reformators soll sich noch unbeschädigt in Nordhausen befinden, und zwar wurde mir der Güterbahnhof oder ein Lagerplatz am Güterbahnhof angegeben."

S 478, Bl. 3

Bereits am 28. Mai und am 1. Juni werden von der Stadt Richtlinien für die ersten, vordringlichsten Wiederaufbauarbeiten festgelegt. Sie werden von Stadtbaumeister Höfer ausgearbeitet und beinhalten bestimmte Dringlichkeitsstufen für die notwendigsten Arbeiten.

S 13, unpag.

Zur Wiederherstellung der vernichteten Einwohnermeldekartei findet in der Zeit vom 28. Mai bis 25. Juni im „Forsthaus" im Gehege die polizeiliche Erfassung sämtlicher zur Zeit in Nordhausen wohnender Personen statt.

S 411, Bl. 29

31. Mai 1945

Bürgermeister Flagmeyer schlägt den früheren Hilfsschullehrer Friedrich Güntsche, der ihm als ehemaliges Mitglied der SPD und als Antifaschist bekannt sei, für das Amt des Stadtschulrates vor. Den ebenfalls mit dem Wiederaufbau des Schul- und Kulturamtes beauftragten Lehrer Hupfer befördert Flagmeyer zum Rektor.

S 856, Bl. 27

An Güntsches Stelle tritt nach dem Wechsel der Besatzungsmacht als Schulrat Rudolf Klemenz, der sein Amt im Dezember an eine Frau Ebele abgibt. Güntsche wird 1946 erneut zum Schulrat ernannt, Klemenz zum Vertreter des Oberbürgermeisters und Landrates.

S 198, Bl. 10 ff.

In Anwesenheit des Militärgouverneurs und des Stadtrates berichten Bürgermeister Flagmeyer und Stadtbaumeister Höfer über den vorgesehenen Wiederaufbau der Stadt. Der Stadtrat, der anschließend tagt, gibt die Empfehlung ab, „die Planung und Ausführung des Wiederaufbaues der Stadt in Verbindung mit einem Privatarchitekten und großen Firmen zu machen. Die wirtschaftlichen Vorbereitungen müssen sofort beginnen. Baufirmen, die mit einem Stab von Ingenieuren und mit ihren Baumaschinen in der Nähe von Nordhausen gearbeitet haben, dadurch also in der Lage sind, sofort beginnen zu können, sollen bevorzugt werden."

S 13, unpag.

Ende Mai ist das Nordhäuser Hilfskrankenhaus in Ilfeld mit 230 Kranken belegt. Das „Kurhaus" vor Krimderode dient nur noch als Isolierstation.

S 188, Bl. 8

1. Juni 1945

Der Bürgermeister bittet den Militärgouverneur, der Firma Schmidt, Kranz & Co. aus den Beständen des Kraftwagenparkes an der Kasseler Straße einige Lastzüge sowie zwei Personenkraftwagen zur Verfügung zu stellen. „Die Firma Schmidt, Kranz & Co. hat von der amerikanischen Militärregierung den Auftrag erhalten, die Fabrikation landwirtschaftlicher Maschinen so schnell wie möglich wieder aufzunehmen."

S 442, Bl. 17

Mit Genehmigung der amerikanischen Militärverwaltung erscheint ein Amtliches Nachrichtenblatt in Nordhausen und der Kreisgrafschaft Hohenstein. Es ist nur eine Ausgabe nachweisbar.

ohne Quelle

Das Säuglingsheim in der Riemannstraße ist total zerstört worden. Im dahinterliegenden Gebäude wird eine provisorische Kinderklinik eingerichtet, in der schon am 1. Juni die ersten Kinder aufgenommen werden.

Th Vztg, Nr. 79 v. 13.11.1945

2. Juni 1945

Der Leiter des Arbeitseinsatzes, Platzeck, weist den Bürgermeister darauf hin, daß die Leute in den Arbeitskolonnen unter schlechtem Schuhwerk leiden und die geringen Lebensmittelrationen, täglich 9 Gramm Butter und 21 Gramm Fleisch, zur Entkräftung und zu schweren gesundheitlichen Schäden führen müssen.

S 439, unpag.

Schwarz-, Schleich- und Tauschhandel werden in einer Bekanntmachung des Bürgermeisters unter strengste Strafe gestellt.

S 411, Bl. 40

3. Juni 1945

Der Stadtrat bittet den Bürgermeister, den früheren Intendanten des Stadttheaters, Herrn Fisch, die Veranstaltung von literarischen oder wissenschaftlichen Vorträgen sowie musikalische Darbietungen in den Räumen der „Harmonie" (Harmonie-Gesellschaft, Promenadenstraße 10; die Straße hieß seit 1937 Straße der SA.) zu gestatten. Der Stadtrat diskutiert ferner eine Denkschrift des Oberlandesgerichtsrates Kähne über den Wiederaufbau des Landgerichts Nordhausen.

S 13, unpag.

9. Juni 1945
Plätze zur Aufnahme der Schuttmassen

Zur Aufnahme der gewaltigen Schuttmassen werden bestimmt:

das tiefliegende Gelände zwischen Karl-Meyer-Wall und Gehegeeingang,

der Wallgraben in der Promenade oberhalb des Stadttheaters,

der Turnplatz des Oberlyzeums bis zum Turnplatz Spendekirchhof,

der Schulplatz der Töpfertorschule zwischen Sedan-, Weber- und Mauerstraße,

der Wallgraben hinter dem früheren Schützenhaus bis Sangerhäuser Straße,

der Wallgraben südlich der Sangerhäuser Straße bis Martinstraße und Klosterhof, ausgebeutete Ton-, Sand- und Kiesgruben,

das östliche Zorgeufer hinter der Wasch- und Badeanstalt bis zur Altendorfer Brücke,

der Schuttplatz Helmestraße.

S 411, Bl. 52

11. Juni 1945

Das Wirtschafts- und Ernährungsamt eröffnet im ehemaligen Arbeitsamt in der Spangenbergstraße vier Bezugsscheinstellen. Die Räume sind so beengt und der Andrang ist so groß, daß sich eine Verlegung des Amtes in die Grimmelallee 9 als notwendig erweist.

S 138, Bl. 39

13. Juni 1945

Das Wirtschafts- und Ernährungsamt eröffnet Abteilungen für Spinnstoffe und Schuhe. Um eine gerechte Verteilung der noch vorhandenen Bestände zu sichern, werden zunächst nur die total geschädigten Einwohner mit den dringendst benötigten Schuhen und Textilien gegen Bezugsscheine versorgt. Die Textil- und Schuhgeschäfte eröffnen am Mittwoch, dem 13. Juni.

S 411, Bl. 46

14. Juni 1945

Bürgermeister Flagmeyer tritt von seinem Amt zurück. Sein Nachfolger Dr. Senger erhält noch am 14. Juni ein Memorandum von Captain Mc Elroy, in dem die Pflichten und Kompetenzen des Bürgermeisters umrissen werden.

S 149, Bl. 2

Laut Amtlichem Nachrichtenblatt Nr. 4 gibt Flagmeyer sein Amt am 16. Juni an Dr. Senger ab.

20. Juni 1945

Ein neuer amerikanischer Stadtkommandant soll an diesem Tag über Nordhausen eingesetzt worden sein, läßt sich aber anhand der Akten im Stadtarchiv nicht näher fassen.

S 13, unpag.

Alle Kraftfahrzeuge müssen bis zum 20. Juni im Kraftverkehrsamt Spangenbergstraße, gemeldet werden. Sie gelten als beschlagnahmt und dürfen nur auf Weisung des Fahrbereitschaftsleiters verkehren. Sie werden mit folgender Aufschrift und einer Nummer versehen: „Civilian Vehicle Pool No. Nordhausen". Bei jeder Fahrt ist auch ein Passierschein der Militärregierung mitzuführen.

S 411, Bl. 53

21. Juni 1945

Bürgermeister Dr. Richard Senger fordert in einer Besprechung vor leitenden Mitarbeitern der Stadt: Jeder einzelne müsse eine reine Weste haben. Gute fachliche Arbeit sei wichtiger als parteipolitische Vergoldungen. Die Militärregierung habe ihn aufgefordert, alle Beschlagnahmungen auf ihre Rechtsgültigkeit zu überprüfen. Alle Dezernenten sollen Rechenschaft ablegen über die beschlagnahmten Werte, ihren Verbleib und die Gründe für die Beschlagnahme. Neue Verfügungen über Beschlagnahmungen sind nur mit seiner Unterschrift gültig. An der Besprechung nahmen u. a. teil: Otto Flagmeyer, Karl Hensel, Albert Pabst, Schulrat Güntsche, Rektor Hupfer und Stadtbaumeister Höfer.

S 13, unpag.

Zur Zeit der Amtsübernahme durch Dr. Senger befinden sich im Lager „Dora" ca. 20 000 Ausländer. Ihre Rückführung in die Heimat hat bereits begonnen.

S 130, Bl. 8

25. Juni 1945

Im Gebäude der früheren Heinrich-Mittelschule wird nach erfolgter Instandsetzung der Räume eine Schule für Jungen und Mädchen im Alter von 6 bis 10 Jahren (4 Schulklassen) eingerichtet. Es sollen nur Lehrer eingesetzt werden, die nicht der NSDAP angehört haben.

S 130, Bl. 7

Wegen der Seuchengefahr wird in den aufgeräumten Stadtgebieten die Abfuhr des Hausmülls mit einem motorisierten Fahrzeug aufgenommen.

S 138, Bl. 4

Im Auftrag des Bürgermeisters ordnet Schulrat Güntsche die Einschulung für die 1. Klassen für Montag, den 25. Juni, an. Der Unterrichtsbeginn soll für die Jungen der 1. bis 3. Klassen am 26. Juni um 9 Uhr sein, für die Mädchen der 1. bis 3. Klassen um 15 Uhr. Tatsächlich beginnt aber der Unterricht erst am 1. Oktober!

30. Juni 1945
Amerikaner räumen Nordhausen

Die amerikanischen Truppen verlassen Nordhausen. Mit ihnen gehen auch Oberleutnant Justus E. Marchand und Hermann Top, beide Niederländer. Sie waren im Dienst der amerikanischen Besatzungsbehörde tätig und hatten als D.P.-Agenten (D.P. = displaced persons) die Aufsicht über die in Nordhausen und im Landkreis Grafschaft Hohenstein befindlichen ausländischen Arbeiterinnen und Arbeiter und ehemaligen KZ-Häftlinge, deren Abtransport in ihre Heimat sie in die Wege leiteten.

S 554, Bl. 12 f.

II
Nordhausen unter amerikanischer Besatzung

Dokumenten- und Bildteil

Die Stadtverwaltung in den letzten Kriegstagen und ihre Übergabe an die Amerikaner

Als in den letzten Märztagen des Jahres 1945 sich der Feind vom Westen her immer mehr den Toren unserer Stadt näherte, entwickelte sich auch in der Stadtverwaltung unter Leitung des damaligen Oberbürgermeisters Dr. M e y e r und seinem Stellvertreter Stadtrat S t u r m eine rege Tätigkeit. Die letzten Vorbereitungen für eine eventuelle Übergabe an den Feind mußten entsprechend den Weisungen der Regierung getroffen werden. Alle Geheimsachen der verschiedensten Dienststellen, die Einwohnermeldekarteien, Personalakten der Beamten usw. waren zu vernichten. Die Ordnungspolizei sowie Luftschutzpolizei, zu der etwa 250 Ukrainer zählten, hatten sich befehlsmäßig mit der letzten kämpfenden Truppe abzusetzen und dementsprechend ihre Vorbereitungen zu treffen. Fahrzeuge waren fertigzumachen, Proviant und Kleidung zu verpacken. Zivilbeamte bestimmter Jahrgänge und politisch hervorgetretene Beamte hatten sich ebenfalls mit zurückzuziehen. All diese Vorbereitungen waren am 1. Ostertage, dem 1.4.45, im vollen Gange, als plötzlich vormittags die Sirenen heulten und einen der üblichen Fliegeralarme ankündeten. Nach einigen Luftkämpfen fielen plötzlich mehrere Bomben auf das Stadtgebiet. Es stellte sich heraus, daß das Hotel „Hessischer Hof" einen Volltreffer erhalten hatte. Die Arbeiten mußten unterbrochen werden, um den Verschütteten Hilfe zu bringen. Eine Anzahl Verletzter und mehrere Tote wurden geborgen. Am 2. Ostertag wurden die vorbereitenden Arbeiten fortgesetzt. Inmitten dieser Arbeiten erfolgten am 3.4. nachmittags und am 4.4. vormittags die beiden vernichtenden Angriffe auf unsere Stadt, die bis dahin nur wenige Spuren des gewaltigen Kriegsgeschehens trug. Die örtliche Luftschutzleitung mit dem Oberbürgermeister und dem Major der Schutzpolizei D e t t m a n n an der Spitze, sowie der Arbeitsstab der Stadtverwaltung zur Hilfe für die Obdachlosen hatten sich am Nachmittag des 3.4. in ihre Befehlsstelle in die Zichorienfabrik an der Stolberger Straße begeben, um von dort aus ihre Anordnungen zu treffen. Sie verblieben dort auch die Nacht über und waren zum größten Teil noch am 4.4. während des zweiten Angriffes dort anwesend. Als bei diesem Angriff auch die Rathäuser und das Stadthaus vernichtet waren, trat eine völlige Stockung in der Verwaltungsarbeit ein. Die Luftschutzpolizei war nicht aktionsfähig, da das Feuerwehrdepot zerstört und die Löschgeräte vernichtet waren. 70% aller Gebäude waren zerstört, weitere 10% teils schwer, teils leichter beschädigt. Industrie, Handel und Wandel waren plötzlich zerschlagen. Was durch die zerstörende Gewalt der Bomben nicht vernichtet war, fiel dem folgenden Feuersturm zu Opfer. Die Mehrzahl der Straßen war nur mit Mühe zu passieren. Tausende wurden obdachlos, Tausende wurden ein Opfer der Zerstörung. Eine Massenflucht der Einwohner nach den umliegenden Ortschaften setzte ein. Nur wenige Bäckereien, Fleischereien und sonstige Lebensmittelgeschäfte waren in der Lage, die Bevölkerung mit Lebensmitteln zu versorgen. Vor den Geschäften bildeten sich endlose Schlangen; 4 bis 6 Stunden mußten die Hausfrauen nach einem Brot anstehen.

Die Stadtverwaltung begann erst nach einigen Tagen sich im Gehege zu sammeln. Nur wenige getreue Beamte und Angestellte waren anwesend. Notdürftig wurden in den Gaststätten Verwaltungsstellen eingerichtet. Ihre Hauptaufgabe bestand in der Ausgabe von Fliegerschädenausweisen. Die Arbeit wurde durch fortgesetzte Tieffliegerangriffe und Alarme oft stundenlang unterbrochen. Inzwischen stand der Feind vor den Toren der Stadt. Der Oberbürgermeister nebst seinem Polizeichef einschließlich der gesamten Ordnungs- und Luftschutzpolizei hatten sich mit der kämpfenden Truppe zurückgezogen und die Stadt verlassen.

Am 11.4.45 wurde die Stadt von dem Stadtrat Sturm, der die Leitung der Verwaltungsgeschäfte übernommen hatte, den Amerikanern übergeben. Zahlreiche Verhöre der leitenden Beamten schlossen sich an. Die verschiedensten Forderungen der Besatzungsmacht materieller Art sowie in der Beschaffung von Unterkunft waren zu erfüllen. Die Entdeckung der zahlreichen Opfer des K. Z. Boelcke-Kaserne erregte besonderes Ärgernis bei den Amerikanern, da es sich zum größten Teil um stark abgemagerte und verhungerte Menschen handelte.

Dem Stadtrat S t u r m wurde der Befehl erteilt, innerhalb einer Stunde einen Plan über die Anlegung eines Ehrenfriedhofes mit einem Gedenkstein vorzulegen. Die Opfer wurden auf 3 000 geschätzt. Nach Vorlage des Planes wurde das Gelände des Landeserziehungsheimes gegenüber dem Neuen Friedhof für die Anlage des Ehrenfriedhofes bestimmt. Nordhäuser Bürger hatten die Leichen von der Boelcke-Kaserne nach dort zu tragen und in die dort ausgehobenen Massengräber zu betten.

Inzwischen versuchte Stadtrat Sturm mit dem Dezernenten des Ernährungsamtes Stadtrat T o l l e , durch den Großhandel Lebensmittel für die Bevölkerung zu beschaffen. Eine Vermißtenmeldestelle wurde eingerichtet. Das Standesamt trat in Tätigkeit.

Am 16.4.45 übernahm der von den Amerikanern eingesetzte Bürgermeister F l a g m e y e r die Lenkung der Geschicke der Stadt Nordhausen. Es wurde hierüber folgendes Protokoll angefertigt:

Nordhausen, den 16. April 1945

S 130, Bl. 1 f.

Protokoll über die Übernahme der Stadtverwaltung Nordhausen im Auftrage des Militärgouvernements.

Anwesend: von der bisherigen Verwaltung

> Herr Stadtrat S t u r m
> Herr W e r r b a c h

von der übernehmenden Verwaltung

> Bürgermeister Otto F l a g m e y e r
> Polizeipräfekt Josef S c h m i d t
> ---------------------------

In Verfolg der gestern erfolgten Entlassung der Stadtverwaltung Nordhausen durch den Militärgouverneur und des uns gewordenen Auftrages, die Verwaltung zu übernehmen im Sinne der Anordnung der alliierten Militärkommission, legitimiert durch ihre Anschläge, fanden wir uns zusammen und stellten folgendes fest:

1. Herr Stadtrat S t u r m erklärte, daß die Akten der Stadtverwaltung Nordhausen bei der Bombardierung der Stadt größtenteils verbrannt und teilweise vernichtet worden sind laut Angabe der ihm unterstellten Beamten. Herr H ö f e r als Vertreter des Stadtbauamtes hat einige Pläne und Akten nach gewordener Mitteilung an den Unterzeichneten im Meyenburgmuseum und hier im Gehege Wirtschaft „Forsthaus" sichergestellt.

2. Herr Revierhauptmann d. Schutzpolizei Wilhelm W e r r b a c h hat bereits gestern bei Abberufung der Stadtverwaltung durch den Militärgouverneur erklärt, daß er keinerlei Unterlagen der Polizei, Kriminalpolizei oder Gestapo in Händen habe. Nach seinem Wissen ist eine Kiste der Personalakten der uniformierten Polizei in der Zichorienfabrik sichergestellt, wovon sie mit abtransportiert werden sollte, was jedoch nicht geschehen ist.

3. Herr Verwaltungsdirektor Bruno E r n s t erklärt, daß zur bombensicheren Unterbringung von Akten und Material folgende Auslagerungsstellen bestehen: Wernrode bei Kramer, Werningerode Forsthaus, Stadthaus Tresor, Neuer Friedhof, Meyenburgmuseum, Luftschutzraum im Neuen Rathaus. Weitere Auslagerungen sind ihm nicht bekannt.

4. Herr Stadtamtmann Kurt V o g e l bestätigt diese Angaben, soweit sein Ressort betroffen ist.

5. Herr Stadtobersekretär Otto S e i f e r t erklärt, daß etwas Schreibmaterial und die Ehrenkreuzkartei im Neuen Friedhof gelagert ist. Alle anderen Akten der Verwaltungspolizei befanden sich gestern noch im Neuen Rathaus.

6. Herr Polizeimeister der Schutzpolizei Karl G r o ß m a n n erklärt, daß in dem Keller des Neuen Rathauses zwei Kisten mit Personalakten der aktiven Polizei und der Polizeireserve untergestellt worden sind.

7. Herr Stadtrat S t u r m erklärt ausdrücklich, daß er lediglich seine Ressorts verwaltet habe und von einer Auslagerung usw. nichts wisse, lediglich das, was Herr Ernst ihm gesprächsweise erzählt habe. Herr Stadtrat Sturm erklärt ferner, daß auf Anordnung des Herrn Regierungspräsidenten laut Verfügung des Innenministeriums die Personalakten der Beamten bis einschließlich Inspektor abwärts sowie sämtliche Geheimsachen vernichtet werden mußten. Das ist am 2. April geschehen, wie in allen Städten Deutschlands. Ferner mußten sämtliche Kennkarten und Paßvordrucke vernichtet werden. Außerdem ist die gesamte Einwohnerkartei verbrannt worden. Vom Standesamt sollten die Aufgebotsunterlagen vernichtet werden, das ist aber nicht geschehen.

8. Herr G r o ß m a n n erklärt nachträglich, daß sämtliche Geheimsachen, die die Landesverteidigung betrafen, auf Anordnung des Innenministeriums am 2.4.1945 durch Feuer vernichtet worden sind.

Gestützt auf diese Angaben übernehmen wir nunmehr die Stadtverwaltung Nordhausen, erklären, daß die alte Stadtverwaltung Nordhausen hiermit als aufgelöst zu betrachten ist und die neue Stadtverwaltung alles weitere veranlassen wird, für die Sicherheit aller militärischen und wirtschaftlichen Maßnahmen zu sorgen.

Jeder Beamte, Angestellte, Arbeiter, sei es wer es sei, hat so lange seinen Posten weiter zu versehen, bis er von mir als neuen Bürgermeister in die Verwaltung übernommen bzw. ordnungsgemäß verabschiedet wird. Ich erwarte von Allen, daß sie sich diesen Anordnungen fügen, wer renitent, widerspenstig sich zeigen wird, gegen denselben wird rücksichtslos vorgegangen. Es liegt der Wunsch vor, daß es kein 1918 wieder gibt, wir werden in diesem Sinne handeln.

Vorgelesen, genehmigt und unterschrieben.

Da eine Ordnungspolizei nicht mehr existiert, mußte sie neu zusammengestellt werden. Unter Leitung des zum Polizeipräfekten ernannten Josef Schmid erstand so eine neue Polizeitruppe. Die provisorische Polizeiwache befand sich im „Kaffee Laue", Gehege. Die Polizei versah ihren Dienst in Zivil ohne Waffen und war nur durch eine Armbinde gekennzeichnet.

Auf Anordnung der amerikanischen Militärverwaltung wurden dem Bürgermeister sämtliche in Nordhausen befindlichen Behörden einschließlich Reichsbahn und Reichspost unterstellt. Es wurden sofort antifaschistische Behördenleiter vom Bürgermeister ernannt. Sie erhielten den

Auftrag, umgehend mit den Aufräumungsarbeiten zu beginnen und für die Ingangsetzung des Behördenbetriebes zu sorgen. Die Stadtverwaltung selbst siedelte nach wenigen Tagen aus ihrer behelfsmäßigen Unterkunft im Gehege in das frühere Verwaltungsgebäude des Arbeitsamtes um.

S 130, Bl. 2 f.

PROVISIONAL MG DETACHMENT NO 8 IST ARMY APO 230

Nordhausen, Germany
29 April 1945

MEMORANDUM:

TO   :   Bergomeister, Nordhausen

This office will not authorize any holiday nor celebration for May 1, 1945 as requested. Work and normal business will continue as usual.

The petition of certain men to form labor parties or unions is denied. Your attention is directed to posted regulations. This is no time for such activities. This statement applies equally to all proposed political activities.

gez.
WILLIAM A. MC ELROY
Capt., Mil. Govt.
Commanding

S 149, Bl. 5

Bürgermeister
    der Stadt
    Nordhausen.

Morgen ist der 1. Mai 1945!

Auch während der zwölf Terrorjahre des Nazismus wurde an diesem Tage - wenn auch nur in unseren Herzen - gegen Nazismus und Unterdrückung demonstriert. Inzwischen sind nun die alliierten Truppen in unsere Heimatstadt eingezogen, und wir dürfen die berechtigte Hoffnung hegen, daß uns jetzt die Möglichkeit gegeben ist, durch Fleiß, Arbeit und pflichtbewußte Haltung, eine bessere Zukunft und die Freiheit der Menschheit aus Tyrannei und Sklavenjoch zu erringen.

Wir haben nunmehr die Frage zu prüfen, wie des morgigen Tages am besten gedacht werden kann. Leider tobt noch immer der unheilvolle Krieg und fordert täglich noch große Opfer an Menschen. Dieser Opfer gedenken wir insbesondere am 1. Mai d. Js. mit dem Gelöbnis, für die alsbaldige Beendigung des Krieges zu wirken unter der Parole: „Nie wieder Krieg!" Und gerade morgen wollen wir durch doppelte Arbeitskraft den Beweis erbringen, daß wir der ersehnten Freiheit würdig sind.

Es ist keine Schande, wenn wir morgen arbeiten.

Ich habe ein Menschenleben für die Ideale des 1. Mai gekämpft, bin gemaßregelt worden für den Gedanken der Demokratie und des Sozialismus und arbeite morgen trotzdem mit doppelter Kraft für eine baldige Erringung der von uns angestrebten Ziele; und daher verlange ich auch von jedem Mitbürger, daß er zum 1. Mai 1945 mit mir gemeinsam das Ziel durch doppelte Kraft zu erreichen versucht. Wir müssen von äußeren Demonstrationen diesmal Abstand nehmen und Disziplin und Haltung bewahren.

Mit mir und hinter mir steht die organisierte Arbeiterschaft Nordhausens. Sie billigt meine Maß-nahmen und fordert gleichfalls Mitarbeit in diesem Sinne. Wer gegen diese Anordnung verstößt, behindert den friedlichen Aufbau. Diesen Elementen treten wir rücksichtslos entgegen mit dem Ziel: Kampf dem Nazismus, Befreiung der Menschheit, Befreiung aus Sklaverei und Knechtschaft!

gez.:   Flagmeyer
         Bürgermeister

S 411, Bl. 10

Der Bürgermeister
der Stadt
Nordhausen.

Nordhausen, den 8. Mai 1945

Aufruf
an die Nordhäuser Bevölkerung.

Die Stadt Nordhausen hat durch die sinnlosen Plünderungen großen Schaden erlitten.

Bei weiteren Plünderungen ist die Ernährung und die Existenz der Einwohner infrage gestellt.

Auf Anordnung der Militärregierung wird daher zukünftig gegen alle Plünderer schärfstens eingeschritten werden.

Ich weise darauf hin, daß für Plündern die Todesstrafe verhängt werden kann.

Alle Einwohner der Stadt, die sich in den Besitz fremden Eigentums gesetzt haben, werden aufgefordert, die fremden Güter-, Lebens- und Genußmittel, Bekleidung, Haushaltsartikel, Möbel, Baustoffe usw. - binnen acht Tagen bei der Zentralstelle „Malzfabrik Pape", Altendorf 28, gegen Empfangsbescheinigung abzuliefern.

Von einer späteren Strafverfolgung wird in diesen Fällen abgesehen werden.

Nach Ablauf dieser Frist werden Haussuchungen durchgeführt.

Bürgermeister.

S 411, Bl. 16

Der Bürgermeister
der Stadt   Nordhausen, den 10. Mai 1945
Nordhausen

Ausgabe
der Ausweise an die Bevölkerung der Stadt Nordhausen.

Die aufgrund der in der Zeit vom 30.4. - 4.5.1945 durchgeführten Meldung aller männlichen und weiblichen Personen über 12 Jahre ausgefertigten Ausweise, werden
am Sonntag, den 13. Mai ds. Js., in der Zeit von 7.30 - 17.30 Uhr auf dem Ehren-friedhof westlich des neuen Friedhofes ausgegeben.

Die Ausgabe erfolgt für die Buchstaben:

A B C D E	in der Zeit von	7.30 - 9.30 Uhr
F G H I J	in der Zeit von	9.30 - 11.30 Uhr
K L M	in der Zeit von	11.30 - 13.30 Uhr
N O P Q R	in der Zeit von	13.30 - 15.30 Uhr
S - Z	in der Zeit von	15.30 - 17.30 Uhr.

Auf dem Ehrenfriedhof sind etwa eineinhalb Tausend Leichen von Insassen der Konzentrations-lager beerdigt worden. Es handelt sich hierbei um Angehörige vieler Nationen und auch um Deutsche, die sich dem Nazi-Regime widersetzen. Es ist dies nur ein kleiner Bruchteil der Opfer, die den Hungertod gestorben sind oder durch grausame Behandlung in den Konzentrationsla-gern ums Leben kamen. Damit sich jeder Bürger der ganzen Tragweite dieser Grausamkeiten bewußt wird, hat jeder Nordhäuser vor der Aushändigung seines Ausweises die angelegten Grä-ber auf dem Ehrenfriedhof in Augenschein zu nehmen.

Ich erwarte von Jedem, daß er im Gedenken dieser Opfer am kommenden Sonntag an ihren Gräbern Blumen niederlegt.

Gleichzeitig wollen wir mit dieser Ehrenbezeugung zum Ausdruck bringen, daß wir mit diesem ruchlosen Verbrechen nichts gemein haben.

Die Ausgabe der Ausweise erfolgt nur an den Inhaber persönlich und auch nur in der oben an-gegebenen Zeit.

gez.:   Flagmeyer
Bürgermeister.

S 411, Bl. 19

63

Betrifft: # Zebras in der Boelcke-Kasserne.

Bei mir erscheint das Ehepaar F i l v e und erklärt zu den Vorgängen in der Boelcke-Kaserne folgendes:

„Die Häftlinge, die 3 - 4 Wochen vor dem 1. Angriff nach der Boelcke-Kaserne gekommen sind, waren Kranke und Abgemagerte. Sie sollten sich hier erholen und brauchten infolgedessen nicht zu arbeiten. Das Ganze war also ein Genesungslager. Es hat auch diesen Namen amtlich bei den oberen Stellen geführt.

Beim 1. Angriff am Dienstag fiel die erste Bombe in die K. W. - Halle I als Volltreffer und andere nach rechts und links daneben. An dem Tage sind keine Bergungsarbeiten vorgenommen worden. Am anderen Tage war morgens der Angriff, und da wurde die K. W. - Halle II durch Volltreffer und Einschläge rechts und links daneben getroffen. Es herrschte eine Panik unter den Gefangenen. Sie liefen heraus und wurden draußen durch die Einschläge auch noch getroffen.

Nach dem Angriff wurde das Lager durch die SS geräumt. Wer laufen konnte, ist mit weggelaufen. Zwang wurde nicht ausgeübt. Es blieben daher noch etliche Gesunde im Lager. Um die Verwundeten und Toten hat sich niemand gekümmert, da auch die SS-Mannschaften das Lager fluchtartig verließen. Die SS-Mannschaften waren alte Leute von 40 - 60 Jahren, die zwangsweise zur SS gezogen worden sind und offenkundig ihren Unwillen darüber äußerten, daß man diese Häftlinge so behandelt hätte. Sie selbst haben sich an einer Mißhandlung den Gefangenen gegenüber nicht beteiligt. Ich habe aber gesehen, daß die Häftlinge geschlagen worden sind, jedoch nicht von den Wachmannschaften, sondern von den sogenannten 'Kapos'."

Nordhausen, den 14. Mai 1945.

v. g. u.

Herrn Bürgermeister.

S 133, Bl. 16

Rede des Bürgermeisters Flagmeyer anläßlich einer Ehrung der Opfer der Konzentrationslager am 13.5.1945 auf dem Ehrenfriedhof

Nordhäuser Mitbürger !

Nachdem ich mit Genehmigung des Militärgouverneurs zum Bürgermeister der Stadt Nordhausen ernannt bin, habe ich es für meine erste und wichtigste Pflicht gehalten, Euch zusammenzurufen, um ein heiliges Gelübde der Treue abzulegen, das wir Antifaschisten der Öffentlichkeit schuldig sind. Dieses Gelübde kann nicht laut genug verkündet werden.
Nach ehernem Gesetz müssen wir alle einmal sterben.

So steht es in allen deutschen Heimruhestätten, in jedem Krematorium! Diese Worte sollen den Angehörigen eines Verblichenen Trost in der Scheidestunde von einem Lieben sein!

Und wir alle haben uns heute hier versammelt, oder werden nach hier kommen, um uns in dieser Stunde zu fragen:
Mußten diese Opfer gebracht werden, war von diesen Opfern die Lebensuhr abgelaufen? Starben sie nach ehernen Gesetzen?
Nein, und abermals nein! Diese Opfer bilden den Abschluß eines Regimes, welches die ganze Welt sich untertänig machen wollte und dabei seinen wohlverdienten Untergang fand, nachdem es Millionen von Menschen, die besten aller Nationen als Tribut gefordert hat.

Über Deutschland läuten die Friedensglocken: ein schwerer Alpdruck ist von uns genommen, wir leben auf, und wir bedauern es wohl alle, daß es uns nicht vergönnt war, diese Friedensglocken einige Tage früher zu hören - dann wäre uns unsere schöne tausendjährige Vaterstadt erhalten geblieben.

Und so ist es uns nun eine Ehrenpflicht geworden, Euch Opfer dieses so verruchten Systems, mit diesen Opfern gemeinsam, einen letzten Gruß noch zuzurufen.

Und wir Antifaschisten müssen uns eins fühlen mit einem der größten Dichter *deutscher* Herkunft, mit dem Nobel-Preisträger Thomas Mann, der uns aus der Ferne, aus Amerika, oft den Trost spendete, uns aufrichtete, uns bat, nicht zu verzagen, sondern immer und immer wieder aufforderte, gegen dieses System anzukämpfen und der für uns deutsche *Antifaschisten* das nötige Verständnis aufbrachte und uns mit Recht die letzten Worte durch den Äther sandte: *„Ihr konntet Euch aus eigener Kraft nicht befreien, das war wohl nicht möglich. Die Befreier mußten von außen kommen."*

Und sie sind gekommen, sie haben den Faschismus, Nazismus zu Boden geschlagen! *Aber damit zugleich auch entlarvt, mit welchen Mitteln und Methoden, mit welchen Grausamkeiten und mittelalterlichen Folterqualen, mit welchen Bestialitäten diese unmenschliche Unterwelt, die den Namen Sozialist mißbrauchte, sich frech Nationalsozialisten nannte*, ihre Macht behauptet haben. Es gibt nichts an Teufelei, was diese Unmenschen nicht anwandten, um ein 70-Millionen-Volk zu unterdrücken und zu allem zu mißbrauchen, so daß sich heute die ganze Welt mit Schauder von uns abwendet - von uns, die wir glaubten, das höchste Kulturvolk der Welt zu sein!

Und wenn ich heute hier stehe und zu Ihnen spreche, dann spricht auch ein Stück Anschauungsunterricht mit:
Ich habe in Buchenwald die Schlote des Krematoriums rauchen sehen, ich habe des Nachts nicht schlafen können vor Gestank, und habe nach frischer Luft gesucht, weil wir vor Qualm und Rauch keine Luft mehr bekamen - auch eine verruchte Methode, um Antifaschisten vom Leben zum Tode zu befördern auf die schnellste Art, um den eigenen Leichnam dann folgen zu lassen.

So ist von mir nur eines der verwerflichen Mittel hier charakterisiert, und unter welchen Mitteln und Methoden mögen diese armen Opfer gelitten haben, die schließlich jahrelang unter den Nazifoltern standgehalten haben, die den Tag der Befreiung aus dieser Knechtschaft vor sich sahen, und die man noch zuletzt dem Hungertode preisgab, um sie gewaltsam aus der Welt zu bringen, damit ihre Zunge stumm und schweigsam wurde, damit sie nichts erzählen konnten von den Finessen ihrer Folterknechte, die das dumme deutsche Volk noch immer wieder klar zu machen suchte, daß es ja immer noch siegen würde, - trotzdem unsere Befreier aus Knechtschaft und Tyrannei vor den Toren Nordhausens standen!
Und diese Brunnenvergifter aller deutschen Kultur haben bei der Jugend, auch bei den Frauen, den größten Anklang gefunden! Und deshalb richte ich auch im Angesicht dieser Toten an Euch die ernste Mahnung: *Nehmt Anschauungsunterricht von dieser Stätte des Todes mit nach Hause*, daß die Euch gewährte Lehre in der Schule, in Euren Organisationen, das Gegenteil von Wahrheit und Ehre, und das in den deutschen Schulen wieder wahr werden muß, was in unserer Jugend in der Schule gelehrt wurde:
Vor allem eins, mein Kind, sei treu und wahr, laß nie die Lüge Deinen Mund entweihn! *Sei treu und wahr!*
Wir Antifaschisten werden bemüht sein, mit den Befreiern von dieser Nazischmach einen neuen Unterricht in allen deutschen Schulen einzuführen, der unsere Jugend in neue Bahnen lenkt, um sie reif zu machen für die Ideale der Befreiung aus Knechtschaft und Barbarei, reif für den Gedanken, für den ich, *für den viele der Versammelten, aber auch viele der Toten gekämpft und gelitten haben bis an ihr Lebensende! Nie wieder Krieg! Nie wieder Mord und Elend in die Welt tragen* - das sei ein Erziehungswerk für die deutsche Jugend in ihren Schulen! Das wollen wir Euch Toten geloben!

Und so wollen wir von Euch Abschied nehmen! Ihr liegt friedlich beieinander gebettet, Ihr Opfer von Buchenwald II, Ihr seid noch in letzter Stunde den Schergen der Faschisten zum Opfer gefallen, kurz vor der Befreiung aus der Schande - *wir Antifaschisten,* ganz gleich ob wir Kommunisten, ob wir Sozialisten, ob wir Demokraten sind, wir können mit reinem Gewissen hier an Eurer letzten Ruhestätte stehen, wir haben mit Eurem fluchwürdigen Untergang nichts zu tun, und ich will zur Ehre meiner Vaterstadt Nordhausen sagen, daß noch ein großer Teil, wohl der allergrößte, mit dem an Euch begangenen Verbrechen nichts zu tun haben will, *aber diese Pest Nationalsozialismus, die so viele gefordert hat, trägt die Verantwortung, und wir haben die heilige Pflicht, diese Giftpflanze mit Stumpf und Stiel auszurotten, das sei unser Schwur an Euren Gräbern.*

Friedlich vereint liegen in diesen Reihengräbern die Opfer aller Nationen, ob Ihr deutsch, ob Ihr russisch, ob Ihr polnisch, ob Ihr französisch, holländisch, belgisch, nordisch, arisch oder nichtarisch gewesen seid, Ihr schlaft den Schlaf *vereint* als Brüder aus allen Ländern, doch mit dem einen Ziel: *Gegen den Nazismus seid Ihr gestorben! Für Eure Freiheit!*

Für uns als Überlebende gilt es über das Grab hinaus diesen Gedanken der Vereinigung der Menschen weiter fortzusetzen unter der Parole: *Nie wieder Krieg! Es lebe Freiheit, Gleichheit, Brüderlichkeit. Es lebe die Demokratie und der Sozialismus!*

Dann sind die Opfer dieses Weltenringens in der Heimat und an den Fronten *nicht umsonst gewesen!* Und mit diesem Gelöbnis wollen wir der Öffentlichkeit unsere Verbundenheit mit den Toten zum Ausdruck bringen, indem wir an ihren Gräbern vorbeidefilieren und diese mit Blumen schmücken, daß die Scheidestunde in einem Blumenmeer erstickt und wir uns von Euch trennen mit dem Gelöbnis:

Euer Opfer war nicht umsonst!
Wir haben doch gesiegt!
Es lebe der Antifaschismus!

S 132, Bl. 2 f.

Meldung über die Zahl der im Stadt- und Kreisgebiet in Lagern versammelten und abtransportierten Ausländer

Russen	11 627	Lager Dora	14 000
Polen	7 335	Lager Harzungen	1 400
Osteuropäer	870	Lager Ilfeld	1 000
Franzosen	1 276	Lager N.-Sachswerfen	750
Belgier	303	Lager Gudersleben	600
Holländer	529	Lager Woffleben	600
Westeuropäer	120	Lager Ellrich	600
Italiener	2 870	Lager Bleicherode	900
Jugoslawen	1 353	Lager Kleinfurra	400
Tschechen	30	Lager Wernrode	450
Ungarn	300	Lager Nordhausen	5 235
Südeuropäer	52	Lager Obergebra	1 000
	26 935		26 935

Stand: Mitte Mai 1945

Stadtarchiv Nordhausen, S 194, Bl. 14

Die Militär-Regierung
Nordhausen.

An den

Bürgermeister

Die folgenden Aufzeichnungen (Memorandum) dienen Ihnen als Anweisung.

1. Alle Funktionen der Stadtverwaltung stehen unter Ihrer Rechtsgewalt (jurisdiction), und Sie sind für die ordnungsgemäße Durchführung verantwortlich.

2. Die deutschen Verwaltungsvorschriften bleiben in Kraft, soweit sie nicht von der Militärregierung aufgehoben sind.

3. Sie sind der Militärregierung unmittelbar verantwortlich und haben Ersuchen auf Anordnung von anderen militärischen Einheiten der Militärregierung zu übermitteln.

4. Jeder Amtsvorgang, der mit dem Landkreis zu tun hat, ist in üblicher Weise über den Landrat zu regeln.

5. Alle Angelegenheiten, die sich auf die Militärregierung beziehen, werden über den Hauptmann Mc Elroy geregelt, wenn nichts anderes angeordnet wird.

6. Jede Amtsangelegenheit des Land- und Stadtkreises steht unter der Oberaufsicht eines Offiziers der Militärregierung. Die Leiter der Stadtverwaltung sind berechtigt, mit diesen Offizieren, und umgekehrt, direkt in Verbindung zu treten.

7. Ein Stadtrat (Körperschaft) ist eingesetzt worden, um mit seinem Urteil in wichtigen Angelegenheiten beratend zur Seite zu stehen. Er soll nicht mit Nebensächlichkeiten belastet werden und versieht seinen Dienst ehrenamtlich.

8. Sie haben alle Proklamationen, Verfügungen und Gesetze seitens der Militärregierung aufmerksam zu beachten, deren Abschrift bei der Militärregierung zu haben ist.

9. Der frühere Bürgermeister hat Ihnen Anweisungen zu übermitteln, die er von Zeit zu Zeit von dieser Dienststelle erhalten hat.

10. Sie haben mir täglich um 10 Uhr in meinem Büro, außer sonntags, Bericht zu erstatten, wenn nichts anderes angeordnet ist.

11. Der Verkehr in der amerikanischen Zone östlich des Rheins unterliegt für Fußgänger und Radfahrer keinen Einschränkungen. Personen- und Lastkraftwagen bedürfen der Erlaubnis.

12. Ein großer Teil persönlichen und gemeinsamen Eigentums von Bewohnern ist ungesetzlich von der früheren Verwaltung enteignet worden. Einer rechtzeitigen Aufstellung Ihrerseits bezüglich der Verfügung über diese Sachen sehe ich entgegen.

13. Es ist von ganz besonderer militärischer Wichtigkeit, daß die Hauptdurchgangsstraßen der Stadt frei und im guten Zustand erhalten werden. Augenblicklich sind sie in sehr schlechter Verfassung. Dieser Angelegenheit haben Sie Ihre sofortige Aufmerksamkeit zuzuwenden.

14. Die Wiederherstellung der teilweise zerstörten Wohnungen ist dringlich.

15. Beigefügt ist ein Telefonverzeichnis. Sie sind berechtigt Verbindungen herzustellen und zu unterbrechen, wie es Ihre Vermittlung erlaubt. Die Telefonverbindung nach Herrn Flagmeyers Wohnung kann, die nach Herrn Schmidts Wohnung muß entfernt werden.

Hauptmann W. A. Mc Elroy

Militär-Regierung
Nordhausen.

S 149, Bl. 2

Luftbild der Royal Air Force.

Mit freundlicher Genehmigung des Ministry of Defence, Crown Copyright MOD, London. Die Aufnahme stammt vom 10. April 1945 und zeigt den südöstlichen Teil der Stadt zwischen Hallescher Straße, Zorge, Eisenbahngelände und Helmestraße.

Bergung der toten Häftlinge in der Boelcke-Kaserne; Herkunft des Fotos unbekannt

Vgl. auch die nachfolgenden Abbildungen. Sie wurden mit Zustimmung der SENSO-Film, Berlin, dem im Auftrag der Stadt Nordhausen hergestellten Film „Die zweiten tausend Jahre" entnommen.

Gedenkkundgebung am 13. Mai 1945 auf dem neu angelegten Ehrenfriedhof   Foto: Stadtarchiv

1	4
2	—
3	5

Abb 1: St.-Blasii-Kirche vom Norden, im Vordergrund Mauern des Ilfelder Hofes

Abb 2: Reste des Gymnasium, Morgenröte - Ecke Taschenberg

Abb 3: Trümmerfeld entlang der Rautenstraße

Abb 4: Zerstörtes Rathaus, rechts Ruine der Marktkirche

Abb 5: Schmaler Pfad durch Trümmerlandschaft

Alle Fotos wurden im Mai/Juni 1945 von Hugo Joosten aufgenommen, einem gebürtigen Nordhäuser, der mit seinen Eltern nach 1933 emigrierte und im April 1945 als Kriegsberichterstatter zurückkehrte.

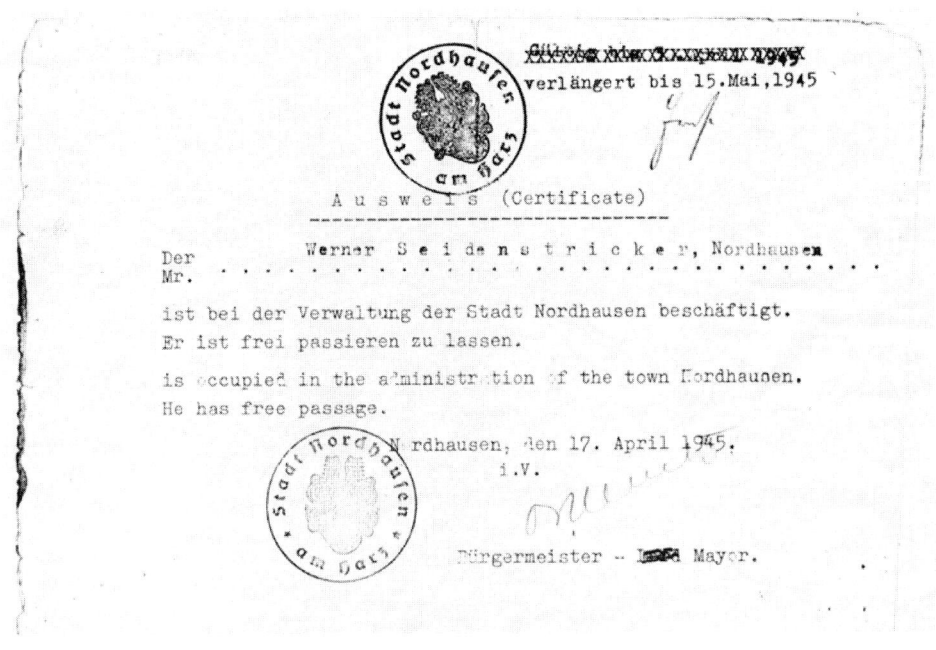

Ausweis für Personen, die in der Stadtverwaltung tätig waren, 1945 — Original: Stadtarchiv

Ausweis für Fliegergeschädigte, 1945 — Original: Stadtarchiv

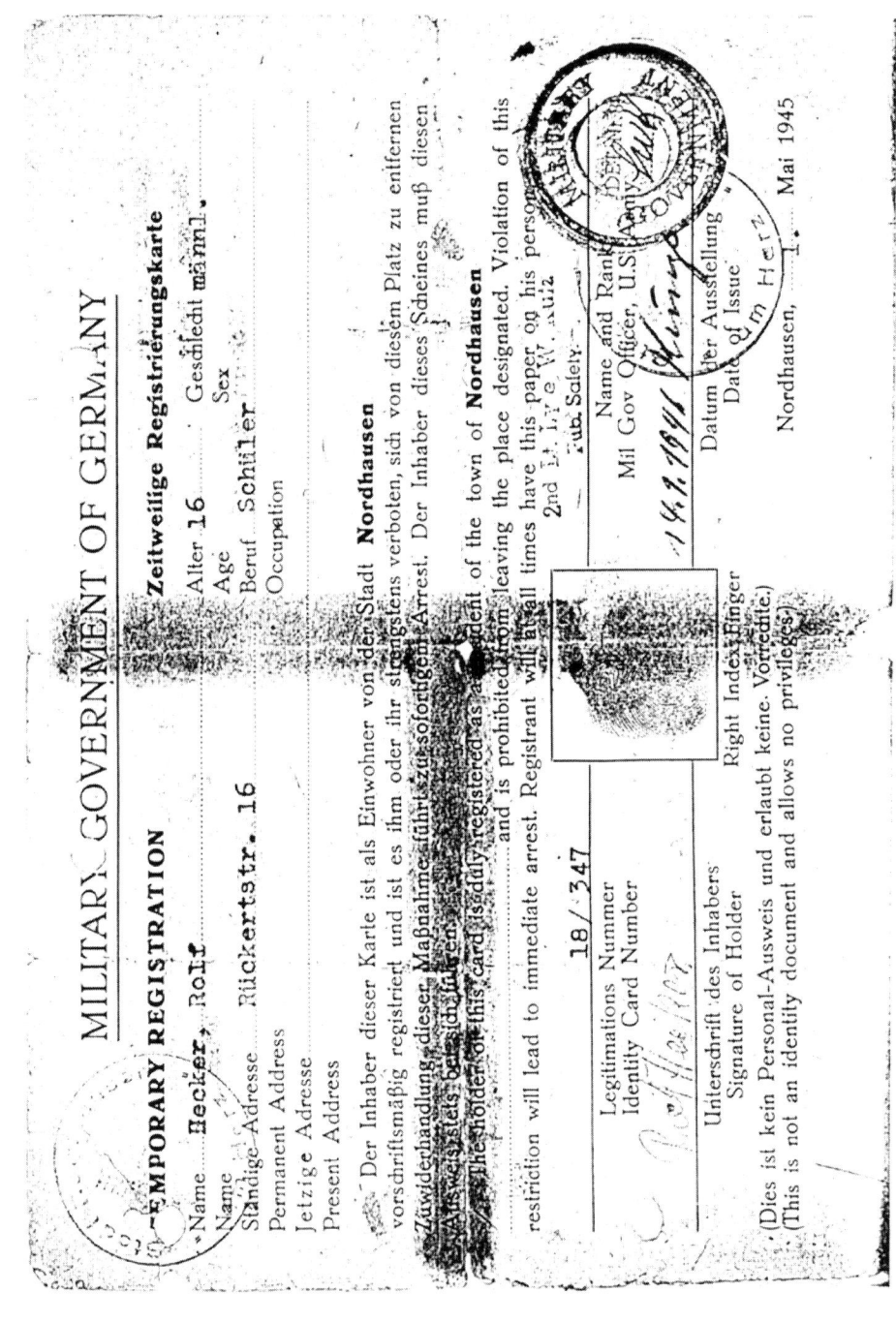

Personenregistrierkarte aus dem Jahr 1945

Original: Stadtarchiv

III

Nordhausen unter der
russischen Besatzungsmacht

CHRONIK
vom 11. Juli bis zum 31. Dezember 1945

1. Juli 1945

Wie Bürgermeister Dr. Senger einschätzt, wird der Wiederaufbau durch den Wechsel der Besatzung am 1.7. „stark behindert". „Sehr bedeutende russische Streitkräfte mit zahlreichen Stäben" ziehen ein und beanspruchen die Handwerker außerordentlich.

S 13, unpag.

Als erster russischer Kommandant der Stadt unterzeichnet Anfang Juli ein Major Pachalin. Den „Befehl Nr. 1 für Stadt Nordhausen und Umgebung" vom 16. Juli unterzeichnet als Militärkommandant Held der Sowjetunion Major Schaikin.

S 148, Bl. 6

Im wahrscheinlich ersten Befehl des russischen Kommandanten wird gefordert, Waffen, Munition, Kriegsgerät aller Art, Luftwaffen- und Flugabwehreinrichtungen, Pläne und Zeichnungen aller militärischen Einrichtungen und Anlagen, Werkstätten, Forschungsinstitute, Laboratorien, technische Unterlagen, Patente usw. unversehrt zu erhalten und in gutem Zustand binnen drei Tagen der Stadtkommandantur zu übergeben. Den örtlichen Verwaltungsorganen wird befohlen, Gebäude, Wälder, Felder und Betriebsanlagen sorgfältig nach obengenannten Anlagen usw. zu durchsuchen.

S 148, Bl. 3

Hotel „Friedrichskron" als Handelshaus

Das Hotel „Friedrichskron" gegenüber dem Bahnhof, das die Luftangriffe überstanden hat, wird bei den nachfolgenden Plünderungen innen total verwüstet. „Von 60 Spiegeln blieb einer ganz, fast alle Toilettenbecken zerschlagen. Lampen waren überhaupt nicht mehr da. Es stand nur noch das nackte Gebäude." Die leerstehenden Zimmer werden ausgebombten Geschäftsleuten zur Verfügung gestellt. Alle Vorarbeiten erfolgten bereits unter amerikanischer Besatzung. „Vom Arbeitsamt wurden Frauen angewiesen; der gröbste Dreck wurde weggeräumt, und am 1. Juli eröffneten die ersten Geschäfte wieder."

Th Vztg Nr. 47 v. 6.10.1945

2. Juli 1945

Die Amerikaner hatten auf Antrag von Bürgermeister Dr. Senger die Herausgabe eines amtlichen Nachrichtenblattes genehmigt. Die erste Ausgabe, die am 2. Juli erscheinen sollte, ist bereits gedruckt, wird jedoch von der russischen Kommandantur verboten.

S 130, Bl. 12

5. Juli 1945

Wegen der sich mehrenden Typhus-Erkrankungen ordnet der Bürgermeister für die gesamte Bevölkerung vom vollendeten 6. Lebensjahr eine Typhus-Schutzimpfung an. Am 19. Juli wird

befohlen, alle Typhuskranken und typhusverdächtigen Personen in die Isolierstation der Knapp-
schaftsheilstätte Sülzhayn zu verlegen.

S 189, Bl. 60

6. Juli 1945

Stadtkommandant Pachalin befiehlt die Registrierung der gesamten arbeitsfähigen Bevölkerung
im Alter von 17 bis 50 Jahren. Ferner ordnet er an, bis zum Dienstag, dem 10. Juli 1945, alle Waffen
(Feuerwaffen, Hieb- und Stichwaffen) auf der Stadtkommandantur, Grimmelallee 36, abzugeben.
„In der Nacht vom 7. zum 8. Juli 1945 sind alle Uhren um eine Stunde vorzustellen, also von 24
Uhr auf 1 Uhr. Von diesem Zeitpunkt ab gilt die Moskauer Zeit. Die Sperrstunde tritt dann um
22.30 Uhr ein."

S 148, Bl. 5

14. Juli 1945

In der Stadt konstituiert sich ein Bund freier Gewerkschaften. Die Mitglieder des Vorstandes,
Heinrich Schröder, Otto Tölle, Heinrich Ziegler und Erich Belz, fügen ihrem Schreiben an die
Militärkommandantur Satzungen und Statuten bei und bitten um Registrierung.

S 428, Bl. 4

Auf der Strecke Nordhausen - Eisfelder Talmühle wird die Harzquerbahn wieder eröffnet. Ein
durchgehender Betrieb auf der Strecke Nordhausen - Wernigerode erfolgt seit dem 15.9.1945.

S 130, Bl. 4, S 257, Bl. 7

Bürgermeister Dr. Senger ordnet an, daß die gesamte arbeitsfähige Bevölkerung Nordhausens
vom 14. bis 60. Lebensjahr an drei Nachmittagen der Woche zu Enttrümmerungsarbeiten eingesetzt wird.

16. Juli 1945

Held der Sowjetunion, Major Schaikin, Militärkommandant der Stadt, befiehlt: Alle Waffen sind
bis zum 20. Juli abzuliefern; alle ehemaligen Wehrmachtsangehörigen haben sich vom 20. bis 25.
Juli bei der Militärkommandantur zu melden; die Sperrstunden für die Zivilbevölkerung er-
strecken sich von 23 bis 6 Uhr.

17. Juli 1945

Erneut wechselt der russische Stadtkommandant mit seinem Stab. Held der Sowjetunion Garde-
Oberstleutnant Krawtschenko wird Stadt- und Kreiskommandant und damit der mächtigste
Mann in Stadt und Kreis Nordhausen.

AN, Nr. 4 v. 12.1.1946

An allen Straßen werden Schilder in russischer Sprache angebracht.

Zum Stab Krawtschenko gehören:

Garde-Major Mischenow, sein Stellvertreter,

Garde-Hauptmann Fedko, Ober-Wirtschaftsoffizier,

Hauptmann Tschistjakow, Chef des Stabes der Kommandantur Nordhausen,

Kapitän Kaplun,

Garde-Oberstleutnant Beloturkin, Gehilfe in wirtschaftlichen Fragen,

Leutnant Schtscherwakow, Chef der Umsiedler-Abteilung.

Mitte Juli 1945

Die ungefähre Einwohnerzahl Nordhausens beträgt nach den ausgegebenen Lebensmittelkarten 34 500 : 30 000 Zivileinwohner, 1 894 aus Kriegsgefangenschaft entlassene Soldaten, 106 ehemalige Offiziere, 2 500 Evakuierte.

S 856, Bl. 44 f.

19. Juli 1945

Das Gebäude der Nordhäuser Feuerwehr Hohekreuzstraße 1 muß für die Besatzungsmacht geräumt werden. Die Feuerwehr wird am Taschenberg behelfsmäßig untergebracht. „Die Stadt ist mit Sowjettruppen überbelegt."

S 130, Bl. 17

Im November 1945 sind über 100 Häuser der Stadt von der Besatzungsmacht beschlagnahmt.

S 138, Bl. 31

Am 19. Juli wird Dr. Karl Schultes zum Regierungsbeauftragten für den Wiederaufbau der Stadt Nordhausen ernannt.

S 13 unpag., S 130, Bl. 26

Unter der russischen Besatzung werden für die Stadt zunächst nur 130 Kraftfahrzeuge zugelassen. Ende September/Anfang Oktober sind in Nordhausen 676 Kraftwagen und 50 Krafträder registriert. Der größte Teil dieser Fahrzeuge ist jedoch nicht fahrbereit.

S 138, Bl. 22 f.

20. Juli 1945

Bürgermeister Dr. Senger ordnet im Auftrag des russischen Stadtkommandanten an: An drei Tagen der Woche, nämlich dienstags, donnerstags und sonnabends, müssen sämtliche arbeitsfähige männliche und weibliche Bewohner Nordhausens von 16 bis 20 Uhr einen Arbeitsdienst ableisten. Spaten, Eimer, Hacke oder Schaufel sind mitzubringen.

An den Tagen des Arbeitseinsatzes ruht von 15 Uhr ab das Geschäfts- und Wirtschaftsleben in der Stadt wie an den Sonntagen. „Der Stadtkommandant verlangt zunächst, daß bis zum 27. Juli 1945 die Straßen der Stadt frei von Schutt und Trümmern sind."

S 411, Bl. 64

Durch die von der Besatzungsmacht angeordnete Räumung des Fliegerhorstes werden 400 Familien obdachlos.

S 13, unpag.

Im Lager „Dora" sind zu diesem Zeitpunkt etwa 6 000 Ausländer/-innen untergebracht.

S 130, Bl. 8

Dr. Karl Schultes wird am 20. Juli mit der Wahrnehmung der Geschäfte des Oberbürgermeisters beauftragt, der Redakteur Hans Himmler mit denen des Bürgermeisters.

S 13, unpag.; S 131, Bl. 1

21. Juli 1945

Bisher sind 145 einwandfrei erkannte Typhusfälle gemeldet.

Die Typhusepidemie beginnt bereits Ende Mai. Die Zahl der Neuerkrankungen in der ersten Junihälfte ist noch gering, steigt aber in der zweiten Hälfte stark an. Im Juli wird mit 154 Erkrankten eine Höchstzahl erreicht. Seit August klingt die Seuche ab.

S 138, Bl. 37; S 189, Bl. 65

22. Juli 1945

Über die Durchführung der notwendigsten Wiederaufbauarbeiten erstattet Bürgermeister Dr. Senger einen Bericht.

AN, Nr. 4 v. 12.1.1946

23. Juli 1945

Der Bürgermeister ordnet an, daß alle Inhaber einer selbständigen Wohnung bis zum 5. August anzumelden haben, wieviele Räume von jeder Wohnung zur Unterbringung von Obdachlosen verfügbar sind. Es sollen verbleiben: 1 Raum für zwei bis drei Personen, 2 bis 3 Räume für drei bis vier Personen. Das Wohnungsamt setzt besondere Auskämm-Kommissionen ein, welche die Wohnungen überprüfen.

Das Wohnungsamt befindet sich in der Spangenbergstraße im ehemaligen Arbeitsamt (jetzt Kurze Straße), ebenso die Stadtkasse.

S 13, unpag.; S 131, Bl. 2

Trotz der Aufforderung des Militärkommandanten, daß sich alle ehemaligen Wehrmachtsangehörigen registrieren lassen sollen, ist festgestellt worden, „daß sich ein Teil dieser Männer der Registrierung in der Kommandantur entzieht". Als letzte Frist wird der 30. Juli gesetzt.

S 131, Bl. 4

24. Juli 1945

Der Architekt Ernst Rathsfeld wird vom NKWD in die Keller der Karolingerstraße 18 verschleppt. In Kassibern, die heute noch erhalten sind, nennt er als Mitgefangene später unter anderem Rechtsanwalt Dr. Gewalt und Studienrat Rudloff. Nach Verhören, wie sie in dem Erinnerungsbuch „Die Graupenstraße" beschrieben werden, verstirbt Ernst Rathsfeld am 17.11.1945 (laut Auskunft des Roten Kreuzes der UdSSR vom 24.9.1963) und wird an unbekannter Stelle verscharrt. Ernst Rathsfeld war während des Krieges Betriebsführer der Firma Carl Rathsfeld, Baugeschäft, Zimmerei, Bautischlerei und Sägewerk, Uferstraße 2. Er ist der erste namentlich bekannte Nordhäuser, der in den NKWD-Kellern verschwindet. Seitdem verbreitet sich in Nordhausen neue Angst.

25. Juli 1945

In einem Tätigkeitsbericht nennt Dr. Karl Schultes die Wiederherstellung des an 200 Stellen zerstörten Kanalisationsnetzes als dringlichste Aufgabe, ferner die Bekämpfung des Typhus.

S 13, unpag.

27. Juli 1945

Dr. Karl Schultes, Regierungsrat und Regierungsbeauftragter für den Wiederaufbau der Stadt Nordhausen, wird vom Präsidenten des Landes Thüringen, Dr. Rudolf Paul, zum Oberbürgermeister und Landrat des Kreises Grafschaft Hohenstein ernannt.

AN, Nr. 1 v. 30.8.1945

Im Monat Juli erkranken 154 Menschen an Typhus, von Mai bis November 482 Menschen. 20 466 Personen sind von Mai bis November entlaust worden.
Dr. Schultes schätzt am 26.9.1945 ein: „Eine wirksame Typhusbekämpfung wird dadurch erschwert, daß das in Ilfeld als Ausweichstelle wieder eingerichtete Städtische Krankenhaus von russischen Truppen besetzt und bis heute noch nicht wieder freigegeben wurde."

S130, Bl. 28, 51.

Wegen der Erkrankung des Bürgermeisters Himmler bleibt Dr. Senger zur Bearbeitung der laufenden Geschäfte noch eine Zeitlang im Amt. Oberbürgermeister und Bürgermeister haben ihren Sitz in der Geseniusstraße 3, ebenso das Hauptamt. Weitere Ämter der Stadtverwaltung

sind in Häusern Grimmelallee 9 und 20, Spangenbergstraße 31, Ritterstraße 1 u. a. untergebracht.

S 137, Bl. 7

31. Juli 1945

Der Oberbürgermeister erläßt einen Aufruf: „Der Arbeitsdienst geht weiter!" Er ordnet an, „daß
der mit dem Aufruf vom 20. Juli 1945 vorgesehene Arbeitsdienst ab Dienstag, dem 30. Juli 1945,
täglich durchgeführt wird, mit Ausnahme des Sonntages".

S 131, Bl. 6

1. August 1945

Das Nordhäuser Hilfskrankenhaus in Ilfeld muß im Juli zeitweilig die Räume der ehemaligen Napola
verlassen, da russisches Militär die Gebäude beschlagnahmt hat. Auf Anordnung des Stadtkommandanten darf das Krankenhaus Ende Juli dort wieder einziehen. Im August muß das Hilfskrankenhaus jedoch nach Neustadt umziehen. In der „Schönen Aussicht" befindet sich die Station für
Geschlechtskrankheiten. Im Haus „Lebenswende" in Neustadt werden bis Mitte Oktober 140
Betten bereitgestellt. Durch die Einbeziehung einiger Hotels erhöht sich die Zahl auf 300 Betten.

S 188, unpag.

3. August 1945

Hans Himmler schlägt in einer Dezernentenberatung die Bildung von „Strafarbeitskolonnen von
500 Mann" vor. Schulrat Klemenz fordert, die Strafarbeiter in Arbeitslagern zusammenzufassen,
„da Leistungen gesteigert werden". Güntsche und Höfer sind dagegen, „weil Leistungen frühe-
rer KZ-Häftlinge mangelhaft gewesen seien".
In derselben Sitzung stellt Dr. Schultes fest: „Eine Anzahl der Enteignungen bedarf noch der
Klärung." Dagegen äußert Hans Himmler: „Man kann nicht alles auf gesetzlicher Grundlage
durchführen."

S 13, unpag.

Stadtrat Hensel verlangt die Klärung der Frage, wie die Besatzungskosten beglichen werden sollen.
Es bestehen Zweifel hinsichtlich der Mietausfälle für belegte Wohnungen, über die Bezahlung
der Grundsteuer für von der Besatzungsmacht genutzte Häuser, über Strom- und Umzugskosten
der Betroffenen.

S 13, unpag.

Wegen der vielen Obst- und Feldfruchtdiebstähle wird das unbefugte Betreten der Feldwege verboten.

S 13, unpag

4. August 1945

In seinem Befehl Nr. 1 ordnet Krawtschenko an, daß sämtliche Hieb- und Schußwaffen, die sich noch in den Händen von Zivilisten befinden, abzuliefern sind. Ehemalige Wehrmachtsangehörige haben sich bis zum 7. August polizeilich zu melden. Bis zum 6. August haben sich die hier lebenden „Konstrukteure, Erfinder, Planwirtschaftler, Professoren, Ingenieure, Laboranten" zu melden.

S 149, Bl. 11

6. August 1945

Die Stadt verordnet einen Arbeitsdienst für die männliche Bevölkerung vom 12. bis 60. Lebensjahr, die Frauen vom 14. bis 40. Lebensjahr, zu leisten an drei Tagen der Woche, montags, mittwochs und freitags von 15 bis 18 Uhr. Böswilliges Fernbleiben wird mit Entzug der Lebensmittelkarten und Eingliederung in ständige Arbeitskommandos bestraft. Es sollen zunächst alle Straßen von Schutt und Trümmermassen befreit werden. Im städtischen Arbeitsdienst sind im September 1945 etwa 3 000 Menschen eingesetzt. „Für Drückeberger und alte Kämpfer der NSDAP, aktive Nazis und Militaristen wurde ein ständiges Arbeitskommando eingerichtet unter gleichzeitigem Entzug der Lebensmittelkarten."

S 13, unpag.; S 131, Bl. 11

Schulrat Güntsche läßt öffentlich bekanntmachen, daß am Montag, dem 6. August, der Unterricht der Grundschule wieder beginnt. Auch dieser Termin kann nicht eingehalten werden.

S 141, Bl. 70

8. August 1945

Die Arbeits- und Wiederaufbaukommission berät in ihrer ersten Sitzung unter der Leitung von Otto Flagmeyer, wie die Arbeitskräfte zu erfassen sind, die für die Enttrümmerung eingesetzt werden. Vom Arbeitsdienst ausgeschlossen sollen sein Fleischer, Bäcker, die Beschäftigten der Bauindustrie sowie der Eisenbahn.

S 13, unpag.

Besatzungsmacht beschlagnahmt 25 Millionen Reichsmark

Unter der Leitung von Oberleutnant Beloturkin beschlagnahmt die Besatzungsmacht in der Zeit vom 8. bis 10. August 1945 die Geldbestände aller Banken und Sparkassen. In den Tresoren der Reichsbank und der Kreissparkasse wird auch eine größere Anzahl Kisten, Koffer und Pakete von Privatpersonen vorgefunden und unter Verschluß genommen. Eine Freigabe wird von der Besatzungsmacht abgelehnt.

Vor den Dezernenten erklärt Dr. Schultes: Im Tresor der Kreissparkasse sind bei der Bankenaktion 24 Millionen RM aufgefunden und beschlagnahmt worden. Am 31.8. erklärt Dr. Schultes: „Sichergestellt sind 25 Mill. RM. Von diesen sind der Stadt 10 Mill. vom Kreiskommandanten als Kredit für den Wiederaufbau zur Verfügung gestellt worden."

S 13, unpag.; S 856, Bl. 66

11. August 1945

Anläßlich einer Kundgebung der „antifaschistischen Front" weilt der 1. Vizepräsident des Landes Thüringen, Ernst Busse (KPD), in Nordhausen.

S 856, Bl. 53

13. August 1945

Die Besatzungsmacht ordnet an, daß alle Einwohner der Stadt, Männer und Frauen vom 16. bis vollendeten 50. Lebensjahr, auf Geschlechtskrankheiten untersucht werden. Die Untersuchung wird auf der Legitimationskarte vermerkt.

S 411, Bl. 75

15. August 1945

Fritz Schwager, ein österreichischer Kommunist, zuletzt politischer Häftling im KZ Mittelbau-Dora, wird 1. Beigeordneter und 2. Stellvertreter des Oberbürgermeisters. Fritz Schwager ist auch Kreissekretär der KPD. In der Stadtverwaltung ist er für alle Fragen zuständig, die die Besatzungsmacht betreffen.

S 13, unpag.

Der frühere Intendant Erich Fisch wird mit der Leitung von Kammerspielen in der Harmonie-Gesellschaft beauftragt. Mit der Vorbereitung der Aufführungen wird begonnen.

S 131, unpag.

17. August 1945

In der Dezernentenrunde wird beschlossen, daß 10 „tatkräftige Antifaschisten" zur Durchführung der Beschlagnahmungen und Heranschaffung von Möbeln eingesetzt werden sollen. Die Möbel müssen der Besatzungsbehörde zur Verfügung gestellt werden. Dr. Schultes ordnet an, daß in den Polizeirevieren Listen der NSDAP-Mitglieder ausgelegt werden. Eine Kommission aus vier „Antifaschisten" wird gebildet, die über die Zulassung von Gewerbebetrieben entscheiden soll.

S 13, unpag.

Das Amt für die Besatzungsmacht wird eingerichtet und als sein Leiter Friedrich Hauschild ernannt.

S 13, unpag.

Leiter des Personalamtes wird Hermann Fischer. Als ehrenamtlicher Stellvertreter Stadtrat übernimmt Bürgermeister a. D. Flagmeyer das Wiederaufbauamt.

Für die politische Prüfung aller Anträge auf Zulassung von Gewerbebetrieben wird eine Kommission gebildet, der Willy Fischer (SPD), Kroneberg (KPD), Emmert (DP) und Wilhelm Hagelstange (CDU) angehören.

S 137, Bl. 7

18. August 1945

Ein Zuzugsverbot für die Stadt wird erlassen.

Auf Anordnung von Dr. Schultes müssen alle Ausländer ab sofort im Lager „Dora" Unterkunft suchen.

S 131, Bl. 22

Militärkommandant Krawtschenko befiehlt eine Bestandsaufnahme aller Kraftfahrzeuge und Motorräder der Zivilbevölkerung.

S 148, Bl. 10

21. August 1945

Der Militärkommandant befiehlt allen Bürgermeistern, die gesamte Einwohnerschaft zur Erntehilfe heranzuziehen.

S 149, Bl. 22

„Das feuchte Korn auf den Äckern ist ständig umzuwenden. Das getrocknete Korn ist unter Einsatz aller Kräfte abzufahren. Sollte die feuchte Witterung anhalten, so ist das Korn in Sälen und Hallen unterzubringen." Am 31. August ist der Ernteeinsatz beendet. Der Arbeitsdienst in der Stadt wird wieder aufgenommen.

S 856, Bl. 73

25. August 1945

Kommandant Krawtschenko fordert: „Die gesamte Einwohnerschaft, alle motorisierten Transportmittel und Traktoren, alle Pferdekräfte, Arbeitskühe und Ochsen sind der Ernte zur Verfügung zu stellen. Bis zum 29.8.1945 ist Tag und Nacht zu arbeiten. Der Termin zur Beendigung aller dieser Arbeiten ist der 30. August 1945."

S 148, Bl. 16

Sämtliche ehemalige Soldaten und Offiziere der Wehrmacht müssen sich um 9 Uhr in der russischen Kommandantur zwecks Registrierung melden. Ein Deutscher wird von einem Rotarmisten ohne ersichtlichen Grund erschossen. Die Versammelten werden unter Bewachung zum Lager „Dora" geführt und dort interniert.

Eine Woche später wird in einer Ratssitzung eingeschätzt, daß diese Maßnahme „das Wirtschaftsleben stark beeinflußt" habe. „Durch die verschiedenen Aktionen sei ein chaotischer Zustand hervorgerufen worden. Z. Zt. befänden sich noch immer von einigen tausend festgenommenen Leuten etwa 500 im Lager Niedersachswerfen."

S 140, Bl. 12

27. August 1945

Auf Anordnung des Kommandanten werden in den Polizeirevieren Listen der NSDAP-Mitglieder ausgelegt. „Diese Maßnahme hat den Zweck, auch diejenigen Parteimitglieder festzustellen, die sich bisher nicht freiwillig gemeldet haben." Der Oberbürgermeister fordert die Bevölkerung auf, die Listen zu überprüfen und gegebenenfalls entsprechende Angaben zu machen. Ebenso soll die Bevölkerung Verbrechen von Angehörigen der Polizei, Gestapo, SS, des SD, der SA und Wehrmacht anzeigen.

S 411, Bl. 79

30. August 1945

Nummer 1 des „Amtlichen Nachrichtenblattes für die Stadt Nordhausen und den Kreis Grafschaft Hohenstein" erscheint.

1. September 1945

Das städtische Orchester wird gebildet, als sein Leiter und als Musikbeauftragter der Stadt Peter Seeger (Staatliche Hochschule für Musik, Berlin) berufen. Das Orchester gibt bis zum Jahresende mit großem Erfolg mehrere volkstümliche Konzerte, am 17. und 30.9. Sinfoniekonzerte und am 15.10. sein erstes Opernkonzert. Für die Schulen werden am 14.11. und 19.12. zwei Konzerte mit Werken von Mozart, Beethoven und C. M. von Weber gegeben.

S 138, Bl. 61

Auch die städtische Bücherei ist wieder geöffnet. Zuletzt war die Bücherausgabe im Rosenthalhaus am Steinweg untergebracht, wo alles vernichtet wurde. Hanna Müller, die schon seit 1928 als Bibliothekarin in der Stadtbücherei tätig war, richtet in der Domstraße 16 eine provisorische Bibliothek ein. Dort stehen den Lesern etwa 3 000 Bücher zur Verfügung.

Th Vztg, Nr. 71 v. 3.11.1945

2. September 1945

Die Straßenbahnlinie Altentor - Bahnhofsplatz wird in feierlicher Form wieder in Betrieb genommen. Am Bahnhofsplatz wehen rote Fahnen. Girlanden ranken sich um die Leitungsmasten der Straßenbahn. Um 12 Uhr am Mittag fährt die erste Bahn mit Oberstleutnant Krawtschenko und dem Oberbürgermeister zum Altentor.

S 130, Bl. 47

Während der Sommermonate sind vier Räumungs- und zwei Leichenbergungstrupps tätig, um Opfer der Luftangriffe zu bergen. Bis zum 20. September 1945 können 1 387 Tote geborgen werden. Von den damals ermittelten 1 844 Opfern können 457 nicht aufgefunden werden, weil sie, wie der Standesbeamte Höfer schreibt, durch Bombenvolltreffer völlig vernichtet wurden oder in Kellern und Bunkern verbrannt sind. Die Opfer der Stadtbewohner werden im Ehrenhof des Hauptfriedhofes und auf dem alten Friedhof an der Leimbacher Straße beigesetzt.

S 139, Bl. 18

3. September 1945

Die Nordhäuser Bevölkerung wird aufgefordert, Kriegsschäden und Besatzungskosten anzumelden. Durch das Gesetz über Sondererfassung von Wohnraum wird die Möglichkeit geschaffen, „aktive Nazis" aus den Wohnungen auszuweisen und Mitglieder der NSDAP in ihrem Wohnraum noch besonders einzuschränken.

S 13, unpag.

Bildung eines Zwangsarbeitslagers (Hanewackerlager)

„Böswillige Arbeitsverweigerer und aktive Nazis und Militaristen werden einem Zwangsarbeitslager zugeführt." Es erhält nach seinem Standort die Bezeichnung „Hanewackerlager".
In das Hanewackerlager werden gezwungen:

im Monat Oktober	43 Männer und 15 Frauen,
im Monat November	53 Männer und 12 Frauen,
im Monat Dezember	13 Männer und 4 Frauen.

S 138, Bl. 15

5. September 1945

Franz Abeska (KPD) wird durch die Landesregierung als Leiter der Nordhäuser Exekutivpolizei bestätigt.

S 137, Bl. 17

10. September 1945

In der Aula der Heirich-Mittelschule gibt das Städtische Orchester um 19.30 Uhr ein „Volkskonzert". Ebendort findet am 17. September das 1. Sinfoniekonzert statt.

S 147, Bl. 1 u. 3

13. September 1945

Befehl Nr. 38: Quarantäne über Nordhausen verhängt!

„In letzter Zeit, d. h. vom 26.8.1945 bis 10. Sept. ds. J., haben die Erkrankungen an Unterleibstyphus unter der Bevölkerung der Stadt Nordhausen und des Dorfes Crimderode einen bedrohlichen Charakter angenommen...

Deshalb befehle ich!

1. Zur Liquidierung der Erkrankungen mit Unterleibstyphus eröffnen der Oberbürgermeister und der Leiter des Kreisgesundheitsamtes der Stadt Nordhausen ein Krankenhaus mit 100 Betten in der Stadt zur Ausheilung der Erkrankten bis zum 14. Sept. d. J..

2. Über die Stadt Nordhausen und das Dorf Crimderode verhänge ich eine Quarantäne, und bis zu meiner besonderen Anordnung verbiete ich jegliche Einreise in die Stadt Nordhausen und das Dorf Crimderode.

3. Es ist ein Sanitätsdurchlaßpunkt zur Kontrolle aller hier Ankommenden oder nach der Stadt und dem Kreis Nordhausen Abkommandierten einzurichten...

Krawtschenko"

S 148, Bl. 21

14. September 1945

Arbeitsamtsdirektor Platzeck teilt den Dezernenten mit: Das Mittelwerk hat 90 Fachleute angefordert. Die Frist beträgt 24 Stunden. Der Befehl kann unmöglich befolgt werden.

S 13, unpag.

15. September 1945

In den Räumen des „Uhu" in der Waisenstraße eröffnet die „Taverne Barberina", eine Unterhaltungsgaststätte mit Kabarett und einigen Tanzabenden in der Woche. Das Lokal wird auch von sowjetischen Offizieren gern aufgesucht.

S 133, Bl. 93

17. September 1945

In Befehl Nr. 42 ordnet Krawtschenko an:
Im Laufe von 3 Tagen sind die Fabriken und Werke voll mit Arbeitskräften zu versehen. Die Arbeitskräfte sind während der Arbeitszeit für die Wiederaufbauarbeiten der Stadt und andere Zwecke nicht zu verwenden. Die Wiederaufbauarbeiten sind an freien Tagen und an Sonntagen auszuführen. Fabriken und Werke sind per 1.10.1945 herzurichten und haben 100prozentig zu arbeiten.

S 148, Bl. 23

23. September 1945

Es werden Richtlinien für die wichtigsten Tief- und Hochbauarbeiten festgelegt, die nach Einschaltung des Planungsverbandes bei der Staatlichen Hochschule für Baukunst Weimar abgeän-

91

dert werden und unter dem 16.11.1945 in neuer Fassung veröffentlicht werden. Hiernach soll der Wiederaufbau der Kanalisation, der Versorgung mit Elektrizität und Gas und die völlige Wiederherstellung der Straßenbahnanlagen nach der Oberstadt beschleunigt vorangetrieben werden. Bei den Hochbauten haben Industriebauten Vorrang vor Arbeiten an öffentlichen Gebäuden und Reparaturarbeiten an Privatwohnungen. Das Landeserziehungsheim soll zum Städtischen Krankenhaus umgebaut werden.

Die „Richtlinien für den Wiederaufbau" werden in der Thüringer Volkszeitung (Nr. 46 v. 5.10.1945) veröffentlicht.

AN, Nr. 4 v. 12.1.1946

Im städtischen Arbeitsdienst sind im September etwa 3 000 Menschen eingesetzt. Je mehr Industrie, Handwerk und Handel wieder im Gang gesetzt werden, vor allem die Betriebe der Tabak-Industrie (Hanewacker AG. und Grimm & Triepel), der Maschinen-Industrie (Mabag, Montania, Schmidt, Kranz & Co. u. a.), um so weniger Arbeitskräfte sind für den städtischen Arbeitsdienst vorhanden, so daß die Zahl im Oktober auf 1 500 zurückgeht.

AN, Nr. 4 v. 12.1.1946

Im September sind die Aufräumungsarbeiten so weit durchgeführt, daß mit der Abräumung der Grundstücke begonnen werden kann. Wie Oberbürgermeister Dr. Schultes in seinem Rechenschaftsbericht am 21.12. ausführt, mußte hierzu erst die rechtliche Grundlage geschaffen werden in einem Gesetz, das die Enteignung des gesamten inneren Stadtkerns vorsieht. Mehrere Entwürfe der Stadt Nordhausen werden bei dem thüringischen Wiederaufbaugesetz vom 18. Oktober 1945 berücksichtigt, zu welchem vom Oberbürgermeister unter dem 26. November 1945 eine Durchführungsverordnung (Ortsstatut) zur Genehmigung bei der Landesregierung und der SMA eingereicht wird. Das Gesetz und die Verordnung sehen vor, daß die Entschädigung grundsätzlich in Grundbesitz erfolgen soll und nur ausnahmsweise in Geld.

AN, Nr. 4 v. 12.1.1946

25. September 1945
Wilhelm Werrbach vom NKWD verschleppt

Der ehemalige Revierhauptmann der Schutzpolizei Wilhelm Werrbach wird vom NKWD verhaftet, in den Kellern Karolingerstraße 18 gefangengehalten und am 1. Oktober 1945 in das „Speziallager" Buchenwald verschleppt. Die Verhaftung erfolgt aufgrund einer Denunziation, die, wie sich später herausstellt, nicht den Tatsachen entspricht. Ohne ordentliche Gerichtsverhandlung und schuldlos muß Wilhelm Werrbach bis zum 25. Januar 1950 in Buchenwald bleiben. Es gelingt ihm aber, die unmenschlichen Lagerbedingungen zu überleben und nach Nordhausen zurückzukehren.

Bis zum Herbst ist die Nordhäuser NKWD-Dienststelle in der Karolingerstraße eingerichtet. Als verantwortliche Offiziere werden ein Oberstleutnant Stürmer und ein Kapitän Frolow genannt. Die Zahl der verhafteten Nordhäuser steigt im September an. Ein Teil von ihnen kehrt niemals zurück, ihr Schicksal bleibt unbekannt. Von den im September bis November Verhafteten sind namentlich bekannt geworden:

Oberst a. D. Walter Nicolai (7.9.1945); Horst Führer; Ottomar Rausch, Kaufmann, Major a. D.; Erich Usbek, Rechtsanwalt und Notar, Major a. D.; Hermann Wünsche, Telegraphensekretär (21.9.1945); Wilhelm Werrbach (25.9.1945); Rudolf Rollfinke, Installationsgeschäft und Bauklempnerei, Altendorf 10 (1.10.1945); Johannes Kliem, Rechtsanwalt (3.10.1945); Willi Rathsfeld, leitender Mitarbeiter der Firma Julius Fischer; Werner Rathsfeld, Betriebsleiter der Maschinenfabrik Julius Fischer (21.11.1945): Fritz Gewalt, Dr. jur.

28. September 1945

Auf Anordnung des Oberbürgermeisters haben Gewerbebetriebe, die ohne besondere Genehmigung ihren Betrieb fortsetzen oder wiedereröffnen konnten, bis zum 15.10. einen politischen Fragebogen auszufüllen und abzugeben.

S 131, Bl. 33

Dr. Schultes berichtet vor den Dezernenten über eine Tagung am 27. September in Weimar zum Thema Wiederaufbau. Sonderkommissionen sollen für die am meisten zerstörten Städte eingesetzt werden. Dr. Schultes überreichte den Entwurf einer Nordhäuser Aufbauordnung.

S 13, unpag.

Gold- und Silberschatz gefunden

Bei Enttrümmerungsarbeiten wird in der Neustadtstraße ein Schatz von Gold- und Silbermünzen gefunden, die einen Wassereimer füllen. Da man den Schatz nicht der Besatzungsmacht übergeben will, werden die Münzen zunächst in der Spangenbergstraße in einem Panzerschrank deponiert.

Akten des Stadtarchivs und Bericht
Hilda Förstemann, 02. Juni 1994

Das Wirtschafts- und Ernährungsamt erhält für die Monate September und Oktober ein Kontingent von nur 140 Paar Lederschuhen für Männer, Frauen und Kinder. Für die Monate November und Dezember werden 75 Paar Lederschuhe, und zwar nur für Männer, ausgegeben. Frauen können nur noch Schuhe mit Textiloberteil und Gummi- oder Holzsohle erhalten.

S 138, Bl. 39

Bis Ende September werden in der „Normag", Schmidt, Kranz & Co., Nordhäuser Maschinenbau-Gesellschaft, 35 Traktoren gebaut. Nach kurzen Aufräumungsarbeiten ist in diesem Betrieb sehr schnell wieder produziert worden. Schwierigkeiten entstehen durch den Mangel an Facharbeitern.

Th Vztg, Nr. 44 v. 3.10.1945

30. September 1945

Am letzten Wochenende im September findet das erste offizielle Fußballspiel seit Kriegsende statt: Im Wacker-Sportpark schlägt die Vertretung von Salza die Nordhäuser Mannschaft mit 2:1 Toren. „Im weiteren Verlauf des Spieles ließen die Leistungen wesentlich nach. Man merkte den Spielern die lange Pause an, die Knochen sind doch etwas eingerostet."

Th Vztg, Nr. 45 v. 4.10.1945

1. Oktober 1945

Die Nordhäuser Volksschulen werden wieder eröffnet. Eine Feierstunde am 30.9. in der Aula der Heinrich-Mittelschule bildet den Auftakt.

S 13 unpag.

Das Stadttheater wird in der „Harmonie" eröffnet. Es beschränkt sich auf das reine Kammerspiel. Aufgeführt werden bis zum Jahresende Goethes „Urfaust", Molières „Der eingebildete Kranke" und ein englisches Lustspiel, Cowards „Wochenende", eine Gesellschaftssatire. Für die Kinder veranstaltet das Theater eine Lesung aus den Hausmärchen der Gebrüder Grimm.

S 138, Bl. 62

Im Hintergebäude des zerstörten Säuglingsheimes in der Riemannstraße wird eine Säuglings- und Kleinkinder- Schwesternschule eröffnet. 20 Lernschwestern werden theoretisch unterrichtet.

Th Vztg, Nr. 79 v. 13.11.1945

Die ganz verschiedenartig vorgebildeten Lehrer-Hospitanten der Nordhäuser Volksschulen werden zu einem Vorseminar im Lindenhofmuseum zusammengefaßt. Dieses Vorseminar wird mit Genehmigung der Landesregierung am 1. Dezember in eine Lehrerbildungsanstalt umgewandelt. Bereits am 30. November entläßt das Vorseminar nach bestandener Prüfung die ersten Schulamtsbewerber, die als Volksschullehrer eingesetzt werden.

S 13, unpag.

Im Oktober beginnt der Früh'sche Oratorienchor wieder mit Proben für das Requiem von Johannes Brahms, das am Totensonntag aufgeführt wird.
Der Nordhäuser Bachchor probt seit Ende September das Weihnachtsoratorium. Das Treichel-Doppelquartett gestaltet im Herbst drei Abende geistlicher Musik in der Altendorfer Kirche.
Der Organist der St.-Blasii-Gemeinde, Erich Knorr, setzt seinen im September begonnenen Zyklus „Große Meister der Kirchenmusik" fort. Leider verläßt der hochbegabte Organist Nordhausen zum Jahresende.

Nach Herrichtung der Villa Förstemann in der Wilhelm-Nebelung-Straße finden hier bis zum Jahresende mehrere Orgelkonzerte statt, in denen Martin Günther Förstemann klassische Werke des 16. bis 18. Jahrhunderts erklingen läßt.

S 139, Bl. 70

2. Oktober 1945

Dr. Ludwig Bernhardt wird als neuer Landgerichtspräsident in sein Amt eingeführt. Das Landgericht befindet sich in der Bahnhofstraße 14. In Anwesenheit von Oberstleutnant Krawtschenko spricht Oberbürgermeister Dr. Schultes vom Beginn einer neuen Ära der Justiz.

Th Vztg, Nr. 46 v. 5.10.1945

Die Nordhäuser Tabakfabriken AG. (Aufsichtsrats-Vorsitzender Otto Ploetz) feiert in der Hanewackerstraße 101 die Wiederingangsetzung der Rauchtabakfabrikation.

S 147, Bl. 7

5. Oktober 1945

Tanz in der „Taverne Barberina"

„Allseitig wird begrüßt, daß das Kabarett 'Taverne Barberina' an zwei Abenden in der Woche den Tanzlustigen den Vortritt läßt, und zwar am Mittwoch und Freitag jeder Woche. In der Mitte des Raumes ist das Tanzpodium aufgebaut, und eine Nordhäuser Vier-Mann-Kapelle, hebt die Besucher von ihren Stühlen."

Th Vztg, Nr. 46 v. 5.10.1945

6. Oktober 1945

Zur Neueröffnung des Nordhäuser Theaters wird in der „Harmonie" Molières Lustspiel „Der eingebildete Kranke" aufgeführt.

Th Vztg, Nr. 46 v. 5.10.1945

9. Oktober 1945

Die Marmeladenfabrik Walter Friedrich in der Halleschen Straße beschäftigt wieder 49 Arbeiter. Hergestellt wird „eine wohlschmeckende und äußerst nahrhafte Malzzweifruchtmarmelade". Die Fabrik hatte im April 11 Volltreffer erhalten. Lagerhallen und Preßraum waren abgedeckt, die Dampfkessel standen im Freien. Bei den anschließenden Plünderungen werden Bottiche, Fässer, Säcke und Kisten zerschlagen, Früchte, Zucker und andere Vorräte geraubt.

Th Vztg, Nr. 49 v. 9.10.1945

Das Theater führt in der „Harmonie" Goethes „Urfaust" auf.

S 147, Bl. 9

Im Lokalteil der „Thüringer Volkszeitung", Organ der KPD, Bezirk Thüringen, wird der NKWD-Terror, der in diesen Monaten auch in Nordhausen einsetzt, gerechtfertigt: „So mancher wurde abgeholt und sitzt nun. Manche Menschen finden das schrecklich - und wie oft hören wir, der war doch so harmlos und sonst so ein netter Mensch. ...

Die Pgs. werden tatsächlich viel zu anständig behandelt und haben allen Grund, still, ruhig und ganz bescheiden zu sein."

Th Vztg, Nr. 49 v. 9.10.1945

In der Heinrich-Mittelschule findet eine öffentliche Kundgebung unter dem Thema „Wiederaufbau und Baukunst" statt. Es sprechen Prof. Henselmann, Hochschule für Baukunst Weimar, und Dr. Schultes.

In der Weimarer Hochschule wird eine Planungsgemeinschaft gebildet, die für den Wiederaufbau der Stadt einen Musterplan entwickeln soll.

Dr. Schultes teilt in seiner Rede mit, daß durch intensiven Arbeitseinsatz der gesamten Bevölkerung die Straßen der Stadt freigelegt werden konnten.

S 130, Bl. 38

10. Oktober 1945

Ein Sekretariat der Antifaschistischen Jugend wird in der Spangenbergstraße 31 eröffnet. „Die Antifaschistische Jugend ist Träger der gesamten Jugenderziehung. Sie hat sich die Aufgabe gestellt, die Jugend kulturell und sportlich zu erziehen und sie zu Trägern des Staates heranzubilden."

S 137, Bl. 14

Von den beiden Stadtgütern Großwerther und Uthleben verliert die Stadt im Herbst 1945 das 196,41 Hektar große Ratsgut Uthleben, das aufgeteilt wird. Die Stadt erhält aber durch die Bodenreform die beiden Vorwerke der ehemaligen Firma Schreiber & Sohn, Himmelgarten und Darre.

Vber. 1946, S. 29

11. Oktober 1945

Das KPD-Organ „Thüringer Volkszeitung" verbreitet die Nachricht: „Belegschaft der Mabag Nordhausen übergibt den Betrieb dem Land Thüringen." Die Belegschaft habe einstimmig die Forderung nach der Übereignung des Betriebes an das Land Thüringen erhoben und ein entsprechendes Telegramm an Landespräsident Dr. Paul gerichtet.

Th Vztg, Nr. 51 v. 11.10.1945

12. Oktober 1945

Seit dem 12. Oktober finden regelmäßig Antifa-Sitzungen statt. Der Antifa-Ausschuß der vier, später drei „antifaschistischen Parteien" steht dem Oberbürgermeister beratend zur Seite. Die Beigeordneten sind auch Mitglieder des Antifa-Ausschusses.

S 13, unpag.

Nach dem Gesetz Nr. 7 vom 4. Oktober über die Sondererfassung von Wohnraum werden „aktive Nazis" aus ihren Häusern und Wohnungen entfernt. Als Notwohnungen werden für sie Baracken bei der Montania und später am Van der Foehr-Damm in Aussicht genommen.

S 13, unpag.

Dr. Schultes teilt den Dezernenten mit, daß Prof. Henselmann (Hochschule für Architektur und Bauwesen, Weimar) zum Leiter der Sonderkommission für den Wiederaufbau der Stadt Nordhausen eingesetzt wurde. Prof. Henselmann weilt in dieser Funktion erstmalig am 9. und 10. Oktober in Nordhausen.
Oberingenieur Hermann Gruner wird von Dr. Schultes mit der Leitung aller städtebaulichen und bautechnischen Maßnahmen für den Wiederaufbau der Stadt Nordhausen betraut. Zugleich wird er als Verbindungsmann zwischen der Stadtverwaltung und der Hochschule in Weimar eingesetzt.

S 430, Bl. 19

13. Oktober 1945

Alle ehemaligen Mitglieder der NSDAP, Angehörigen der SS, der SA, des NSFK, des NSKK und der HJ der Jahrgänge 1905 und jünger müssen sich um 8 Uhr in der Wiedigsburg melden, um anschließend einen vierwöchigen Arbeitsdienst im Mittelwerk abzuleisten.

S 131, Bl. 38

An diesem Sonnabend eröffnet Heinz Mayer, Altendorf 61, die Pferdefleisch - Speiserestauration Café Austria.

Th Vztg, Nr. 53 v. 13.10.1945

Der Oberbürgermeister betraut Dr. Hans Silberborth mit der Wahrnehmung der Geschäfte des Dezernenten für die Garten- und Friedhofsverwaltung sowie für den Ehrenfriedhof. Ferner wird er zum Beauftragten der Stadt für die Fragen der Bodenreform ernannt.

15. Oktober 1945

Seit Wochen Bevölkerung ohne Butter und Fett

Der Vorstand des Freien Deutschen Gewerkschaftsbundes, Nordhausen und Umgebung, wendet sich beschwerdeführend an das Ernährungsamt der Stadt: „Seit Wochen ist die Zuteilung von Butter und Fett völlig unterblieben, ohne daß der Bevölkerung der Grund dieser Maßnahme bekanntgemacht ist."

S 439, Bl. 23

Für den Stadt- und Landkreis Nordhausen wird ein „Umsiedleramt" geschaffen. Als sein Leiter fungiert bis zum 8. Dezember 1945 Prof. Dr. Rosenhainer, danach Schulrat a. D. Fritz Güntsche.

S 138, Bl. 55

Am selben Tag werden auch die Nordhäuser Mittelschulen eröffnet. „Da indeß nach dem Erlaß des Landesamtes vom 22.9.45 weder staatliche noch städtische Haushaltsmittel für die Mittelschulen abgestellt werden dürfen, sah sich das Kreisbildungsamt gezwungen, von einer List Gebrauch zu machen und die Mittelschulen am Tage ihrer Wiedererschließung in Begabtenzüge der Volksschulen umzuwandeln.

S 138, Bl. 59

20. Oktober 1945

Für den zivilen Kraftwagenverkehr werden folgende Höchstgeschwindigkeiten festgesetzt:
- für Personenwagen 60 km in der Stunde
- für Lastwagen 40 km in der Stunde.
An allen zivilen Kraftwagen ist ein besonderes Kennzeichen anzubringen, und zwar ein 15 cm breiter weißer Streifen rund um die Karosserie und auf dem hinteren Teil der Karosserie ein weißer Kreis im Durchmesser von 25 cm.

AN, Nr. 3 v. 22.12.1945

24. Oktober 1945

Major Mischenow, der in Krawtschenkos Abwesenheit die Militärkommandantur der Stadt und des Kreises leitet, befiehlt die Registrierung aller Mitglieder der NSDAP, SS, des NSKK, der Gestapo und des SD in der Wiedigsburgschule in der Zeit vom 24. Oktober bis 1. November 1945.

S 148, Bl. 29

26. Oktober 1945

Viele Arbeitskräfte im Mittelwerk und Institut Rabe verpflichtet

In einer Dezernentenbesprechung wird mitgeteilt, daß die Beschaffung von Arbeitskräften für die Stadtverwaltung großen Schwierigkeiten begegnet. In Nordhausen besteht Arbeitermangel, da nicht nur viele Arbeitsfähige über die Grenze gegangen sind, sondern ca. 3 000 Leute wurden von den Russen bei den Mittelwerken und im Institut Rabe in Bleicherode verpflichtet. „Verpflegung und Lohn daselbst sehr gut, so daß die Arbeiter gern hingehen."

S 13, unpag.

Von September bis Dezember 1945 sind bei Demontage-Arbeiten im Mittelwerk durchschnittlich 1 500 Arbeitskräfte tätig, „welche dem Wiederaufbau Nordhausens entzogen waren". (Dr. Schultes)

AN, Nr. 4 v. 12.1.1946

30. Oktober 1945

Der Leiter der Güterabfertigung des Bahnhofes Nordhausen klagt in einer Beschwerde an den Militärkommandanten über häufige Einbrüche von russischen Soldaten. „Unsere Bediensteten und die deutsche Polizei, die die Einbrecher mehrere Male gestellt haben, waren machtlos, weil sie von den Russen mit Feuerwaffen bedroht wurden. In mehreren Fällen sind Schüsse abgegeben worden. Ehe die russische Wache, die energisch eingreift, zur Stelle ist, haben die Einbrecher großen Schaden angerichtet."

S 856, Bl. 103

31. Oktober 1945

Vor dem nahenden Winteranfang sind die Nordhäuser bemüht, möglichst viele Reparaturen an Häusern und Dächern auszuführen. Im Oktober produzieren die Firma Rud. Schulze & Co. 116 800 Stück Dachziegel, die Firma Paul Döring 42 460 Stück. Ferner werden vom Louisenwerk Voigtstedt 65 700 Stück Dachziegel angefahren.

S 139, Bl. 8

Eröffnung der Humboldtschule

Mit einer Feierstunde im Flur des Lyzeums wird das höhere Schulwesen in Nordhausen wiederbelebt. Auf Vorschlag des Kreisbildungsamtes erhält die Anstalt, in der die Städtische Oberschule für Mädchen mit der Staatlichen Oberschule für Jungen und dem Gymnasium vereinigt sind, den Namen „Humboldt-Schule". Als wesentliche Neuerung wird die russische Sprache als Unterrichtsfach eingeführt. Wie Kreisschulrat Klemenz äußert, soll sich der Lehrplan stark an den Reformplan des Goethe-Gymnasiums zu Frankfurt a. M. bzw. des König-Georg-Gymnasiums zu Dresden anlehnen. Am 1. November wird der Unterricht aufgenommen. Als Schulleiter wird Dr. Edgar Wahl eingesetzt.

S 138, Bl. 59; S 139, Bl. 61

Theodor Plivier liest vor den Lehrern der Stadt aus seinem Roman „Stalingrad".

S 138, Bl. 60

Ende Oktober 1945 wird die Erfassung aller Rundfunkgeräte befohlen. Es werden 3 692 Apparate erfaßt.

Vber. 1946, S. 15

1. November 1945

In der Humboldtschule wird der Unterricht aufgenommen.

Anfang November flüchten „infolge ungenügender Aufsichtsmaßnahmen" aus dem Polizeigefängnis im Siechhof vier Inhaftierte, „darunter 3 Berufsverbrecher". „Da das alte Fachwerkhaus keinen sicheren Gewahrsam für die Arrestanten bietet, so wird eine Unterbringung der Verhafteten in dem Bunker des Lagers 'Dora' in Erwägung gezogen."

S 140, Bl. 49

2. November 1945

Nach der Verfügung vom 30.10. über die Reinigung der öffentlichen Verwaltung von „Nazielementen" sollen alle ehemaligen Mitglieder der NSDAP bis zum 15. November aus der Stadtverwaltung entlassen werden.

S 13, unpag.

In der Stadtverwaltung werden bis Ende November 142 Kündigungen ausgesprochen.

S 139, Bl. 15

Die Zwangsarbeiter im Mittelwerk sowie im Hanewackerlager, ehemalige Nationalsozialisten, erhalten ab sofort 6,-- RM wöchentlichen Entgeltes.

S 13, unpag.

4. November 1945

Der Kreisausschuß der „Thüringen-Aktion gegen Not" und der Hilfsausschuß für Umsiedler führen am 4. November 1945 im gesamten Stadt- und Kreisgebiet eine Sammlung zugunsten der Vertriebenen und Bombengeschädigten durch. Mit Möbeln, Bekleidung und Haushaltsgegenständen, die gespendet werden, kann zahlreichen Menschen geholfen werden.

S 138, Bl. 77

5. November 1945

Auf Befehl des Militärkommandanten müssen sich alle früheren Wehrmachtsoffiziere im Polizeirevier 1 (Spangenbergstraße) zur Registrierung melden.

S 131, Bl. 55

7. November 1945

Kreis Grafschaft Hohenstein heißt jetzt Landkreis Nordhausen

Laut Verordnung vom 19.10.1945 heißt der Kreis Grafschaft Hohenstein ab sofort Landkreis Nordhausen.

S 131, Bl. 58

10. November 1945

Vom Westen unabhängig werden

Nach Notizen des Oberbürgermeisters äußert der Stadtkommandant in einer Besprechung: Um von den westlichen und südwestlichen Gauen Deutschlands unabhängig zu werden, soll versucht werden, eine bodenständige mittlere Industrie zu entwickeln. Während der Wintermonate sollen Reserven an Baustoffen aller Art gesammelt werden... Als besonders vordringlich bezeichnet der Stadtkommandant den Bau eines modernen großen Krankenhauses und sagt dafür seine Unterstützung zu.

S 148, Bl. 31

Der „Nordhäuser Dichterkreis" gewinnt den Schriftsteller Theodor Plivier für eine Lesung aus seinem Roman „Stalingrad".

S 139, Bl. 70

14. Novemver 1945

Über den ersten Nordhäuser Fußballsieg seit dem Zusammenbruch berichtet die Thüringer Volkszeitung:
„Nordhausen I - Wolkramshausen I 14:0 (7:0)
Überraschend hoch fiel der erste Nordhäuser Fußballsieg nach dem Zusammenbruch aus. Ausschlaggebend waren die geschlossene Mannschaftsleistung und das technische Übergewicht des Gastgebers."

15. November 1945

Außer den ehemaligen Angehörigen der Wehrmacht sollen sich im Polizeirevier I persönlich melden: alle Erfinder, Ingenieure, Spezialisten, Wissenschaftler der Kriegsmarine und Luftwaffe sowie auch anderer Zweige der Kriegsindustrie.

S 131, Bl. 61

Auf Beschluß der Dezernentenrunde soll der Rektor Temme, der sich so große Verdienste auf sozialem Gebiet erworben hat, eine besondere Unterstützung von monatlich 175,-- RM erhalten, bis die Pensionszahlung freigegeben ist.

S 13, unpag.

Zur Frage der Sicherstellung und Enteignung von Nazivermögen erklärt Bürgermeister Hans Himmler in der Dezernentensitzung: Bei der Enteignung der Nazivermögen seien lediglich 5 Prozent der erwarteten Meldungen eingegangen. „Durch die Nazilisten soll festgestellt werden, welche Pgs. nicht gemeldet haben. Diese sollen der Staatsanwaltschaft angezeigt werden. Pgs. sollen beim Räumen der Wohnungen nur notwendigste Sachen mitnehmen dürfen. Die Dienststelle für Opfer des Faschismus erhält die verbleibenden Gebrauchsgegenstände."

S 13, unpag.

Auf Anordnung des Oberbürgermeisters wird eine Anzahl Straßen umbenannt, z. B.
„An der Bleiche"   in „Johannes-Kleinspehn-Straße",
„Bauvereinstraße"   in „Thomas-Müntzer-Straße",

„Hesseröder Straße"	in „Karl-Liebknecht-Straße",
„Moltkestraße"	in „Oskar-Cohn-Straße",
„Neumarkt"	in „August-Bebel-Platz",
„Promenadenstraße"	in „Käthe-Kollwitz-Straße".

S 13, unpag.

21. November 1945

Dipl.-Ingenieur Werner Rathsfeld, Betriebsleiter der Firma Julius Fischer, Maschinenfabrik und Reparaturbetrieb, Kyffhäuserstraße 7 - 12, wird vom NKWD verhaftet und zunächst in den Kellern des NKWD in der Karolingerstraße inhaftiert.

25. November 1945

Erfassung der nach Befehl Nr. 124 zu beschlagnahmenden Betriebe

Zur Erfüllung des Befehls Nr. 124 der SMA hat die Stadtverwaltung nähere Angaben über die durch den Befehl betroffenen Betriebe an die Kommandantur einzureichen. Die Vermögen folgender Betriebe wurden erfaßt und die Listen der Kommandantur in deutscher und russischer Sprache übergeben:

Grimm & Triepel,

Malzfabrik Pape,

Nordhäuser Kies- und Sandwerke Franz Krieger,

Wilhelm Toelle & Söhne,

Schmidt, Kranz & Co.,

Gebhardt & Koenig,

Maschinenbau & Bahnbedarf,

Nortag,

Spiritus-Direktion, Verwaltungsstelle Nordhausen,

Maschinen- und Apparatebau AG.,

Ölvertrieb Kurt Isermeyer u. a.

S 138, Bl. 28 f.

Bis zum 6. Dezember 1945 erfaßt Dr. Franzen im Auftrag des Oberbürgermeisters alle „militaristischen und Nazi-Vermögen". Dann wird von der Landesregierung ein Herr Kohnen als Leiter der Kommission für die Durchführung des Befehls Nr. 124 eingesetzt.

Dr. Schultes schreibt am 20. Januar 1946: „Obwohl die Kontrolle über die Arbeiten der Kommission durch den Oberbürgermeister und Landrat zu erfolgen hat und ich Herrn Kohnen immer wieder darauf hingewiesen habe, daß jede einzelne Maßnahme von mir zu genehmigen ist, hat Herr Kohnen eigenmächtig Sequestrierungen und Einsetzungen von Treuhändern vorgenommen, ohne mich davon in Kenntnis zu setzen."

S 856, Bl. 136

Einen Aufruf zum Beitritt in den Kulturbund zur demokratischen Erneuerung Deutschlands unterschreiben folgende Nordhäuser Persönlichkeiten:

> Rudolf Hagelstange, Schriftsteller,
>
> Dr. Fritz Rabenald, Studienrat,
>
> Ilse Schmidt-Schultes,
>
> Dechant Dr. Werner,
>
> Hanna Himmler, Stadträtin,
>
> Horst Rabethge, Schriftleiter,
>
> Dr. Hans Silberborth, Studienrat,
>
> Dr. Carl Friedrich Wiese, Regierungsrat,
>
> Rudolf Klemenz, Schulrat,
>
> Pfarrer Reißland,
>
> Dr. Edgar Wahl, Studienrat,
>
> Dr. Karl Schultes, Oberbürgermeister und Landrat.

AN, Nr. 4 v. 12.1.1946

26. November 1945

Im früheren Kramerschen Laden, Altentor Nr. 7, wird die städtische Tauschzentrale eröffnet und erfreut sich eines guten Zuspruchs. Getauscht werden vor allem Schuhe, Textilwaren, Haushaltsgegenstände, Kinderwagen und elektrische Geräte.

S 139, Bl. 40

Das sog. Umsiedleramt registriert an diesem Tag 9 004 Vertriebene aus dem Raum östlich der Oder und Neiße. Bis zum 22. Dezember wächst ihre Zahl auf 9 814.

S 138, Bl. 55

Nach Angaben des Pfarrers Reißland waren bis Ende Juli 1945 10 463 Vertriebene aus dem deutschen Osten im Kreisgebiet, zu denen bis zum 20. Dezember noch 7 591 hinzukommen.

S 138, Bl. 78

29. November 1945

Von dem der Stadt zur Verfügung gestellten Wiederaufbaukredit sollen1 Million RM zur Wiederherstellung von Wohnraum dienen.

S 13, unpag.

Das Land Thüringen hat ein Wiederaufbaugesetz nach den Vorschlägen von Nordhausen bearbeitet und genehmigt. Die Reinigung der Verwaltung von „nazistischen Elementen" wird weiter vorangetrieben. Die KPD-Ortsgruppe hat eine Entschließung angenommen und der Stadtverwaltung mitgeteilt. Sie enthält die Forderung, daß die Richtlinien des Landes Thüringen vom 30.10.1945 in schärferer Form durchgesetzt werden sollen. Die „Reinigung der Verwaltung" wird bis zum 31.12.1945 im wesentlichen abgeschlossen. Waren in der Verwaltung des Stadtkreises Nordhausen am 1. Mai 1933 1 134 Personen tätig, darunter 244 Mitglieder der NSDAP, so sind am 15. Dezember 1945 unter den 1 008 Beschäftigten der Stadtkreisverwaltung noch 10 ehemalige NSDAP-Mitglieder.

S 130, Bl. 55

In einer Dezernentenrunde wird eingeschätzt, daß der Wohnungsausschuß seine Arbeit energisch fortgesetzt habe. 85 „aktive Nazis" wurden aus ihren Wohnungen entfernt und diese mit „Antifaschisten" belegt. Bis Ende Dezember werden ungefähr 100 „Nazis" aus ihren Wohnungen entfernt und 20 bis 25 in ihrem Wohnraum beschränkt.

S 130, Bl. 49

Die Stadt beantragt bei der SMA Rückgabe von Baumaschinen

Das NKWD hat aus dem Mittelwerk stammende Baumaschinen und ebensolches Baumaterial beschlagnahmt und abtransportiert. Die Maschinen sind bereits durch Privatfirmen für den Wiederaufbau der Stadt Nordhausen eingesetzt worden. Ein Antrag der Stadt von Ende November auf Freigabe der Baumaschinen, der über die Thüringer Regierung an die SMA weitergeleitet wurde, wird Ende Dezember 1945 abgelehnt. General Kolesnitschenko soll geäußert haben: „Zunächst müssen die russischen Städte aufgebaut werden."

S 13, unpag.

Die Versorgung mit Hausbrandkohle verschlechtert sich weiter. Transporte mit der Eisenbahn sind völlig ausgeblieben. Wegen des Treibstoff- und Reifenmangels ist es fast unmöglich, Kohlen mit Kraftfahrzeugen heranzuholen. Die angelieferten 25 Wagen Rohbraunkohle können nur für die Industrie verwendet werden. Ein Waggon Bäckereikohle ist an die Bäckereien verteilt worden.

S 139, Bl. 40

Alle eingehenden Holz- und Kohlenlieferungen sollen in erster Linie den Antifaschisten zugeführt werden."

Ratssitzung v. 13.12.1945
S 140, Bl. 58

Ansteckende Krankheiten stark zurückgegangen

Im November verbesserte sich die Lage beträchtlich.

	Typhus	Scharlach	Diphtherie	Ruhr
Mai	2	7	12	8
Juni	19	2	5	33
Juli	154	3	4	4
August	111	4	7	7
September	105	3	5	6
Oktober	64	7	8	6
November	27	1	19	-

S 138, Bl. 38

1. Dezember 1945

Der allgemeine Arbeitsdienst (Schippdienst) für Frauen und Jugendliche ist am 1. Dezember 1945 vorerst beendet. Bei dem städtischen Arbeitsdienst waren im September 3 000 Personen eingesetzt, im Oktober 1945 am Tag durchschnittlich 600 Männer und 750 Frauen, im November am Tag etwa 120 Männer und 350 Frauen, im Dezember am Tag durchschnittlich 65 Männer. Bei Frostbeginn werden die Arbeiten gänzlich eingestellt. Als Wiederbeginn dieses Arbeitsdienstes ist der 1. März 1946 ins Auge gefaßt.

S 138, Bl. 15; S 13, unpag.

An jedem Sonnabendvormittag ist der freie Handel mit landwirtschaftlichen Erzeugnissen auf einem Wochenmarkt erlaubt. Dieser Markt findet in der Grimmelallee, zwischen Grimmel und dem Gasthaus „Drei Linden", statt.

S 131, Bl. 64

Der erste Freie Markt am 8. Dezember ist jedoch ein Mißerfolg, da fast keine Waren angeboten werden können.

Th Vztg, Nr. 103 v. 14.12.1945

Die sowjetische Kommandantur fordert von Oberbürgermeister Dr. Schultes, zum 1. Dezember 1945 bereitzustellen:

für das Mittelwerk	300 Arbeitskräfte
für das Nordwerk	300 Arbeitskräfte
für den russischen Armeestab Niedersachswerfen	600 Arbeitskräfte
für den Holzeinschlag	250 Arbeitskräfte.

Trotz allergrößter Schwierigkeiten können dem Mittelwerk mit dem 1. Dezember 1945 184 Arbeitskräfte, dem Nordwerk 52 Arbeitskräfte zugewiesen werden, für die Sonderaktion Holzeinschlag 170. Um den 10. Dezember sind im gesamten Mittel- und Nordwerk ca. 2 400 Arbeitskräfte mit Demontagearbeiten beschäftigt.

S 140, Bl. 54

3. Dezember 1945

Der Militärkommandant fordert den Oberbürgermeister auf, im Hinblick auf die bevorstehende Kälte die Bevölkerung ausreichend mit Holz zu versorgen. „Erklären Sie der Bevölkerung, daß die Anlieferung von Kohle infolge der schlechten Arbeitsweise des Eisenbahntransportwesens große Schwierigkeiten bereitet."

S 149, Bl. 41

Unter der Leitung eines Referenten für berufsbildende Schulen, Dr. Ing. Kratschmar, werden 6 Klassen des Baugewerbes und 18 Klassen des Metallgewerbes eingerichtet. Ferner haben drei Anfängerklassen der Handels- und Höheren Handelsschule ihre Tätigkeit aufgenommen. Auch die Umschulung von Kriegsversehrten wird begonnen.

S 139, Bl. 67

Im Ziegelwerk Voigtstedt arbeiten im Dezember 80 Nordhäuser.

S 140, Bl. 62

Die Zahl der wegen ihrer Mitgliedschaft in der NSDAP entlassenen Volksschullehrer steigt stark an. „Dabei ergaben sich Entlassungsfälle, in denen die Gemeinde und die politischen Parteien einmütig dem zu entlassenen Lehrer ihr Vertrauen bekundeten und doch nichts ausrichteten." Seit dem 1. Dezember wird in allen Volkschulen eine Fremdsprache, zumeist Englisch, unterrichtet. Die Lehrerbildungsanstalt Nordhausen führt einen Hauptkursus für die Ausbildung von Neulehrern im Lindenhof-Museum und einen Vorkursus hierzu in der Humboldtschule durch. Sowohl Ende November wie Ende Dezember finden Prüfungen statt. Mehr als 20 junge Menschen werden als Neulehrer an die Volksschulen entlassen. Laut „Verwaltungsbericht für 1946" besteht die Lehrerbildungseinrichtung schon seit dem 15. Juni 1945 und wird von Anfang an von Rektor Thilo Blankenburg geleitet.

S 139, Bl. 65 ff.

10. Dezember 1945
Kunstausstellung in der Humboldtschule

In Verbindung mit dem Kulturbund eröffnet das Kreisbildungsamt in den Räumen der Humboldt-Schule eine Ausstellung von Werken der bildenden Kunst und des Kunstgewerbes. Besondere Anerkennung finden Arbeiten von Martin Domke (Gemälde „Frühjahrslandschaft", „Gärtnerei im Herbst", „Sonnenblumen" und „Mutter"), Maria Schmidt-Franken (Moorlandschaften), Renate Niethammer (Silberstift- und Kohlezeichnungen), von Gertrud Döpke (Terrakotten und Bronzen), Otto Lange (Pastelle und Kreidezeichnungen mit Motiven der Nordhäuser Altstadt und des Vorharzes, „Dorfweg in Woffleben") und von Maria Becker (Aquarelle).

S 13, unpag.

Mit einer Sonderveranstaltung nimmt die Volkshochschule ihre Tätigkeit auf. Der Oberbürgermeister hält einen Vortrag über das Thema „Faschismus und Demokratie". Besonderen Zuspruch findet der Unterricht in den Fremdsprachen Englisch, Französisch und Russisch, ferner in Kurz- und Maschinenschrift.
Auf einer Kreislehrertagung am 6. Dezember erteilte Dr. h. c. Walter Wolf, Leiter des Thüringer Landesamtes für Volksbildung, die grundsätzliche Zustimmung zu dem Nordhäuser Plan, eine Abendoberschule für begabte Arbeiter und Arbeiterinnen zu errichten, die bis zur Hochschulreife führen wird.

S 139, Bl. 69

12. Dezember 1945

Gardeoberstleutnant Krawtschenko kehrt von einem längeren Urlaub nach Nordhausen zurück und wird durch die Vertreter der „antifaschistischen" Parteien, aller Behörden, der Gewerkschaften und Betriebe begrüßt. In seiner Abwesenheit hat ihn Major Mischenow vertreten.

Th Vztg, Nr. 106 v. 15.12.1945

13. Dezember 1945

Zur Verwertung der im Mittelwerk verbliebenen Anlagen wird die Mittelwerk GmbH gegründet. Die Stadt ist zu 60 Prozent, der Landkreis zu 40 Prozent beteiligt (Geschäftsführer Gieß, 2. Geschäftsführer Flagmeyer).

S 13, unpag.

In der Ratssitzung wird zum Thema „Demontage durch die Besatzungsmacht" geäußert: „Die NKWD-Kommission baut nicht nur die Maschinen beim Mittelwerk, sondern im gesamten Rayon aus. Neben den vorhandenen Anlagen nimmt sie auch sämtliche vorhandenen Geräte, Spaten, Hacken usw. mit. Die Wegnahme aller dieser Baugeräte wird den Wiederaufbau der Stadt um etwa 2 Jahre verzögern."

S 140, Bl. 54

14. Dezember 1945

„Dora" wird Vertriebenenlager

Noch Ende November wird das Lager „Dora" für die sogenannten Umsiedler freigegeben. Am 14. Dezember wird das Lager mit 1 194 Vertriebenen belegt, die aus Reichenberg, Gablonz und Friedland stammen. Im Dezember wird das Lager weiter ausgebaut, wobei die Vertriebenen

107

selbst mithelfen. Poststelle, Friseur und Badeanstalt sind bereits in Betrieb, auch das Lazarett arbeitet voll. In Kürze soll die Wäscherei in Betrieb genommen werden, eine große, moderne Anlage, die in der Lage sein wird, auch die städtische Waschanstalt fühlbar zu entlasten. „Dora" soll zu einer Barackenstadt für etwa 6 000 Personen ausgebaut werden.

S 138, Bl. 78

15. Dezember 1945

Aus Anlaß der Gründung des Kulturbundes in Nordhausen veröffentlicht der Nordhäuser Rudolf Hagelstange in der „Thüringer Volkszeitung" den Aufsatz „Wiedergeburt aus der Kultur".

Th Vztg, Nr. 106 v. 15.12.1945

16. Dezember 1945

An diesem Sonntag gibt Martin Günther Förstemann auf seiner Hausorgel (Villa Förstemann, Wilhelm-Nebelung-Straße 39) ein Konzert.

Th Vztg, Nr. 103 v. 12.12.1945

17. Dezember 1945

Eine Ortsgruppe des „Kulturbundes zur demokratischen Erneuerung Deutschlands" wird gegründet. Nachdem Oberbürgermeister Dr. Schultes über die Beziehung von Kultur und Recht, Schulrat Klemenz über die Freiheit zur Kultur und Oberstudiendirektor Dr. Wahl über den Frieden als die Voraussetzung aller Kultur gesprochen hat, liest Rudolf Hagelstange aus seinem „Venezianischen Credo". Er schließt mit den Worten:

> „Wie soll der Ärmste ferner arm sich wähnen,
> da ihm die Lust der Götter doch geblieben:
> ein Geist zu sinnen und ein Herz zu lieben."

Th Vztg, Nr. 113 v. 23.12.1945

20. Dezember 1945

Zum Aufwärmen der frierenden Bevölkerung stehen in der Stadt fünf Wärmehallen zur Verfügung, unter anderem in der Firma Mosebach und am Bahnhof.

S 140, Bl. 61

Dr. Schultes beantragt noch einmal bei den sowjetischen Militärbehörden, für den Wiederaufbau der Stadt ein Minimum der im Mittelwerk bei Niedersachswerfen vorhandenen Baumaschinen und Geräte zur Verfügung zu stellen. „Der gesamte Wiederaufbau der Stadt Nordhausen würde auf Jahre hinaus verhindert werden, wenn die gesamten Baumaschinen und Baugeräte von der

Kommission der NKWD. abtransportiert würden." Alle Gesuche der Stadt werden von den sowjetischen Behörden abgelehnt.

S 856, Bl. 120; S 140, Bl. 62

Nach Äußerungen des Herrn Gieß (Geschäftsführer der Mittelwerk GmbH.) sind ca. 600 der Demontagearbeiter im Mittelwerk überflüssig. „Diese Arbeitskräfte würden aber von den Russen nicht freigegeben. Im Gegenteil werden von Seiten des Oberstleutnant Stürmer laufend neue Arbeitskräfte für den Abtransport der Maschinen angefordert."

S 140, Bl. 62

Der Nordhäuser Weihnachtsmarkt muß „wegen Mangel an Ware" ausfallen. Zwei „Christbäume für alle" werden in der Grimmelallee und am Bahnhof aufgestellt. Selbst das Heranholen von 8 500 Weihnachtsbäumen macht Schwierigkeiten, da Mitte Dezember 10 schwere Lastkraftwagen entsprechend einem Shukow-Befehl abgeliefert werden müssen.

S 13, unpag.

21. Dezember 1945

Rechenschaftsbericht der Stadtverwaltung in der „Harmonie"

Rechenschaftsberichte legen Oberbürgermeister Dr. Schultes, Regierungsrat Dr. Wiese, Bürgermeister Himmler, Stadträtin Hanna Himmler, Schulrat Rudolf Klemenz und Pfarrer Reißland vor. Letzterer spricht als Vorsitzender des Kreisausschusses der „Thüringen-Aktion gegen Not" und des „Hilfsausschusses für Umsiedler".

In seinem Rechenschaftsbericht nennt Oberbürgermeister Dr. Schultes erstmals Zahlen der vom Standesamt ermittelten Opfer der Luftangriffe: 1 844 Nordhäuser Opfer werden registriert, davon können 1 387 als geborgen gelten, während 457 nicht identifiziert werden konnten. Diese sind zum Teil durch Bombenvolltreffer völlig vernichtet oder in Kellern und Bunkern verbrannt. Hinzukommen 1 278 Opfer der Boelcke-Kaserne. Die Gesamtzahl der Opfer wird mit 3 122 beziffert.

S 130, Bl. 53; S 139, Bl. 18

1948 wird die Zahl der Opfer auf insgesamt 8 800 geschätzt:

Verluste der Nordhäuser Bevölkerung	6.000,
Verluste der sich zeitweilig in der Stadt aufhaltenden Bevölkerung	1.500,
Verluste an Häftlingen der Boelcke-Kaserne	1.300.

S 257, Bl. 3, 52

Als Ziel des Wiederaufbaus nennt Dr. Schultes eine Stadt von 70 bis 80 000 Einwohnern. Die Eingemeindung der Orte Salza, Krimderode, Bielen und Sundhausen ist in Aussicht genommen. Bei den bisherigen Enttrümmerungsarbeiten sind 25 km mit rund 310 000 qm Straßenfläche freigelegt worden, sind rund 160 000 cbm Bautrümmer zur Seite geräumt oder abgefahren worden, sind 400 000 Stück Ziegelsteine aus den Trümmern aussortiert und gesäubert worden. Zur Abwendung der Seuchengefahr ist das Bett des Mühlgrabens in einer Länge von 3 km mehrfach gechlort und in einer Länge von 2 km mit Schutt ausgefüllt worden.

385 Kanalschächte sind gesäubert und repariert worden; von den 250 Bombenschäden im Kanalnetz sind 120 beseitigt worden. Im zweiten Halbjahr 1945 konnte das Wasserrohrnetz wiederhergestellt werden, ebenso die Elektrizitätsversorgung.

Bis zum Jahresende ist eine Anzahl öffentlicher Gebäude ganz oder teilweise instandgesetzt worden: Schlachthof, Wasch- und Badeanstalt, Wiedigsburgschule, Harmonie, Stadttheater, Heinrich-Mittelschule, Lindenhof (Lehrerseminar), Hilfskrankenhaus, Siechhof, Arnoldheim, Kinderheim Domstraße, Kurhaus, Neues Rathaus, Oberlyzeum, Elektrizitätswerk, Feuerwache. Durch die Beseitigung von Klein- und Mittelschäden wurden vom Wiederaufbauamt 1 783 Grundstücke mit 4 192 Wohnungen freigegeben und 200 Grundstücke mit 600 Wohnungen bereits fertiggestellt. Wie Dr. Schultes offen zugibt, muß bei alledem berücksichtigt werden,

„daß stets die von der Besatzungsmacht geforderten sehr umfangreichen Bau- und Reparaturarbeiten allen anderen Arbeiten voranzugehen hatten, z. B. Einrichtung des Fliegerhorstes, der Kommandantur, der Lazarette und zahlreicher Privatwohnungen".

Im Ergebnis der Bodenreform erhält die Stadt Nordhausen das Ratsgut in Uthleben sowie den Teil des Schreiberschen Grundbesitzes von Himmelgarten und Bielen, welcher zum Stadtkreis gehört und vorläufig als Stadtgut weiterbewirtschaftet wird. Die Stadt übernimmt als Stadtgut zur Versorgung der Bevölkerung ferner das Gut Schulzes Erben (Darre).

Die Steuereinnahmen sind vor allem bei der Grund- und Gewerbesteuer infolge der Zerstörung der Stadt und Industriebetriebe außerordentlich zurückgegangen. Hinzu kommt der Fortfall der Finanzzuweisung des Reiches. Am Ende des Rumpfrechnungsjahres 1945 schließt der ordentliche Haushaltsplan mit einem Fehlbetrag von 2 Millionen RM ab. Das Gesamtsteueraufkommen betrug im Jahre

1944:   1 372 476 RM
1945:   441 384 RM.

AN, Nr. 4 v. 12.1.1946

27. Dezember 1945

Oberbürgermeister von russischen Soldaten beschossen

Gegen 18.30 Uhr wird das Auto des Oberbürgermeisters und Landrates Dr. Schultes auf der Fahrt zwischen Erfurt und Sondershausen bei Oberspier von russischen Soldaten beschossen. Dr.

Schultes wird am linken Ohr verwundet. Bei den russischen Soldaten handelt es sich nicht um eine Kontrolle, sondern um Soldaten, die sich offenbar in den Besitz des Wagens oder des Benzins setzen wollten.

S 856, Bl. 131

Wie das Kreisbildungsamt im Dezember einschätzt, waren bisher alle Versuche vergeblich, die Bibliothek des ehemaligen Klosters Himmelgarten, die seltene Handschriften, Wiegen- und Frühdrucke des Spätmittelalters und der Reformationszeit enthält und in einem Schacht der Kalibergwerke Wolkramshausen untergebracht worden war, nach Nordhausen zurückzuführen.
Es besteht die dringende Gefahr, daß die Bibliothek durch die russische Besatzungsmacht abtransportiert wird.

S 139, Bl. 71

28. Dezember 1945

Die Volksküche am Kaiserberg, die nach dem ersten Angriff am 3. April eingerichtet wurde, gibt Ende Dezember etwa 250 Portionen täglich aus. 9 Frauen sind täglich 8 Stunden und länger ehrenamtlich tätig. Das Mittagessen kostet 30 Pfennig. Ein Teil der Gäste ißt in einem warmen Raum. Stammgäste geben pro Monat 300 Gramm Nährmittelmarken und 5 kg Kartoffeln ab.

Th Vztg, Nr. 114 v. 28.12.1945

Um die von der Regierung geforderte Übersicht für die angemeldeten Kriegsschäden aufstellen zu können, wird die Bevölkerung zur beschleunigten Einreichung der Schadenersatzanträge aufgefordert. Dieser Aufforderung wird in weitem Umfang entsprochen. Bis Ende Dezember 1945 werden 5 459 Anträge mit einer Gesamtschadensumme von 105 320 933,-- RM eingereicht.

S 139, Bl. 63 f.

Am 1. Dezember leben in Nordhausen

25 681	„altortsansässige" Einwohner
3 582	„Umsiedler, die bereits ihren festen Wohnsitz in der Gemeinde haben"
2 480	„Umsiedler ohne festen Wohnsitz", zusammen
31 743	Personen.

Am 17.5.1939 zählte Nordhausen 40 673 Einwohner.

S 257, Bl. 45

31. Dezember 1945

Das Jahr 1945 das schwerste in der Geschichte der Stadt

In einem „Aufruf zum Neuen Jahr" bezeichnet Oberbürgermeister Dr. Schultes das Jahr 1945 als das Schwerste in der Geschichte der Stadt. „Die Bitterkeit und Not des Krieges wurde von der Bevölkerung bis zur Neige ausgekostet."

S 411, Bl. 132

III

Nordhausen unter der russischen Besatzungsmacht

Dokumenten- und Bildteil

Befehl

1) In der Zeit vom 9. bis 14. Juli 1945 findet eine Registrierung der arbeitsfähigen Einwohnerschaft der Stadt Nordhausen durch das Arbeitsamt statt. Zu diesem Zwecke haben sich sämtliche Männer und Frauen im Alter von 17 bis 50 Jahren in folgender Reihenfolge beim Arbeitsamt zu melden:

A - G	am	9. Juli 1945
H - K	am	10. Juli 1945
L - O	am	11. Juli 1945
P - S (außer Sch)	am	12. Juli 1945
Sch - Z	am	13. Juli 1945

Die Personalausweise sind mitzubringen. Die Registrierung wird auf dem Paß durch einen Stempel vermerkt. Wer nach Beendigung der Registrierung nicht den gestempelten Paß vorlegen kann, erhält keine Lebensmittelkarten.

2) Bis zum Dienstag, dem 10. Juli 1945, sind sämtliche Waffen (Feuerwaffen, Hieb- und Stichwaffen) auf der Stadtkommandantur, Grimmelallee 36, abzugeben, und zwar auch von den in Nordhausen und im Kreise Grafschaft Hohenstein wohnhaften Ausländern, soweit sie nicht der Roten Armee oder der Polizei angehören.

3) In der Nacht vom 7. zum 8. Juli 1945, um 24 Uhr, sind alle Uhren um **eine** Stunde vorzustellen, also von 24 Uhr auf 1 Uhr. Von diesem Zeitpunkt ab gilt die Moskauer Zeit. Die Sperrstunde tritt dann um 22.30 Uhr ein.

Nordhausen, den 6. Juli 1945

Der Kommandant der Stadt Nordhausen
Major Pachalin.

S 148, Bl. 5

Befehl Nr. 1
für die Stadt Nordhausen und Umgebung vom 16. Juli 1945

Ich, Held der Sowjet-Union, Major Schaikin, habe die Geschäfte als Kommandant für die Stadt Nordhausen und Umgebung übernommen. Ich befehle:

§ 1

Der gesamten Bevölkerung von Nordhausen und Umgebung die Ablieferung aller Waffen, wie Maschinengewehre, automatische Schußwaffen, Gewehre, Pistolen, Revolver und Munition und Zubehör an die jeweiligen Bürgermeister innerhalb 4 Tagen bis zum 20. Juli 1945. Personen, die der Aufforderung nicht pünktlich nachkommen, werden zur Verantwortung gezogen.

§ 2

Alle ehemaligen Angehörigen der Deutschen Wehrmacht, Mannschaften und Offiziere, haben sich in der Zeit vom 20. - 25. Juli bei der Militärkommandantur zu melden.

§ 3

Die Ausgehzeit wird auf die Zeit zwischen 6 und 23 Uhr festgesetzt. Die Zivilbevölkerung, die nach 23 Uhr angetroffen wird, wird festgenommen und zur Kommandantur gebracht.

Der Befehl tritt mit der Verkündigung in Kraft.
Der Militärkommandant der Stadt Nordhausen.

Schaikin, Major
Held der Sowjet-Union

S 148, Bl. 6

Dr. Schultes   Weimar, 17. Juli 1945
Regierungsrat

Bericht
über die Lage in Nordhausen am Harz

Der antifaschistische Ausschuß in Nordhausen hat dem Herrn Regierungspräsidenten in einer Besprechung am 12. ds. Mts. einen Bericht über die Lage in Nordhausen gegeben, dem ich im Auftrage des antifaschistischen Ausschusses in Nordhausen folgendes hinzufüge:

Die Bevölkerung der Stadt Nordhausen ist durch die Ereignisse Anfang April in dreifacher Weise schwer geschädigt worden:

1. Das schwere Bombardement der Amerikaner am 3. und 4. April zerstörte den Stadtkern vollständig, einschließlich aller öffentlichen Gebäude (mit Ausnahme von Landratsamt, Kreissparkasse und Finanzamt), aller Schulen und der meisten Kirchen. Schätzungsweise sind bei dem Bombardement über 10 000 Menschen ums Leben gekommen, d. h. ein Drittel der Bevölkerung der Stadt.

2. Bei der Öffnung der großen Konzentrationslager, welche sich bei den Mitteldeutschen Werken in Niedersachswerfen befanden, wurde von dem amerikanischen Military Government der restliche Teil der Bevölkerung 8 Tage lang den KZ-Insassen zur Plünderung freigegeben.

3. Für die Stadt Nordhausen wurden Strafrationen festgesetzt, die unter den Rationen anderer Städte lagen.

Infolge dieser außergewöhnlichen Umstände hat sich die Stimmung der Bevölkerung, insbesondere der Arbeiterschaft, außerordentlich radikalisiert. Leider ist der sozialdemokratische, von den Amerikanern eingesetzte Bürgermeister Flagmeyer, am 14. Juni 1945 zurückgetreten, weil er mit dem Military Government Schwierigkeiten hatte. Gegen Flagmeyer werden schwere Vorwürfe erhoben. Es wird ihm nachgesagt, daß er, der von Beruf Bauunternehmer ist, den Wiederaufbauplan sabotiert und ihn mit Privatgeschäften in Verbindung gebracht habe. Von Seiten der kommunistischen Partei wird Flagmeyer aufs Schärfste abgelehnt, weil er es während seiner Amtstätigkeit unterlassen hat, mit dem antifaschistischen Ausschuß die nötige Fühlung aufzunehmen. Infolge bürgerlicher Machenschaften wurde der Bürgermeister Senger aus Naumburg (Deut-sche Volkspartei) als Nachfolger Flagmeyers von den Amerikanern bestellt. Senger läßt jede Aktivität vermissen. Bei der radikalen Stimmung in Nordhausen müssen scharfe antinazistische Maßnahmen durchgeführt werden, insbesondere hinsichtlich des Arbeitseinsatzes, der Aufräumungsarbeiten und der Wiederankurbelung der Industrie und des Handwerks. Es müssen die Hilfskräfte des Kreises Grafschaft Hohenstein eingesetzt werden, insbesondere die in den von den Nazis erbauten großen Werken in Niedersachswerfen und Rottleberode noch lagernden Materialien und Werkzeuge. Es müssen schließlich aus der weiteren Umgebung Hilfsquellen an Baustoffen eröffnet werden, z. B. Ziegel, Teerpappe, Glas, Fenster und Türen herangeschafft werden, damit zunächst die dringlichsten Arbeiten erledigt werden können, in erster Linie die Wiederherstellung und Bedachung der nur wenig angeschlagenen Gebäude. Andernfalls ist zu befürchten, daß durch die starken Regengüsse des Sommers und herannahenden Herbstes auch noch ca. Tausende von Wohnungen zerstört werden. Die Untätigkeit des Bürgermeisters Senger und seine Inkonsequenz den Nazis gegenüber wächst sich immer mehr zu einem öffentlichen Skandal aus. Senger wird vom sowjetrussischen Stadtkommandanten entschieden abgelehnt. Er steht auf dem Standpunkt, daß für Nordhausen nur ein sozialist. Bürgermeister, mindestens aber ein entschiedener und aktiver Antifaschist in Frage kommt. Die Kommunisten beabsichtigen nun, Senger abzusetzen und einen eigenen Mann in Vorschlag zu bringen, der aber nicht über die für Nordhausen erforderliche Verwaltungserfahrung verfügt, so daß weitere Schwierigkeiten und Unstimmigkeiten zu besorgen sind.

Ich bin beauftragt, folgende Vorschläge zu machen:

1. Der Herr Regierungspräsident ersucht den Bürgermeister Senger um einen sofortigen Bericht hinsichtlich des Schadensumfanges in Nordhausen sowie der von ihm und seinem Vorgänger bisher getroffenen und der geplanten Maßnahmen.

2. Das Regierungskollegium ernennt sofort einen Regierungsbeauftragten für Nordhausen, der die Aufgabe hat

    a) in regelmäßigen Abständen mit dem antifaschistischen Ausschuß in Nordhausen, dem Bürgermeister und dem Landrat zu verhandeln und die einzelnen Maßnahmen, welche zum beschleunigten Wiederaufbau zu ergreifen sind, zu besprechen,

    b) den engsten Kontakt zwischen der Stadt Nordhausen und dem Regierungspräsidenten herzustellen und über die Lage und über den Stand der Maßnahmen dem Regierungskollegium laufend zu berichten,

    c) in Zusammenarbeit mit dem Landesamt des Innern und dem Landesamt für Industrie, Handel und Gewerbe Hilfsmaßnahmen für Nordhausen vorzubereiten und durchzuführen.

18.7.45   gez. Dr. Schultes
                                                                                                          Regierungsrat

                                                                                                          S 130, Bl 13 f.

Aufruf
„Der Arbeitsdienst geht weiter"

Die Straßen der Stadt sind noch nicht frei von Schutt und Trümmern. An vielen Stellen liegt noch Unrat, welcher eine ständige Seuchengefahr bildet.

Ich ordne daher an, daß der mit dem Aufruf vom 20. Juli 1945 vorgesehene Arbeitsdienst ab Dienstag, dem 31. Juli 1945, **täglich** durchgeführt wird, mit Ausnahme des Sonntags.

Diese Verlängerung ist zunächst bis zum 15. September 1945 geplant. Ich erwarte, daß jeder Einzelne mit allen Kräften für die Beseitigung des Schutts und der Trümmer und die Freimachung der Straßen arbeitet.

Nordhausen, den 31. Juli 1945

Der Oberbürgermeister
Dr. Karl Schultes

S 131, Bl. 6

Anordnung
Der Arbeitsdienst in Nordhausen
Nordhäuser!

Wir wollen die warme Jahreszeit ausnutzen, um Schutt und Trümmer zu beseitigen und das Gelände für den Neuaufbau freizumachen. Was jetzt versäumt wird, muß in der Kälte des Winters nachgeholt werden. Unter Berücksichtigung der Aufgaben der Wirtschaft und der Ernährungslage ordne ich an:

1. Der allgemeine Arbeitsdienst wird an drei Tagen der Woche, und zwar am Montag, Mittwoch und Freitag, von allen männlichen und weiblichen Einwohnern im Alter von 12 bis 60 Jahren (bei Frauen 14 bis 40 Jahren) in der Zeit von 15 bis 18 Uhr in den mit dem Aufruf des Bürgermeisters der Stadt Nordhausen vom 20. Juli 1945 bekanntgegebenen Bezirken durchgeführt. Frauen mit eigenem Haushalt mit Kindern über 8 Jahren sind ebenfalls arbeitspflichtig.

2. Von diesem allgemeinen Arbeitsdienst ausgenommen sind Betriebe und Behörden, welche geschlossen mit ihrem gesamten Personal zum Arbeitsdienst antreten. Diese Betriebe und Behörden haben dies vorher dem Stadtbauamt anzuzeigen. Sie werden jeden Sonnabend von 8 bis 13 und 14 bis 17 Uhr zum Arbeitsdienst eingesetzt und haben das Recht, an diesem Tage ihren Geschäftsbetrieb zu schließen.

3. Um eine genaue Kontrolle durchzuführen, werden ab Mittwoch, dem 8. August 1945, am Arbeitsplatz Kontrollkarten ausgegeben, auf denen die geleistete Arbeit vermerkt wird. Wer keine Kontrollkarten abholt und nicht den Nachweis erbringen kann, daß er dreimal in der Woche gearbeitet hat oder an dem betrieblichen bzw. behördlichen Arbeitseinsatz beteiligt war, erhält keine Lebensmittelkarten. Beim Empfang der Lebensmittelkarten ist in Zukunft die Kontrollkarte betr. Arbeitseinsatz vorzulegen oder eine Bescheinigung des Arbeitsamtes über Befreiung vom Arbeitseinsatz zu erbringen.

4. Gleichzeitig mit dem Entzug der Lebensmittelkarten erfolgt Einteilung in ständige Arbeits-kommandos, welche täglich eingesetzt werden. Diesen Arbeitskommandos werden zuge-führt:

   a) alle diejenigen, welche bisher böswillig dem Arbeitseinsatz ferngeblieben sind oder sich in Zukunft vom Arbeitsdienst drücken,

   b) die „alten Kämpfer" der NSDAP und sonstige aktive Nazis und Militaristen beiderlei Ge-schlechts.

Nordhausen, den 6. August 1945
Der Regierungsbeauftragte für den Wiederaufbau der Stadt Nordhausen

Dr. Schultes

S 131, Bl. 11

Befehl

der Verwaltung der Militär-Kommandantur des Kreises und der Stadt Nordhausen

17. September 1945   **Nr. 42**   **Stadt Nordhausen**

Bei der Kontrolle meiner Vertreter auf dem industriellen und landwirtschaftlichen Sektor ist festgestellt worden, daß nach der Besprechung am 11.9.1945 die Mängel nicht abgestellt sind, deren Beseitigung ich anläßlich der obigen Besprechung angeordnet habe, und zwar:

1. die Fabriken und Betriebe sind bis jetzt weder mit Arbeitskräften noch mit technischem Personal voll versehen, während bei Ihnen 40 729 Arbeitslose vorhanden sind.

2. Die Aufbauarbeiten der teilweise zerstörten Fabriken und Werke, desgleichen ihre volle Ingangsetzung, gehen nicht vorwärts.

3. Die Bearbeitung der Getreideanbauflächen ebenso wie die Rohstoffbeschaffung für die textil- und metallverarbeitende Industrie und andere Unternehmen entwickelt sich in nicht zufriedenstellendem Maß.

    a) Im Laufe von 3 Tagen sind die Fabriken und Werke voll mit Arbeitskräften zu versehen. Die Arbeitskräfte sind während der Arbeitszeit für die Wiederaufbauarbeiten der Stadt und andere Zwecke nicht zu verwenden. Die Wiederaufbauarbeiten sind an freien Tagen und an Sonntagen auszuführen.

    b) Die teilweise zerstörten Fabriken und Werke sind per 1.10.45 herzurichten und haben 100prozentig zu arbeiten.

    c) Die Getreideablieferung an den Staat ist bis zu 290 Tonnen Tagesablieferung zu steigern. Die in Ermangelung von Rohstoffen und Heizmaterial nicht arbeitenden Fabriken und Werke haben per 29.9.45 100prozentig zu arbeiten.

    d) Die Kontrolle im Hinblick auf die Durchführung meines Befehls übertrage ich meinen Vertretern.

    e) Für die Nichtbefolgung meines Befehls werde ich die Schuldigen auf Grund der Kriegsgesetze unter Beschuldigung des Sabotagevergehens zur Verantwortung ziehen.

Der Oberbürgermeister hat mir über die Durchführung des obigen Befehls am 5-10-15-25-30 eines jeden Monats Bericht zu erstatten.

Der Militär-Kommandant
des Kreises und der Stadt Nordhausen

Held der Sowjet-Union
Garde-Oberstleutnant Krawtschenko

Beglaubigt:
Der Ober-Schreiber
Feldwebel, gez. Unterschrift   S 194, Bl. 28

Bahnhof Nordhausen   Nordhausen, den 30.10.1945
Güterabfertigung

Betr. Übergriffe der Besatzung

Seit dem 8.9.45 ist fast täglich nachts in unseren Güterschuppen eingebrochen worden. Abschriften der Meldungen unserer Bediensteten liegen bei. Bis jetzt sind als Diebe ausschließlich russische Soldaten festgestellt worden. Unsere Bediensteten und die Deutsche Polizei, die die Einbrecher mehrere Male gestellt haben, waren machtlos, weil sie von den Russen mit Feuerwaffen bedroht wurden. In mehreren Fällen sind Schüsse abgegeben worden. Ehe die russische Wache, die energisch eingreift, zur Stelle ist, haben die Einbrecher großen Schaden angerichtet. Auch die im Bahnhof stehenden Güterwagen werden ständig in großer Zahl aufgebrochen, die Güter entwendet oder erheblich entwertet. Täglich sind mehrere Bedienstete damit beschäftigt, die Schäden soweit wie möglich zu beseitigen. Besonders haben es die Diebe auf die letzte Habe der Westflüchtlinge abgesehen. Koffer, Kisten, Kinderwagen und andere Behältnisse werden zertrümmert. Der nicht mitgenommene Inhalt wird so durcheinander geworfen, daß nicht mehr festzustellen ist, welche Stücke zusammengehören. Die Eisenbahn hat weiter großen Schaden dadurch, daß viele Sendungen wegen der Beraubungsgefahr nicht verschickt werden. Auch auf den Landstraßen hat die Unsicherheit in der letzten Zeit zugenommen. Die auswärts wohnenden Bediensteten sträuben sich, Spätdienst zu machen, aus Furcht, daß ihnen Fahrrad, Kleidung und Wertsachen abgenommen werden. Da jetzt die Nächte länger werden, ist mit einer Zunahme der Überfälle zu rechnen. Baldige Abhilfe ist daher dringend nötig.

An den
Herrn Kommandanten
der russischen Kontrollkommission
in Nordhausen

gez. i. V. Unterschrift

S 856, Bl. 103

Julius Fischer

Maschinenfabrik und Reparaturbetrieb

Nordhausen am Harz

Kyffhäuserstr. 7 - 12

An den
Herrn Oberbürgermeister
der Stadt Nordhausen
N o r d h a u s e n
Rathaus

Nordhausen, den 5. Jan. 1946

5 R/Bl.

Der Betriebsleiter meiner Firma,

Herr Dipl.-Ing. Werner R a t h s f e l d ,

wurde am 21. November auf Veranlassung der Russischen Militärkommandantur verhaftet und befindet sich seit dieser Zeit in Gewahrsam in der Karolingerstraße.

Nach dem Totalschaden meiner Fabrik in der Halleschen Straße habe ich in einer beschädigten Halle in der Kyffhäuserstraße den Wiederaufbau begonnen und beschäftige zur Zeit 46 Leute, in der Hauptsache mit der Reparatur von Maschinen für die Landwirtschaft und lebenswichtige Betriebe, insbesondere Fleischereien, Bäckereien, Druckereien, Schuhmacherwerkstätten und dergl.

Die Wiederaufbauarbeiten, die von dem Betriebsleiter Dipl.-Ing. Werner Rathsfeld organisiert wurden, sind von seinem Stellvertreter, Ing. Herbert Olbrich, weitergeführt worden. Am Sonnabend, dem 29. Dezember, kam Olbrich mit der rechten Hand in eine laufende Kreissäge, wodurch er sich schwere Verletzungen und den Verlust zweier Finger zuzog. Olbrich befindet sich in den Vereinigten Kliniken, Nordhausen, und ist zur Zeit nur beschränkt arbeitsfähig.

Ich bitte deshalb, um mir den Weiterbetrieb meiner Fabrik zu erleichtern, meinen Betriebsleiter Dipl.-Ing. Werner Rathsfeld freizugeben bzw. seine Freigabe bei der Russischen Militärkommandantur zu beantragen und zu befürworten.

gez. Julius Fischer

Für die Richtigkeit obiger Angaben:
Friedrich Schlothauer - Hermann Bösenberg - Karl Junge
(Betriebsrat d. Fa. Julius Fischer)

S 133, Bl. 114

14.12.1945   # Lager „Dora" wird Vertriebenen-Lager

Das Lager Dora ist am 14.12.45 mit 1194 Umsiedlern belegt worden, die aus Reichenberg, Gablonz und Friedland (ehemalige Tschechoslowakei) stammen. Sie gehören meist den Mittelstandskreisen an, es sind viele Beamte darunter, denen es schwer fällt, im Lager einheimisch zu werden. Um ihnen das Leben so angenehm wie möglich zu machen, sind folgende Einrichtungen bereits getroffen.

1. Es ist eine Poststelle eingerichtet worden, die ehrenamtlich von einem ehemaligen Postbeamten verwaltet wird und der in der Poststelle Papierwaren und Zeitungen verkaufen darf.

2. Es ist ein Friseursalon eingerichtet worden, der betreut wird von einem Friedländer Friseur. Ein Pachtvertrag wird noch abgeschlossen.

3. Das Bad, gleich ehemaliges SS-Bad, verwaltet ein ehemaliger Häftling aus dem K. Z. und als Badepreis wird genommen für ein Wannenbad -.30 RM und für ein Brausebad -.10 RM.

4. Eine Schuhmacherreparaturwerkstatt ist auch eingerichtet worden von einem Umsiedler, Nähmaschine fehlt noch.

5. Es ist auch eine Flickschneiderei vorgesehen. Eine Nähmaschine muß noch beschafft werden.

6. Im SS-Offizierskasino wird eine Kantine eingerichtet, die verwaltet wird von der Ehefrau des Lagerleiters Reichardt.

7. Der SS-Speisesaal wird für kirchliche Zwecke, für Festfeiern und für Vorführungen von Schmalfilmen benutzt. Es sind schon Verhandlungen getroffen, daß der Besitzer des Nordhäuser Eintracht-Kinos im Lager Dora Vorführungen veranstalten wird.

8. Die Registrierung der Schulkinder hat auch schon stattgefunden, und es ist nach Neujahr die Einrichtung der Schule durch Umsiedlerlehrer vorgesehen.

9. Eine Gärtnerei wird auf dem Gelände der ehemaligen Lagergärtnerei wieder eingerichtet werden. Die Art der Bewirtschaftung, ob Eigenbetrieb oder Pacht, ist noch nicht geregelt.

10. Die kirchliche Versorgung nimmt wahr für die Evang. der Pfarrer von Niedersachswerfen, für die Kath. der Kaplan von Nordhausen.

Die Verwaltung des Lagers Dora besteht aus einem Lagerleiter, seinem Stellvertreter, zwei Köchen, einer Küchenhilfe, drei Schwestern und einer Lazaretthilfe. Die Krankenstation ist ziemlich stark belegt. Wir hatten am 22.12.45 55 Infektionskranke, 146 gewöhnliche Kranke, 20 mit Läusen Behaftete. Todesfälle sind bis jetzt im Lager Dora zwei. Wenn das Lager mit 5 - 6 000 Leuten belegt wird, so würde es soviel Einwohner haben wie die Gemeinde Salza bei Nordhausen.

Es würden dann im Lager ca. 180 Todesfälle vorkommen. Die Gemeinde Salza gibt dazu zu erwägen, ob es nicht tunlich ist, für Dora einen eigenen Friedhof anzulegen, da in Salza der Friedhof bald voll belegt ist und in Dora auch ein Krematorium vorhanden ist.

Die Arztfrage bereitet Schwierigkeiten für das Lager Dora, infolge der großen Anzahl der Kranken. Der nebenamtliche Lagerarzt Dr. Hecht, Vertreter des Herrn Dr. Kiefer, Salza kann unmöglich die Betreuung des Lagers für die Dauer übernehmen.
Deswegen ist beantragt worden, einen hauptamtlichen Lagerarzt in der Person des Dr. Futter, bisher Mittelwerk, anzustellen.
Zum Lager Dora gehören auch 15 Mann Techn. Personal unter der Leitung des Herrn Ing. Delf. Diesem Arbeitstrupp liegt ob: die Aufsicht über die Kläranlage, die Pumpstation, die Licht- u. Wasserleitung. Die Licht- u. Wasserleitung ist sehr defekt und erfordert große Reparaturen. Auch muß eine neue Leitung gelegt werden, da in absehbarer Zeit das Mittelwerk stillgelegt werden kann.

Die Verpflegung der Umsiedler ist den Verhältnissen entsprechend eine gute. Die Küchen- u. Lagerleiter haben alles getan, um außer den amtlichen Verpflegungsmengen noch zusätzlich Gemüse herbeizuschaffen. Dank der Opferfreudigkeit der Landbevölkerung war es möglich, Weihnachten zusätzlich Gebäck, Kuchen, Stollen usw. zu geben. Zwischen dem Hilfsausschuß und dem Ausschuß „Thüringen in Not" herrscht eine gute Zusammenarbeit, die sich besonders äußerte in der Versorgung der Umsiedler mit Spielzeug und mit Bekleidung.

Der Bevollmächtigte für Umsiedlung
gez. Unterschrift
(Güntsche, Schulrat a.D.)

S 138, Bl. 55 f.

An den
Herrn Stadt- und Kreiskommandanten,
Held der Sowjet-Union,
Gardeoberstleutnant K r a w t s c h e n k o
hier

Nordhausen, den 20.12.1945

Betrifft: Maschinen und Geräte für den Wiederaufbau der Stadt Nordhausen

Sehr geehrter Herr Gardeoberstleutnant!
Der gesamte Wiederaufbau der Stadt Nordhauen würde auf Jahre hinaus verhindert werden, wenn die gesamten Baumaschinen und Baugeräte von der Kommission der N.K.W.D. abtransportiert würden. Soweit ich unterrichtet bin, sind ein großer Teil der Baumaschinen (Bagger) bereits auf dem Bahnhof Niedersachswerfen verladebereit gemacht worden und mehrere Firmen, welche in Nordhausen eingesetzt sind, sind an der Weiterarbeit verhindert.

Ich bitte Sie, Herr Oberstleutnant, auf die Kommission einzuwirken, daß der Stadt wenigstens das Minimum an Baumaschinen und Geräten verbleibt, das erforderlich ist, um den Wiederaufbau einigermaßen maschinell und rationell betreiben zu können.

Ich habe das Minimum wie folgt festgestellt:

5 km Gleis 90er Spur,
8 km Gleis 60er Spur,
20 Weichen aller Art,
5 Bagger verschiedener Gattung,
10 Dampfloks ca. 40 PS,
20 Dieselloks ca. 12 PS,
150 Loren 2 cbm,
500 Loren 1 cbm,
10 Kompressoren mit Diesel- oder Benzinbetrieb oder elektrischem Anschluß,
60 Aufbruch- und Bohrhämmer,
5 Mischmaschinen a 500 Ltr.,
20 Mischmaschinen kleineren Formats,
5 Steinbrecher verschiedener Größen mit

Dieselantrieb, Benzin- oder elektrischem Anschluß,
3 Schrapper-Anlagen verschiedener Größen,
20 Kehrhahn-Aufzüge aller Größen,
2 Großaufzüge für Beton,
30 Feldschmieden,
5 Wasserwagen,
5 Siloanlagen für Zement, Kies und andere Baustoffe,
5 Rüttelsiebe,
1 000 Holzschwellen für 90er Spur,
5 DEMAG-Frösche,
2 Straßenwalzen zu 15 to Gewicht,
15 Förderbänder und Transportbänder.

Es würde eine gute Nachricht für den Beginn des neuen Jahres sein, wenn es Ihnen gelänge, unserem Wunsche zu entsprechen.

(Dr. Schultes)
2. Wv. am 10.1.45
N., d. 20.12.45
Obm.
gez.: Schultes

S 856, Bl. 120

124

Betr.: Zahl der Todesopfer bei den Luftangriffen am 3. u. 4.4.1945

Die genaue Zahl der bei den Luftangriffen am 3. u. 4.4.1945 ums Leben gekommenen Personen läßt sich nicht ermitteln. Es fehlen hierzu jegliche Unterlagen, zumal die Einwohnerkarteien vernichtet wurden. Die annähernde Zahl der Todesopfer kann also nur vorsichtig geschätzt werden. Dabei ist folgendes zu berücksichtigen:

Vor dem Angriff befanden sich in den Mauern unserer Stadt rd. 65 000 Personen. In dieser Zahl sind neben 42 000 ständiger Bevölkerung auch enthalten Militärpersonen, Gefangene, ausländische Arbeiter, Spezialarbeiter der Kriegsindustrie und Evakuierte. Die erste amtliche Zählung nach dem Angriff - Ende 1945 ergab rd. 32 000 Einwohner. Vergleicht man die Zahl der ständigen Bevölkerung vor dem Angriff mit der Gesamteinwohnerschaft nach dem Angriff, so ergibt sich schon ein Minus von 10 000 Einwohnern. Dabei ist aber zu bedenken, daß zu dem Zeitpunkt der ersten Zählung nach dem Angriff (Herbst 1945) noch zahlreiche Nordhäuser im Landkreis untergebracht waren. Andererseits ist zu berücksichtigen, daß in den 32 000 Einwohnern nach dem Angriff auch eine Anzahl nicht ständige Bevölkerung (Evakuierte) enthalten ist.

Nachdem in den Jahren 1946 und 1947 bereits 2 238 ehemaligen Nordhäusern die Zuzugsgenehmigung erteilt worden ist und auf Grund der zahlreichen noch vorliegenden Anträge ehemaliger Nordhäuser auf Zuzugsgenehmigung ist mit Wahrscheinlichkeit anzunehmen, daß etwa 5 000 Nordhäuser (ständige Bevölkerung) Ende 1945 noch im Kreisgebiet wohnten. Danach wären von der ständigen Bevölkerung 10 000 - 5 000 = 5 000 Personen ums Leben gekommen. Diese Zahl erhöht sich um rd. 1 000 auf 6 000 Tote der ständigen Bevölkerung dadurch, daß in der erstmals nach dem Angriff ermittelten Einwohnerzahl von 32 000 rd. 1 000 Personen enthalten sind, die nicht zur ständigen Bevölkerung gehören (Evakuierte). Zu diesen 6 000 Toten der ständigen Bevölkerung kommen schätzungsweise nochmals rd. 1 500 Tote, die sich aus den vor dem Angriff in Nordhausen anwesenden Ausländern, Militärpersonen, Spezialarbeitern und Kriegsgefangenen (insgesamt 23 000) ergeben. Diese Zahl ist sehr niedrig geschätzt, wenn man bedenkt, daß auf 42 000 ständige Einwohner rd. 6 000 Tote entfallen und auf 23 000 sonstige Personen nur 1 500 angenommen werden. Dabei wird berücksichtigt, daß sich ein Teil der Militärpersonen zu dieser Zeit bereits in Sicherheit gebracht hatte. Die Zahl der gerade an den Osterfeiertagen in Nordhausen weilenden Besucher (bei Verwundeten oder Spezialarbeitern) wird ausgeglichen durch die umgekehrt zu Ostern in ihre Heimat gefahrenen Soldaten und Spezialisten der Kriegsindustrie. Und schließlich sind noch rd. 1 300 Häftlinge in der Boelcke-Kaserne umgekommen. Die Gesamtzahl der Todesopfer setzt sich somit wie folgt zusammen:

Verluste der ständigen Bevölkerung	6 000
Verluste der nicht ständigen Bevölkerung	1 500
Verluste der an Häftlingen der Boelcke-Kaserne	1 300
zusammen	**8 800**

Wieviel von den Opfern auf Männer und wieviel auf Frauen und Kinder entfallen, läßt sich ebenfalls nur schätzen. Es wird angenommen, daß sich die Opfer wie folgt zusammensetzen:

Ständ. Bevölk.	Frauen u. Kinder: 4 000	Männer: 2 000	zus. 6 000
nicht ständ. Bevölk.	Frauen u. Kinder: 500	Männer: 1 000	zus. 1 500
Häftlinge	Frauen u. Kinder: 0	Männer: 1 300	zus. 1 300
Insgesamt	Frauen u. Kinder: 4 500	Männer: 4 300	zus. 8.800

Nordhausen, den 17. Februar 1948.
Statistische Abteilung
gez.: Unterschrift

S 257, Bl. 52 v+r

126

Blick über den zerstörten Kornmarkt zu den Ruinen des Stadthauses, zum Rathaus und der Nico-
laikirche. Im Hintergrund das Waisenhaus

Foto: Werner Steinmann

Blick vom Königshof nach Osten zum Petriturm   Foto: Werner Steinmann

Die Töpferstraße

Foto: Werner Steinmann

Blick von der Sundhäuser Straße zum Frauenberg, Rähmen, Petersberg   Foto: Werner Steinmann

Schreiberstraße, im Hintergrund die St.-Blasii-Kirche   Foto: Werner Steinmann

Petersberg, von der Rautenstraße aus gesehen

Foto: Werner Steinmann

Petrikirche, von der Petersbergschule aus gesehen

Foto: Werner Steinmann

Standort: Kutteltreppe zum Lohmarkt, links die Ruine der Jakobi-Kirche   Foto: Werner Steinmann

Mühlgraben am Rumbach

Foto: Werner Steinmann

Untere Rautenstraße

Foto: Werner Steinmann

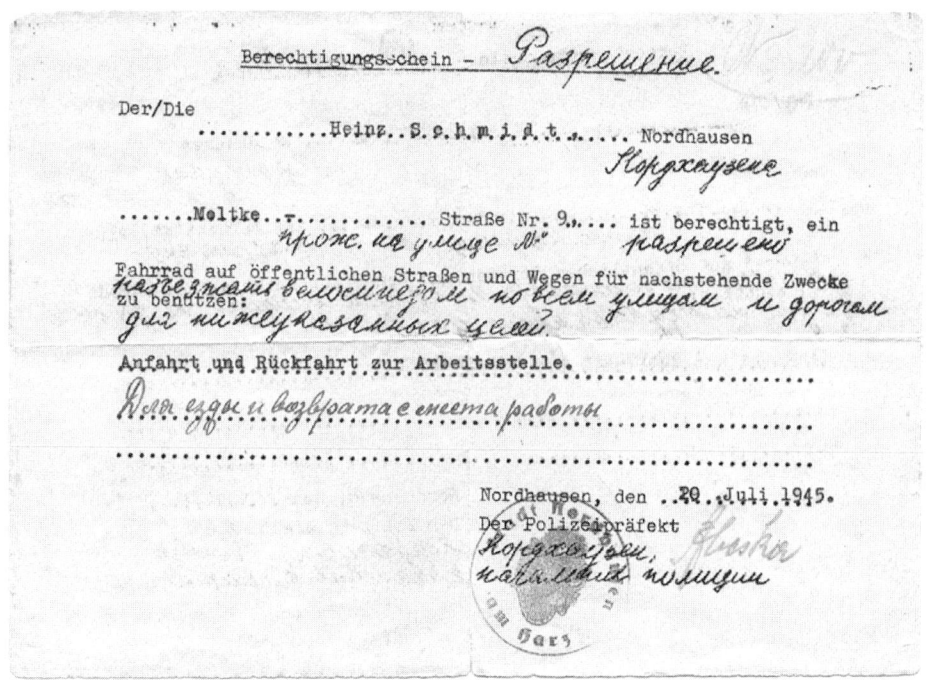

Land Thüringen
Φ... Тюрингия

Fahrradkarte Nr. 117252   Билет велосипеда 117252

Marke:	Veheda
Марка	Вехеда

Fabrik-Nr.:	9656	Фабричный №	9656

Eigentümer: Werner Seidenstricker, Feinmechaniker
Владелец Вернер Зейденштрикер, механик

Wohnung: Nordhausen Wilh. Nebelungstr. 11
Квартира Нордхаузен, Вильг.Небелунгштр. 11

Jeder Besitzwechsel ist der ausfertigenden Polizeibehörde umgehend mitzuteilen.
О перемене владельца сообщить выдающему билет полицейскому органу.

Gebühr Нордхаузен
Nordhausen den 4.10 194 6
Polizei Direktion полиции
1.- Nordhausen (Абеска)

(Dienststempel) Direktion

(Unterschrift des ausfertigenden Beamten)
Polizeidirektor.

Nr. L 102. Carl Heymanns Verlag, Langensalza u. Berlin.   L/04

Fahrradkarte für das Land Thüringen

Berechtigungsschein – *Разрешение.*

Der/Die .... Heinz Schmidt .... Nordhausen
Нордхаузен

...... Moltke.-r.......... Straße Nr. 9,..... ist berechtigt, ein
прож. на улице №   *разрешено*

Fahrrad auf öffentlichen Straßen und Wegen für nachstehende Zwecke
zu benützen: *надвезжать велосипедом по всем улицам и дорогам*
для нижеуказанных целей.

Anfahrt und Rückfahrt zur Arbeitsstelle.

Для езды и возврата с места работы

Nordhausen, den 20. Juli 1945.
Der Polizeipräfekt
Нордхаузен,
начальник полиции

Fahrrad - Berechtigungsschein

Arbeitskontrollkarte für die Aufräumungsarbeiten der Stadt Nordhausen am Harz

Name: Seidenstricker, Werner Straße: W.Nebelungstr.11

Erlernter Beruf: Elektriker Ausgeübter Beruf: Elektriker

Geboren am: 12.3.05 Geburtsort: Nordhausen

NSDAP. x nein Gliederungen:

Gänzlich befreit:

Befreit bis:

„ „

„ „

Nordhausen, den 31. Jan. 1946

Trupp-Nr.

Wiederaufbauamt
Abt. Arbeitseinsatz.

41	42	43	44
45	46	47	48
49	50	51	52

Bemerkungen:

Arbeitskontrollkarte, sog. Schippkarte, für Aufräumungsarbeiten in der Stadt Nordhausen

Original: Stadtarchiv

IV
Erlebnisberichte

Anneliese Hirschfeld

In der „Mabag" 1945

Ich war von April 1940 bis zur Auflösung des Betriebes nach erfolgter Demontage Ende April 1946 in der „Mabag" beschäftigt. Das war ein mittelständisches Unternehmen mit ca. 320 - 350 Mitarbeitern und befand sich in der Rothenburgstraße Nr. 13 (wenn ich mich recht erinnere). Nach der Demontage erfolgte eine Neugründung als „Gemeinschaftswerk der SED", allerdings mit nur etwa 30 Beschäftigten. Danach ging alles in die Rechtsträgerschaft der „Nobas" über, die das ganze Areal übernommen hatte. Die „Mabag" baute u. a. Tankanlagen, Kompressoren usw. und die früher so beliebten Gruden. Gruden waren Heißluftherde und sehr rentabel, da sie mit Grudekoks beheizt wurden. Es gab nie eine offene Flamme. Man konnte darin kochen, einkochen, backen und hatte immer heißes Wasser zur Verfügung.

Die „Mabag" gehörte zu Beginn meiner Lehrzeit zum DEA-Konzern, ist aber später vom Thyssen-Konzern übernommen worden. Das kann Ende 1942 oder in der ersten Hälfte 1943 gewesen sein. Nach der Übernahme durch Thyssen erfolgte eine Betriebserweiterung. Eine neue Werkhalle wurde gebaut und überwiegend mit Skoda-Maschinen ausgerüstet.

Nachdem im Kohnstein die V-Waffenproduktion angelaufen war, wurde auch die „Mabag" in das A-4-Programm eingebunden. Wir bekamen eine Heeresabnahmestelle, eine Außenstelle des „Mittelwerkes", in unseren Betrieb. Die Belegschaft wurde aufgestockt mit kriegsdienstverpflichteten Facharbeitern. Auf dem Freigelände zur Boelcke-Kaserne hin wurde ein Barackenlager für Ausländer aufgebaut. Zunächst kamen französische Zivilarbeiter. Später wurde eine Baracke für sogenannte „Ostarbeiter" aufgestellt. Etwa im Sommer oder Herbst 1944 kamen noch „Ostarbeiterinnen". Wenn ich mich recht erinnere, konnten die Franzosen sich in einem gewissen Umfang frei bewegen. Nebenbei gesagt, eine Kollegin ist nach dem Krieg mit dem französischen Vater ihres Kindes nach Frankreich gegangen. Nach der Propagierung des totalen Krieges war auch die Kapelle aus dem „Café Dietze" bei uns gelandet.

Nun waren im Betrieb ja auch Luftschutzräume eingerichtet. So befand sich ein Schutzraum in dem unterkellerten Teil der Dreherei für die Kollegen dieses Bereiches. Die anderen Schutzräume waren in den Kellern unter dem Verwaltungsgebäude eingerichtet. Ein Raum war mit Notbetten ausgestattet, und in einem anderen stand das Luftschutztelefon, das eine direkte Verbindung zur Flugwarnzentrale hatte. Da die Fliegeralarme immer häufiger wurden, hatte man die zwei Buchungsmaschinen in den Keller gebracht. Das war für uns zwar nicht sehr angenehm, da wir ja nun oft im Keller arbeiten mußten. Die Maßnahme war von uns 4 betroffenen Kolleginnen aber als erforderlich akzeptiert worden. Den Raum hatten wir uns mit Bildern etwas freundlich ausgestattet. Zum Beispiel hatten wir einen großen Spruch hängen, den wir abgewandelt hatten. Er hieß: „Lerne leiden ohne zu klagen." Wir hatten daraus „Lerne klagen ohne zu leiden" gemacht. Dieser Keller war nur für uns vier. Meistens mußten wir Frauen während der Alarme uns jedoch in „Erster Hilfe" fortbilden.

Es war so angeordnet, daß wir erst bei Werksalarm die Luftschutzkeller aufsuchen durften. Wir mußten dann auch noch bestimmte Akten und zwei Rechenmaschinen mit in den Keller nehmen und in den extra angebauten Tresor bringen.

Am 21.2.1945 gab es Voralarm für die Stadt, der aber sehr bald wieder aufgehoben wurde. Es war nur ein Aufklärungsflugzeug gemeldet. Am Tag darauf gab es gegen Mittag „Vor-Stadt-" und auch gleich „Werksalarm". Wir waren noch nicht ganz in unserem Buchungsraum, als Kollegen, die noch oben in der Tür standen, die Treppe runtergesaust kamen und entsetzt riefen: „Heut' sind wir dran. Die setzen schon Christbäume. Das gilt uns!" Und da krachte es auch schon. Unser Gebäude wackelte fürchterlich. Dann kamen Kollegen und meldeten, daß die Spritzerei brenne. Wir Frauen sollten, nachdem die Flieger abgedreht hatten, raus aus dem Betrieb. Im Nachhinein leuchtete mir diese Anordnung zwar nicht ein. Wir sind dann in den Keller der Brauerei am Taschenberg gelaufen. Nach der Entwarnung sind wir wieder zurück in den Betrieb. Als wir das Ausmaß des Angriffes sahen, war uns sehr schnell klar, was für ein großes Glück wir hatten. Eine Bombe war unmittelbar hinter dem Verwaltungsgebäude eingeschlagen und hatte ein großes Loch in die Giebelwand der Buchhaltung gerissen. Ein Teil der Akten war in dem Trichter gelandet. Auch das Heizhaus war durch einen Volltreffer zerstört.

Und trotzdem hatte ich an diesem Tag großes Glück. Im Heizhaus waren 6 oder 8 Duschkabinen installiert. Es war so eingeteilt, wann wer duschen konnte. Wir Frauen der Verwaltung hatten gerade an dem Tag unseren Duschtag. Meistens duschten wir in der Mittagspause. Als der Voralarm kam, habe ich meinem Leiter, der bei Alarm immer ins Gymnasium zur Betreuung der Leute im dortigen öffentlichen Luftschutzkeller mußte, gesagt, daß ich gleich duschen gehen würde. Er hatte mir das untersagt, da ich erst nach dem Alarm gehen sollte. Herrlich! das hat mir das Leben gerettet. Alarm vorbei - Heizhaus weg.

Sehr betroffen hatte uns die Nachricht, daß eine Bombe die Werkzeugmacherei getroffen hatte. Die Decke vom Schutzraum war eingestürzt und hatte die Leute unter sich begraben. Ich weiß nicht mehr genau, wieviel Kollegen dabei umgekommen sind. Meiner Erinnerung nach waren 13 oder 15 Tote zu beklagen. Wir waren sehr traurig und erschüttert, hatten wir doch ganz hautnah erfahren, was Krieg und Vernichtung bedeuten. Unsere Kollegen haben sofort mit den Rettungs- und Bergungsarbeiten begonnen. Es war aber auch Hilfe von der Stadt aus da. Es war schlimm, daß auch der Schlachthof und einige Häuser in der damaligen Schützenstraße betroffen waren.

Den Brand in der Spritzerei hat unsere Betriebsfeuerwehr gelöscht. Der Angriff stand wahrscheinlich im Zusammenhang mit der Rüstungsproduktion. Meine Vermutung beruht darauf, weil wir von Betrieben, die für uns Zulieferer waren, auch Nachricht von einer Bombardierung erhalten hatten. Nun sah ja alles ganz schlimm aus. In den Büros mußten wir erst einmal dem Chaos zu Leibe rücken. Zu unserer Unterstützung wurden uns Frauen aus dem Russenlager zugewiesen. Zu uns kamen zwei jüngere Schwestern, die recht gut deutsch sprachen. Die

Mädchen waren recht aufgeschlossen und froh darüber, mit uns arbeiten zu dürfen. Sie hatten mir erzählt, daß sie auf dem Heimweg von der Schule eingefangen und nach Deutschland abtransportiert worden waren. Sie waren zunächst in einer Zuckerfabrik, aber bei uns gefiel es ihnen besser. Wir mußten einige Tage in der Tischlerei arbeiten und den alten Kitt aus den Fensterrahmen kratzen. Das war eine mühselige Arbeit. Aber das Einkitten hat uns dann Spaß gemacht. Wir mußten ganz schön schuften und viel Überstunden machen, um möglichst schnell wieder geordnete Arbeitsverhältnisse zu schaffen. Die Büros wurden mit OT-Öfen (v. Org. Todt) ausgestattet. Die Rohre gingen zum Fenster raus. OT-Öfen waren eiserne Öfen mit einer größeren Platte. Jeden Tag mußten wir Holz sammeln und auch selber heizen. Leider, leider war die ganze Mühe für die Katz gewesen, denn am 3. und 4. April kam es noch viel schlimmer.

Aus Angst vor einer nochmaligen Bombardierung unseres Betriebes durften wir bei Alarm das Werk verlassen. Meistens haben wir am Zorgeufer Schutz gesucht.

Am 3. April gab es vormittags Feindalarm. Wir haben uns deshalb sofort auf den Heimweg begeben. Es gab aber ziemlich bald Entwarnung. Also zurück in den Betrieb. Nachmittags gab es Fliegeralarm. Ich bin mit einer Kollegin in Richtung Stadt gegangen. Aber schon als wir auf dem Barbarossaplatz waren, setzten die Flugzeuge ihre Markierungen (Christbäume). Wir konnten gerade noch das Zorgeufer erreichen, da fielen schon die ersten Bomben. Es war ein schrecklicher Anblick, denn wir sahen, wie sich die Abwurfschächte öffneten und die Bomben rauskamen. Die Bomben fielen auf die Häuser in der Halleschen Straße. Gleich nach den Bombern kamen die Tiefflieger. Wir hatten sehr große Angst und waren froh, als der ganze Spuk vorbei war und wir alles gut überstanden hatten. Die „Mabag" hatte wieder etliche Treffer abbekommen. Am nächsten Tag haben mich meine Eltern nicht zur Arbeit gehen lassen. Kollegen, die den Angriff am 4. April erlebt hatten, sagten, daß es furchtbar gewesen wäre. In dem Bereich sind so viel Bomben gefallen. Daher auch die vielen Toten aus der Boelcke-Kaserne. Da waren ja so viel KZ-Häftlinge untergebracht.

Bis zum Einmarsch der Amerikaner war ich zu Hause. Schon am nächsten Tag nach dem Einmarsch wurde ich in den Betrieb bestellt und mußte Ausweise schreiben. Der Anblick des Betriebes war so niederschmetternd und deprimierend. Es war ja so viel kaputt. Nach und nach fanden sich die Kollegen und Kolleginnen wieder ein. Die Freude war auch immer riesengroß, wenn wieder jemand von der Front nach Haus gekommen war.

Aber nun hieß es wieder: „Ärmel hoch und aufräumen." Jeden Morgen mußten die Kollegen raustreten. Die ehemaligen Mitglieder der NSDAP bzw. deren Organisationen wurden zur Bergung der toten KZ-Häftlinge im Gebiet der ehemaligen Boelcke-Kaserne abgestellt. Andere wiederum wurden zur Instandsetzung der Versorgungsleitungen in der Stadt eingesetzt. Es gab ja kaum noch intakte Wasser-, Strom- bzw. Gasleitungen. Der Rest der Männer und wir paar Frauen arbeiteten im Betrieb. Jeden Morgen bin ich mit einem Meister und einem Monteur zur Arbeit getrabt. Allein hätte ich mich zu Tode gefürchtet. Der Weg durch die Stadt war recht schwierig.

Die ersten Tage haben wir immer um ein kleineres Gebäude auf dem Betriebsgelände einen ziemlichen Bogen gemacht, weil dort im ehemaligen Eloxierbad ein Blindgänger lag.

Wir Frauen haben für 0,40 RM Stundenlohn gearbeitet. Die Kollegen bekamen etwas mehr Geld. Und wir mußten schwer arbeiten.

Als am 8. Mai der Krieg aus war, waren wir so glücklich. Den Tag haben wir nicht so viel getan. Wir haben nur viel diskutiert. Wir haben ja dann auch unsere Arbeit unter einem anderen Aspekt gesehen, nämlich: „So, nun ist der Krieg aus. Nun ran, es kann nur besser werden." Auch bei den Aufräumungsarbeiten haben wir viel Spaß gehabt. Wir haben alles nicht verbissen gesehen, denn wir waren ja noch jung und hatten noch Illusionen. Also haben wir aus allem das Beste gemacht.

Der Wechsel von den Amerikanern zu den Russen hat sich im Betrieb ohne großen Wirbel vollzogen.

Nach den ersten 4 oder 5 Wochen Aufräumungsarbeit konnten wir dann wieder unserer normalen Arbeit nachgehen. Wir brauchten dann auch nicht mehr zu den Aufbaustunden in die Stadt, sondern mußten fast jeden Sonnabendnachmittag oder Sonntagmorgen im Betrieb unsere Stunden leisten. Das war uns auch lieber. Wir waren daran interessiert, einigermaßen ordentliche Arbeitsbedingungen für uns zu schaffen. Nach einigen Monaten brauchten wir das dann auch nicht mehr. Es ging dann allerdings noch darum, genügend Steine für die Maurer zu schaffen. Also, wenn die Maurer nicht weiter konnten, hieß es für die Verwaltung: „Raus und Steine klopfen." Das war gar nicht so einfach, denn die Gebäude waren ja sehr solide gebaut. Na ja, aber tot gemacht haben wir uns trotzdem nicht.

Inzwischen war die Grudeproduktion wieder angelaufen. Das war gut. Die Nachfrage war groß, und es wurden viele Gruden auf die Dörfer verkauft. Einmal kam Geld in die Kasse, und zweitens gab es auch ab und zu Lebensmittel mit.

So ging das Jahr 1945 mit vielen Problemen dahin. Schon das Heizen jeden Morgen war nicht angenehm. Holz hatten wir ja genug von unseren Trümmern, aber mit Kohlen sah es schlecht aus. Und trotzdem haben wir den Kopf oben behalten. Es war eben eine Zeit, die überstanden werden mußte. Und wir haben sie überstanden.

Heinz Junker (1919 - 1979)
Erinnerungen

Als 20jähriger wurde ich am 4.10.1940 zur Wehrmacht eingezogen. Bin also kein Freiwilliger. Mein Elternhaus hatte für Krieg und ähnliche brotlose Künste nichts übrig. Durch meine Ausbildung als technischer Zeichner kam ich zu einer Nachrichteneinheit, um dort die nötigen Pläne

lesen und ergänzen zu können, was aber im Felde völlig undurchführbar war. Für mich hatte dieser Punkt aber den Vorteil, daß ich nicht in direkte Kampfhandlungen verwickelt wurde. Ich war
eine Zeitlang in Frankreich, brach mir dort leider einen Fuß und kam ins Lazarett. Der kompli-
zierte Bruch verheilte schlecht. Ich war auch nicht sonderlich an einer Heilung interessiert und
half deshalb vor jeder Visite der Schwellung des Fußes mit Schlägen durch eine Schuhbürste
kräftig nach. Das tat zwar weh, aber so konnte ich den Lazarettaufenthalt um viele Wochen ver-
längern.

Später kam ich schließlich doch nach Rußland. Wieder war ich bei einer Nachrichteneinheit.
Bei Leningrad gasverletzt, lag ich in Riga im Lazarett, später in Wetzlar. Am 8.1.1943 stellte man
mich auf Grund eines Antrags, den mein Betrieb Angers & Söhne eingereicht hatte, „unab-
kömmlich". Heim nach Nordhausen! In meinem alten Betrieb war viel Arbeit. Der Krieg brauchte
Wasseranlagen. All die Monate hindurch hörten wir im stillen Kämmerlein Feindradio. Das war
Hochverrat, aber viele machten das, und als Nachrichtentechniker war es erst recht nicht schwer. Wir
hörten die Berichte der Alliierten im Radio London und machten uns so selbst ein Bild vom Krieg.

Ich ging jeden Tag auf Arbeit und mußte mich gezwungenermaßen an den Luftschutzvorberei-
tungen beteiligen. Als fronterfahrener Soldat, der die Wirkung von Bomben nur zu gut kannte,
rang mir dabei so manches Kopfschütteln ab. Da hatte man doch auf den großen Plätzen der
Stadt riesige Bottiche aufgestellt, um im Falle eines Bombardements mit dem darin befindlichen
Wasser alles löschen zu können. Die zumeist älteren Verantwortlichen für den Luftschutz hatten
recht abenteuerliche Vorstellungen von der Wucht einer Bombe. Als die ersten Bomben bei den
Quellen des Roßmannsbaches gefallen waren, pilgerte halb Nordhausen dorthin, und man
erwartete Krater von mehreren hundert Metern Durchmesser. Fast enttäuscht stand so mancher
vor den acht Meter breiten Trichtern.

Wir wohnten Ammerberg 31. Das Haus gehörte den Erben der Gartenbaufamilie Ebersberg,
mit denen wir ein sehr gutes Verhältnis hatten. Die Stadt endete damals noch kurz hinter dem
Arnoldheim. Für uns eine sehr schöne Lage. Mein Vater arbeitete an der Bahn. Über ihn kamen
wir an alte Eisenbahnschwellen, mit denen wir die Decke unseres Kellers verstärkten. Einige Dutzend Schwellen verkeilten wir unter der Decke und an den Wänden. Die Fenster wurden mit
Sand- oder Erdsäcken bedeckt. Löschgeräte, Schaufeln, Spitzhacken und Wassereimer stellten
wir neben Sitzgelegenheiten hinein. Auch Lebensmittel, Decken und andere Dinge, von denen
wir dachten, daß wir sie gebrauchen können, kamen hinzu. So harrten wir der Dinge, die da
geschehen sollten und hofften im stillen, daß diese Vorbereitungen umsonst waren. Leider bekam ich Ende Januar 1945 eine erneute Einberufung zum Wehrdienst. Ich sollte mich in Kassel
melden und von dort einrücken. An den genauen Tag kann ich mich nicht mehr erinnern.
Während der Fahrt nach Kassel wurde unser Zug beschossen. Wir erreichten zwar das Ziel,
gelangten aber nicht mehr an unser Bestimmungsziel. Man munkelte von dem schnellen Voran-
schreiten der Amerikaner. Kassel war das Ziel von Bombenflugzeugen. Wir wurden zu Aufräumungsarbeiten eingeteilt. Ich verstauchte mir dabei meinen schlecht verheilten Knöchel so sehr,

daß ich ein Lazarett aufsuchen mußte. Ein wohlgesonnener Vorgesetzter schickte mich augenzwinkernd nach Nordhausen ins Krankenhaus zur Genesung.

Auf der Rückfahrt hörten wir von Kämpfen um Kassel. In Nordhausen wußte man mit mir nichts anzufangen. Kaum in den Krieg und nun schon wieder zu Hause, noch dazu in Urlaub! Alles löste sich augenscheinlich auf, überall herrschte Chaos. Keiner wußte richtig Bescheid, und die, die Bescheid wußten, brachten nur noch sich und die Ihren in Sicherheit. Auf Arbeit besuchte ich kurz meine Kollegen. Am 4. April sollte ich dort ein von Herrn Anger unterschriebenes Zeugnis erhalten.

Einem neuen Gestellungsbefehl, der mich am Dienstag nach Ostern, den 3. April, erreichte, wollte ich nicht mehr nachkommen. Ich beschloß, in Auleben auf der Numburg, wo wir als Jugendliche eine Wochenendhütte gebaut hatten, unterzutauchen und mich zu verstecken, bis der Krieg vorüber war. Als Nahrung sollten junge Pflanzen und Kaninchen dienen, die ich mit einer Schlinge zu fangen gedachte. Daß das Kriegsende kurz bevorstand, konnten wir anhand der Meldungen des Großdeutschen Rundfunks und der Feindsender, besonders London, selbst erkennen. Von meinen Gedanken an Desertion erzählte ich natürlich innerhalb der Familie nichts. Ich hatte Angst, daß sie, wenn man mich doch aufgreifen würde, etwas zu ihrer eigenen Belastung aussagen könnten. Also lebte ich ganz normal und erklärte alles als Genesungsurlaub, was ja nicht ganz gelogen war. Doch dann überstürzten sich die Ereignisse.

Am 3. April erfolgte die erste Bombardierung von Nordhausen. Unser Haus wurde glücklicherweise nicht so stark beschädigt. Das Dach war kaputt. Mein Vater nagelte Teppiche vors Fenster. Meine Schwester nahm einen Regenschirm mit ins Bett. Einige Nachbarhäuser wurden erheblich beschädigt. Der Schock saß tief. Teile der Unterstadt waren zerstört. Die Nacht konnten wir kaum schlafen, weil man neue Angriffe befürchtete. Einer hielt immer Wache, um das Alarmrufen nicht zu überhören. Daß ich in diesem Chaos am frühen Morgen des 4. April mein Zeugnis bekam, ist schon erstaunlich. Ich verabschiedete mich von meinen Arbeitskollegen und ging nach Hause, packte meinen Rucksack, mit dem ich mich zur Numburg absetzen wollte. Gegen 9.00 Uhr waren meine Eltern und ich in der Wohnung. Vater kam aus der Nachtschicht. Zwei meiner Geschwister hatten vor einer Stunde Nordhausen in Richtung Nohra verlassen, um Verwandte zu besuchen. Eine weitere Schwester arbeitete auf dem Arbeitsamt in der Unterstadt. Plötzlich rief jemand „Alarm". Aus dem Fenster sahen wir Christbäume über Nordhausen. Ich wußte, was das zu bedeuten hatte. Also schnell in den Luftschutzkeller. Die meisten Bewohner unseres Hauses waren ebenfalls da. Alles war totenstill. Plötzlich hörten wir das Dröhnen der Motoren. Dann die Einschläge der Bomben in der Umgebung. Wir vermuteten, in der Unterstadt. Lauter und lauter wurden die Explosionen. Alles zitterte. Wir wagten kaum zu atmen. Was sich draußen abspielte, konnten wir nur erahnen. Minuten wurden zu Ewigkeiten. Angst griff um sich. Lebensangst. Jeder versuchte, damit auf seine Weise fertig zu werden. Plötzlich erfaßte uns die gewaltige Druckwelle einer furchtbaren Detonation. Unser Haus war getroffen worden. Es zitterte in den Fundamenten. Wir wurden durchgeschüttelt. Staub rieselte von der Decke. Die schweren Eisenbahnschwellen sprangen aus ihren Verankerungen. Zum Glück wurde durch sie niemand verletzt. Die Kellerdecke hatte gehalten. Wir hörten das Brechen von Mauern und Schreie. Im Keller entwickelte sich eine Staubwolke. Es war dunkel. Kerzen wollten wir wegen der Explosionsgefahr nicht anzünden, denn wenn irgendwo Gas ausströmen sollte, dann kamen wir hier nicht mehr lebend raus.

Wie lange unser Aufenthalt im Keller dauerte, kann ich nicht sagen. Uns kam er aber wie eine Ewigkeit vor. Später erfuhren wir, daß es „nur" 30 Minuten waren. Nach einiger Zeit hörte das Brummen der Motoren auf. Auch die Explosionen verebbten. Dafür hörten wir Rufe und Schreie von Nachbarn, Freunden. Wir entschlossen uns, nach draußen zu gehen. Zuvor aber hatten wir die Schwellen wegzuräumen und den Eingang frei zu machen. Dazu kamen uns die Spitzhacken sehr zustatten. Wir erreichten endlich das Freie.

Der Anblick, der sich uns bot, ist nur sehr schwer in Worte zu fassen. Unser Haus war zur Hälfte weggerissen. Das Treppenhaus konnte man gerade noch begehen. Schutt, Dachziegeln, Möbel, Papier, Mauerteile, Textilien und anderes bedeckten die Straße. An einigen Stellen standen Menschen um tote Mitbürger. Andere bemühten sich, Kellereingänge frei zu schippen. Verwundete schrien. Rauch hüllte uns ein. Wir halfen den Nachbarn, so gut es ging. Das Nachbarhaus brannte. Unser Haus brannte nicht. Man konnte in die offenen Wohnungen sehen, von denen Wände fehlten. Alles war durcheinandergewirbelt. Da der Ammerberg nur einseitig mit größeren Häusern bebaut war, hielt sich die Situation noch in Grenzen. An einigen Stellen, wo wir zu Hilfe gerufen wurden, war der Asphalt warm, und man sank beim Laufen ein. In unmittelbarer Nähe der Oberfläche entstand durch den Sog beim Brand ein solcher Luftzug, der die Hosenbeine flattern ließ. Zwei Pferde lagen tot am Taschenberg.

Wir erreichten unsere Wohnung über das kaputte Treppenhaus. Mein Fahrrad hatte ich, da ich im Winter nicht damit fuhr, auf dem Boden abgestellt. Es wurde heruntergeholt. Aber unseren Handwagen konnten wir nicht aus dem Keller bergen. Der praktische Geist meiner Mutter hieß uns die Federbetten mitnehmen, die wenigen Lebensmittel, Anziehsachen, einiges an Küchendingen, wichtige Papiere usw. In der Hektik versuchte jeder zu retten, was zu retten war. Nebensächliche Dinge mitunter. Mein Vater schraubte z. B. unser Klingelschild ab, als wenn es nichts Wichtigeres zu retten gegeben hätte. Inzwischen drohte das Feuer der Nachbarhäuser durch Funkenflug auch auf unser Haus überzugreifen. Löschwasser gab es nicht, die Wasserleitungen waren zerstört. Deshalb beschlossen wir wegzugehen. Das war leichter gesagt als getan. Für die wenigen hundert Meter den Ammerberg hinauf benötigten wir mit den bepackten Fahrrädern eine halbe Stunde. Im Weggehen schrieben wir noch an die Hauswand für meine Geschwister: „Junkers leben alle."

Im Gedächtnis blieben auch belanglose Dinge haften. Auf einem heruntergebrannten Haus stand ganz oben ein Satz Kochtöpfe, unversehrt und glänzend. Vom Schock verwirrte Personen liefen in den Trümmern herum, die vor wenigen Stunden noch ihr Zuhause waren. Die Sorge um meine Geschwister fraß in uns. Hier brannte alles. Sollten wir nicht lieber doch warten? Sollten wir wirklich gehen? Die Stadt war ein Flammenmeer. Was war mit Gerda? Sie war doch mittendrin? Es wurde immer später, und wir entschlossen uns, doch loszugehen. Am Arnoldheim erreichte uns meine Schwester. Sie war vom Arbeitsamt an der Zorge lang durch die ganze brennende Stadt gelaufen! Und sie war unverletzt, fast ein Wunder. Sie erzählte, daß nun Zeitzünder explodierten und die Hölle los sei. Überall Tod und Zerstörung. Wir waren froh, wieder zusammen zu sein. Die anderen Geschwister erlebten die Bombardierung Nordhausens am Ende der Kasseler Straße im Straßengraben. Der letzte Blick zurück zeigt unser Haus noch stehend. War hier noch was zu retten? Aber erst einmal weg von hier!

Wohin? Wohin? Ja wohin? Im ersten Schreck wollten wir nach Nohra oder Leimbach. Aber während des Flüchtens dachte ich an Auleben, weil der Sohn des Schloßbesitzers Schlickmann und ich gut befreundet waren. Buchholz, das kleine Vorwerk südlich von Auleben, war bei einigen Jagdausflügen unsere Unterkunft gewesen. Das stand leer, so hoffte ich jedenfalls. Dort könnten wir vielleicht Unterschlupf finden. Also ging es dorthin. Wir liefen in die hereinbrechende Dunkelheit über vier Stunden nach Buchholz.

Unterwegs sahen wir die großen Flüchtlingsströme, die sich aus Nordhausen hinaus auf das Umland ergossen. Überall klopften hilfesuchende Menschen an Türen und Tore, füllten sich Scheunen und Ställe mit Obdachlosen. Unterwegs wurden wir von Tieffliegern beschossen. Wir lagen oft im Straßengraben. Hinter uns leuchteten in der hereinbrechenden Dunkelheit die Flammen unserer alten schönen Heimatstadt Nordhausen. In Buchholz konnten wir in das eine Zimmer hinein. Wir waren froh, etwas gefunden zu haben, am Leben und unverletzt zu sein. Ich hoffte, daß in dem Chaos der Zerstörung Nordhausens, wo so viel Wertvolles vernichtet wurde, auch mein neuer Gestellungsbefehl mit verbrannt war.

Die Sorge um meine Geschwister fraß in uns. Nachdem wir einige Tage später von Buchholz aus keinen Feuerschein mehr über Nordhausen sahen, beschlossen Gerda und ich, nach Hause zu fahren und nachzusehen. Unsere Mutter gab uns den Wohnungsschlüssel mit der Ermahnung, wieder gut abzuschließen. Auf dem Weg sahen wir, daß der Volkssturm und Hitlerjungen überall Panzersperren errichtet hatten, mit denen sie den Feind zurückschlagen wollten. Am Taschenberg die Brauerei hatte es auch erwischt. Im beschädigten Kühlraum drohten viele Kanister mit ausgeschlagenen Eiern zu verderben. Jeder mußte mit zufassen und Kanister zu einem Fahrzeug tragen. Als Lohn bekam man je einen Kanister. Unter großen Mühen erreichten wir den Ammerberg. Die Räder haben wir mehr getragen. Unser Haus war bis auf die Grundmauern abgebrannt. Nur die Schornsteine standen noch. Das Bett meiner Nichte war verkohlt an einem Giebel hängengeblieben.

Das einzig Tröstliche war eine Botschaft von meiner Schwester Irmgard auf einem größeren Mauerteil, daß sie und die anderen heil aus dem Inferno herausgekommen sind. Sie fanden Unterschlupf bei einem Onkel.

So kam der Koffer, den ich für die Numburg gepackt hatte, doch nach Auleben, jedoch auf Buchholz. Das Zeugnis von Anger hatte ich neben meinem Entlassungsschein von 1943 in der

Tasche. Für mich, der ich jetzt den Status eines Deserteurs hatte, entspannte sich die Situation erst allmählich nach dem Einmarsch der Amerikaner am 10./11. April. Auf Grund des alten Entlassungsscheines bekam ich einen Zivilausweis. Als ich diesen beantragen wollte, wurde ich auf dem Bahnhof Nordhausen, um den 14. oder 15. April herum, verhaftet. Mit entsicherter Waffe! Wehrmachtsangehörige kamen ja in Gefangenschaft! Ich konnte aber den Amerikanern meinen Entlassungsschein von 1943 vorweisen und wurde als vermeintliche Zivilperson wieder auf freien Fuß gesetzt. So wurde ich vom Wehrmachtsangehörigen über einen Deserteur zur Zivilperson. Der alte Gestellungsbefehl tauchte nie wieder auf.

Auf dem Buchholz wohnten wir bis in die Russenzeit hinein. Die ersten Tage versorgten wir uns aus einer Kleiderkammer am Kolberg mit Geschirr und Klamotten, die die Wehrmacht dort zurückgelassen hatte. Abends, wenn wir vor dem Haus saßen, kamen abgerissene Gestalten, Soldaten, Flüchtlinge, Häftlinge aus den KZ und baten um Essen und Wasser. Viele hatten sich den Wolf gelaufen, Blasen an den Füßen und, und, und. Sie verkrochen sich tagsüber und liefen nur nachts. Viele schliefen im Heu der alten Scheune auf dem Buchholz.

Nach dem Einmarsch der Sowjetarmee wurde es wegen der immer wiederkehrenden Übergriffe der Russen zu gefährlich. Die Frauen mußten sich oft im Heu verstecken. Wir bekamen schließlich ein Zimmer in Auleben im Humboldtschen Schloß, das Schlickmanns verlassen hatten. Später wohnten wir in der alten Schule am Kirchberg.

Erst nach 17 Jahren konnte ich mit meiner Frau, einer Auleberin (wir heirateten 1954) nach Nordhausen zurückkehren, und zwar an den Weinberg, nahe der alten Adresse am Ammerberg. Jedesmal, wenn ich durch diese Straße ging, standen mir die Ereignisse vom 4. April 1945 so plastisch vor Augen, als sei es gestern gewesen.

Eva Stiede

In der Boelcke-Kaserne

Im Januar 1945 kam ich als junge Lehrerin aus dem Raum um Posen in meine Heimatstadt Nordhausen zurück. Hier bat ich, wieder in den Schuldienst eingesetzt zu werden. Das Arbeitsamt vermittelte nur an kriegswichtige Betriebe. Der Unterricht fand in den Schulen gekürzt statt. So mußten junge Menschen in diesen Betrieben arbeiten. Ich wurde in die Boelcke-Kaserne geschickt, um hier Büroarbeiten zu verrichten. Täglich suchte ich das kleine Haus am Hauptweg zum Rollfeld, Richtung Bielen, auf. Unsere Arbeit bestand im Führen von Lohnlisten.

Am 4.4. hörte ich in der Morgenfrühe das Telefon klingeln. Ich nahm den Hörer ab und vernahm die Meldung, daß amerikanische Panzer bei Mühlhausen stehen und Richtung auf Nordhausen nehmen. Eine andere Formation bewege sich nach Norden.

Kurz darauf heulten die Sirenen. Es war Fliegeralarm. Ich zog mich an, holte mein Fahrrad aus dem Keller und sah, daß alle Menschen Richtung Bielen, zum Bielschen Wäldchen flüchteten. Einige riefen, ich sollte mitkommen. Da ich unbedingt nach Hause wollte, fuhr ich bis zur Heizungsanlage der Boelcke-Kaserne.

Auf mich zu hasteten Menschen. Deutlich sehe ich zwei Mütter mit einem uralten, hochbeinigen Kinderwagen, in dem vier Kinder saßen. - Da, ein Dröhnen und Krachen über uns. Im Tiefflug saust eine Maschine über uns hinweg. Ich schaue nach oben. Für Sekunden sehe ich das Weiße im Auge des Bordschützen. Er richtet seine Geschosse auf den Kinderwagen, der fliegt hoch, dann ist für Bruchteile von Sekunden Stille. Ich werfe mein Rad hin, springe auf und lege mich genau am Schornstein der Heizungsanlage in den toten Winkel, das Gesicht in die Erde gedrückt. Leuchtspurmunition schlägt über mir ein. Da ein Ruf: „Schnell, Fräulein, hierher!" Im Eingang zur Flugzeughalle stand ein älterer Mann, der mich die Treppe herunterzog, und wir kauerten uns an den Schornstein. Dort sagte er, wie er heiße. Es war Herr Weber aus Landsberg an der Warthe, der als Flüchtling in Nordhausen wohnte. Ich sagte meinen Namen. Da sauste schon das nächste Flugzeug heran, Bomben fielen. Herr Weber schrie: „Mund auf!" Eine Bombe fiel direkt auf den Eingang der Halle. Durch die Detonation flogen wir durch den Keller der Flugzeughalle. Da fühlte ich, daß Herr Weber mich suchte und mich zum Eingang zog. Dort war zwischen dem Eisenbeton ein winziges Loch, durch welches Sonnenschein fiel und Frischluft kam. Die Halle war angereichert mit feinstem Betonstaub. Wir merkten, wie unsere Zungen dick wurden vom Wassermangel. - Die wenige Frischluft zogen wir gierig auf. Herr Weber versuchte, an den Trümmern etwas zu verschieben. Es gelang ihm nach großer Mühe. Nun konnten wir rufen. Zwei Männer standen plötzlich vor den Trümmern. Sie zogen uns mühsam heraus.

Wir faßten uns an, liefen aus dem Bereich, der Tod und Verderben gebracht hatte, hinaus. Dabei sahen wir die vielen Toten und hörten Schreie und Schüsse. In einigen Flugzeughallen waren Häftlinge des KZ Dora untergebracht. In diese Hallen waren auch Bomben gefallen. Im Hauptgebäude, der Verwaltung, waren Wolhynien- und Bessarabien-Deutsche untergebracht, dies seit Wochen und Monaten. Auf dieses Gebäude gingen eine Luftmine und Phosphorbomben. Die von dort nach draußen hastenden Menschen, Frauen und Kinder, wurden niedergeschossen von den Flugzeugen aus. Die Körper derer, die nicht so schnell flüchten konnten, waren im Keller des Hauptgebäudes bis zur Unkenntlichkeit verkohlt.

Wir liefen, so schnell wir konnten, aus dem Eingang über die Straße nach Bielen. Mit uns liefen viele Menschen. - Da ein Schrei: „Jäger!" Ich sah am Himmel drei Maschinen. Plötzlich waren sie über uns - und schossen. Wir warfen uns hin, das Gesicht tief in die Erde gedrückt. Dann liefen wir quer über das Feld, als ein erneuter Tiefflugangriff erfolgte. Wir drückten uns in einen Dornenbusch. Als das überstanden war, liefen wir über das Gebäude der ehemaligen Erziehungsanstalt auf die Frauenberger Kirche zu. Dort sahen wir das Werk der Zerstörung. Voller Grauen sahen wir die Verwüstungen. Vor dem Vogel lagen die Häuser buchstäblich auf der Straße. Mit klopfendem Herzen eilten wir nach Hause, immer mit dem Gedanken, wie es wohl zu Hause aussieht. Froh war ich, als mich meine Mutter in die Arme schloß.

Heute frage ich mich, warum die Engländer dies getan haben? War es Revanche auf die deutschen Luftangriffe oder Absprache mit den Alliierten, damit sie, die Amerikaner, ohne Kampf einziehen konnten? Zehn Tage lang war es über Nordhausen vom Brand so hell, daß die Leute in der Unterstadt kaum Licht anzünden mußten. Schlimm waren auch die Detonationen von Spätzündern und das Auffinden von Flugzeugmunition.

Alfred Kronberg

Der 3. April 1945 in der Weberei Gudorf

So kam es zu dem ersten größeren Angriff auf Nordhausen am 3. Ostertag, Dienstag, dem 3. April 1945, nach 16.00 Uhr.

Wir wohnten damals im Gelände der ehemaligen Nordhäuser Buntweberei, wo ich als Gärtner die Betriebsgärtnerei des Fabrikbesitzers Paul Gudorf, Nachfolger von Ludwig Kohn, bewirtschaftete. Die Weberei produzierte Inlett- und Matratzendrell. Der Betrieb befand sich genau gegenüber der Gasanstalt zwischen Geseniusstraße und Spangenbergstraße. Die Sheddächer und Gasometer der Gasanstalt boten den Terrorbombern ein ideales Angriffsziel, und da zu dieser Zeit an eine ernste Abwehr nicht mehr zu denken war, konnten die Bomben ungehindert und genau ins Ziel geworfen werden. So ereilte auch uns das Schicksal, und je ein Volltreffer zerstörte den Eingang der Produktionsstätte und den Eingang des Hauptgebäudes. Der Luftschutzkeller befand sich auch gerade vor und hinter diesen Eingängen. Mit seinem Bruchsteingewölbe und starker Abstützung durch Baumstämme sollte dieser Keller angeblich bombensicher sein, doch mit der Wucht der Bomben brach alles wie ein Kartenhaus zusammen. Mit den 4 Kindern der Familie Gudorf war auch unser Kind mit diesen gemeinsam umgekommen. Die Kinder wurden bei Alarm immer zuerst in den Keller nach hinten gebracht, wo eine große Kleidergarderobe (Aufbewahrung) den Kindern stets Gelegenheit zum Versteckspielen gab. Auf einem Feldbett in der Mitte des Kellers hatte man unsere Kleinkinder abgelegt. Während meine Frau mit dem jüngsten Kind meiner Schwägerin (11 Monate alt) beschäftigt war, lag unser ältester Sohn (damals 15 Monate alt) allein auf dem Feldbett. Kurz vor dem Einsturz des Kellers hatte Frau Gudorf unseren Sohn noch von dem Feldbett aufgehoben und auf den Arm genommen. Nach dem Einsturz des Kellers lagen alle Frauen mit ihren Köpfen vor den Füßen der Männer, die ja wegen Einsatzaufgaben immer am Eingang des Kellers stehen mußten. Da nach den Bombenwürfen völlige

Dunkelheit im Keller herrschte, sagte Herr Gudorf noch, wir sollten doch die Kerze vom Schrank nehmen, die darauf gestanden hatte, aber überhaupt mit dem Schrank gar nicht mehr vorhanden war. Da wir nicht mehr durch die Tür aus dem Keller entweichen konnten, hatte ich das Glück, vor einem Kellerhalsfenster zu stehen. Das lockere Gestein, das in dem Kellerhals lag, zog ich zu mir in den Keller hinein, und so bekamen wir nach wenigen Minuten wieder Tageslicht. Nun sah man erst die ganze Tragödie mit den verschütteten Frauen und Kindern. Zum Glück hatten die Frauen ihre Hände frei und konnten sich zum Teil selbst aus der Umklammerung befreien. Meine Frau hörte unter sich ein mächtiges Geschnaufe, es war das ältere Kind ihrer Schwester, das sie mit ihren Händen vor dem Erstickungstod ausgraben und erretten konnte.

Nachdem wir durch das Kellerfenster wieder Verbindung mit der Außenwelt hatten, bemühten sich die Kriegsgefangenen (Franzosen, Belgier und Polen), die schweren Balken zu entfernen, die vor dem Fenster lagen mit anderem Bombenschutt. Als dann die Frauen aus dem Schutt befreit waren, hatten wir Überlebenden keine ernsten Verletzungen davongetragen. Die älteste Tochter von Gudorfs hatte noch unter dem Kind unserer Verwandten gelegen, sie konnte leider nur noch tot geborgen werden, da die vielen Schuttmassen sie zum Ersticken gebracht hatten. Der jüngere Sohn meiner Schwägerin war leider ebenfalls von den Schuttmassen verschüttet worden und überlebte auch nicht mehr diesen Angriff. Außer den 6 Kindern kam noch eine Büroangestellte ums Leben, so daß an diesem 3. April '45 in unserem Luftschutzkeller 7 Menschenleben zu beklagen waren.

Nach etwa halb- bis einstündigen Bemühungen, vor allem auch durch den vorbildlichen Einsatz der Kriegsgefangenen, waren alle noch lebenden Personen aus dem Keller befreit. Was wir dann aber von unseren Wohnungen vorfanden, war erschreckend. Gudorfs Wohnung war gleich total zerstört, und von unserer Seitenwohnung lagen sämtliche Fensterscherben in den Betten und anderem Mobiliar. Die Türen waren aus den Angeln gerissen. Das Entsetzen und die Verzweiflung waren groß, als wir feststellen mußten, daß außer unseren beiden Kindern alle 4 Kinder von Gudorfs in dem Volltreffer verschwunden waren, trotz Einsatzkommando konnte niemand an die verschütteten Kinder herankommen. Da meine Frau ein Kind von ihrer Schwester gerettet hatte und auch unser Sohn erhalten geblieben war, mußten wir uns nun intensiv um die Erhaltung der noch lebenden Kinder kümmern, denn diese waren ja noch verletzt und bluteten an ihren Köpfen. Obwohl unsere Schwägerin und Schwester und wir je ein Kind verloren hatten, traf es die Familie Gudorf besonders schwer, denn diese verlor alle ihre anwesenden Kinder. Der älteste Sohn Albert (18 Jahre alt) war gerade kurz vor dem Angriff auf Nordhausen zur Nazi-Wehrmacht eingezogen worden und soll der Familie Gudorf als einziges Kind erhalten geblieben sein.

Wie weiterhin verlautete, soll Frau Gudorf 6 Monate nach dem Bombenangriff nochmals einen Sohn geboren haben. Eine Frau, die vor der Tragödie noch rein schwarzes Haar als Zierde ihres Kopfes trug, war innerhalb von 6 Wochen zur schneeweißen Greisin ergraut.

Da man bald mit weiteren Angriffen auf Nordhausen rechnen mußte und wir kein festes Unterkommen mehr hatten, blieb uns keine andere Wahl, als Nordhausen zu verlassen und mit der nötigsten Habe und je 2 Kinder- und Sportwagen nach Neustadt zu unseren Verwandten zu ziehen.

Fast unüberwindliche Schwierigkeiten hatten wir auf unseren Wegen zu bestehen, denn es waren auch die meisten Straßen von Bombentrichtern belegt und fast unpassierbar geworden, dadurch hatten wir einen sehr schwierigen und strapaziösen Fluchtweg vor uns. Meine Schwägerin und meine Frau schoben je einen Kinderwagen vor sich her, und ich mußte einen Kinderwagen vor mir herschieben und einen hinter mir herziehen. Etwa gegen 20 Uhr des 3. April 45' zogen wir mit den übriggebliebenen Kindern und der nötigsten Habe auf den von Bomben zerstörten Straßen aus Nordhausen hinaus. So wie wir zogen Hunderte, wenn nicht Tausende aus Nordhausen, um unter nächtlichem Schutz vor weiteren Angriffen sicher zu sein, denn es kamen auch Tiefflieger, die trotz der Nacht die Gegend unsicher machten. Etwa 6 bis 7 Stunden haben wir für die 12 km nach Neustadt gebraucht.

Hans-Viktor Diederichs
Die Zerstörung der Stadt

Der Drahtfunk meldete am Nachmittag des 3. April, als wir gerade den Geburtstagskaffee trinken wollten, den Anflug starker Bomberverbände auf den Norden des Gaugebietes. Ein seltsames Gefühl trieb uns nun noch einmal in den Keller, der noch nicht aufgeschlossen war. Auf der Treppe im Hause (Königshof 9) hörten wir schon Detonationen, denen dann immer mehr folgten. Der Keller des uralten Hauses lag sehr tief unter der Erdgleiche. So hörten wir alles Donnern und Poltern oben wie aus einiger Entfernung. Als es eine Weile still blieb, sahen wir neugierig und gespannt oben nach. Das Hinterhaus nebenan (Anstreicher Wüst) war durch eine Sprengbombe zerstört, bei uns waren Dachziegeln, Fensterscheiben nicht mehr vorhanden, und Türblätter lagen am Boden. Am Lohmarkt ein Trümmerfeld von den Sprengbomben. - Wir machten uns sogleich an die Arbeit, um das Haus wieder wohnlich herzurichten.

In der Nacht schliefen wir in den Zimmern zur Straße, wo die Fensterscheiben noch erhalten waren. Eine Handsirene gab das Signal, den Keller wieder aufzusuchen.

Am folgenden Morgen stellte die im väterlichen Büro einquartierte Gendarmerie einen PKW zur Verfügung, mit dem wir beim Baugeschäft Schulze Dachpappe holen sollten. Ich fuhr als Lotse mit. Wir kamen „Vor dem Vogel" nicht weiter, fuhren dann am Neuen Friedhof vorbei über den Barbarossaplatz in die Steinstraße, wo man uns durch Winken auf den neuen Angriff aufmerksam machte. Bei der Rückfahrt ließen wir den Wagen im Grimmel stehen.

Aus einigen Fenstern zwischen Königshof und Lutherplatz quollen dichte schwarze Wolken. Es gab kein Wasser mehr zum Löschen. Die Häuser uns gegenüber waren auch durch Sprengbomben fast ganz zerstört. Bekannte Leute, Familien ohne Väter kamen verstärkt aus der Richtung Lutherplatz und gingen weiter durch die Ritterstraße. Am Nachmittag holten wir Möbel aus der Druckerei Koch und Brote aus der Bäckerei Gorges. Am Abend brannten auch diese Häuser lichterloh. Die Nacht war erfüllt von dem Gelb-Rot-Weiß der wuchtigen Flammen, dem Knistern, Krachen, Bersten, Rauschen und Poltern des haushohen Feuergebirges.

Im grauen Aprilmorgen war in der flimmernden Luft zum ersten Male der Blick der 500 m Luftlinie zu dem Stumpf des Petrikirchturms frei. Ich stieg an diesem Vormittag wohl als einer der ersten über die Trümmersteine und Eisenreste von Kornmarkt und Töpferstraße, mich nur an den Mauerresten orientierend, zur Promenade, um dort nach Verwandten zu sehen, die die Stadt schon verlassen hatten.

Wir selbst verließen die Stadt am Nachmittag durch das Altentor und das Gehege. In den Fenstern an der Albert-Träger-Straße leuchteten weiße Tücher. Wir erlebten in dem Birkenwäldchen unterhalb des Harzrigi, wie oben am Ortsausgang von Petersdorf ein Militärfahrzeug in Brand geschossen wurde. In Buchholz auf der Domäne (?) gab es ein Notquartier. Eine tüchtige Gutsherrin sorgte für Verpflegung. - Wir fanden am folgenden Tage in Breitungen bei Roßla Unterkunft. Am 10. April waren wir noch einmal in der Stadt, schippten den Keller des Hauses frei und holten vor allem Kleidungstücke heraus. Der Keller hatte den Brand des Hauses am 6.4. gut überstanden. Beim Rückweg erlebten wir auf der Leimbacher Straße den Jabo-Angriff auf das Stadtgut Himmelgarten. Wir fuhren erst bei Dunkelheit ohne Licht weiter. An den Anhänger des Treckers hängten sich schweigend flüchtende Wehrmachtsangehörige. Auf der Straße Urbach - Görsbach - Berga - Roßla gab es keine Zwischenfälle.

An einem der folgenden Tage gegen Mittag dröhnten die US-Panzer durch das Dorf. Dann kam das übliche: Radio- und Photoapparate abgeben.

Am 19.4. brachten wir die Kriegsgefangenen der Domäne mit Pferden und Gummiwagen nach Nordhausen. Wir wurden über den Leichtsinn, eine Uhr am Arm zu tragen, von Freunden belehrt. In dem Dunkel unseres Kellers lagen Kleidungstücke, Reste von Eingemachtem und Schutt wüst ducheinander. Hier ist geplündert worden. Photos und Schulhefte, aus einer Ledertasche gerissen, lagen auf den Trümmersteinen. Wir wunderten uns, daß wir bei allen Warnungen ungeschoren wieder nach Hause kamen.

Julius Becker
Die Zerstörung Nordhausens

Der 1. April, 1. Osterfeiertag, gab den Auftakt. Zwischen 11 und 12 Uhr war kleiner Alarm, der, wie üblich, von der Bevölkerung kaum beachtet wurde, denn 5 1/2 Jahre lang hatten wir unzählige Male große und kleine Schwärme von Feindfliegern bei Tag und Nacht über uns hinwegfliegen sehen und hören, ohne daß es zu einem Angriff gekommen wäre. Das Unglück in der Schützen- und Halleschen Straße einige Wochen zuvor, bei dem etwa 50 Menschen umgekommen sind, ist gewissermaßen „aus Versehen" geschehen. Ein Flugzeug aus einem sehr großen Geschwader hatte seine Bomben vorzeitig abgeworfen, vielleicht abwerfen müssen.

Am 1. Feiertag war es wieder nur ein Einzelflieger, der Bomben auf den „Hessischen Hof" in der Arnoldstraße und auf Häuser bei der Unterführung der Helmestraße geworfen hat. Wieder beruhigte sich die Bevölkerung sehr bald. Sie konnte ja, da sie bei dem herrschenden System niemals von den wichtigsten Ereignissen Kenntnis erhalten hat, nicht ahnen, welche Bedeutung der Feind den in Nordhausen zusammenlaufenden Heerstraßen auf seinem Weg nach Osten zumaß.

Es ist heute kein Geheimnis mehr, daß die Stadtverwaltung dreimal aufgefordert worden ist, die Stadt kampflos zu übergeben und daß der Kreisleiter Nentwig und der Polizeimajor Dettmann (?) dreimal nein geantwortet haben. Der Oberbürgermeister Meyer soll zum Nachgeben bereit gewesen sein. Ich neige also zu der Ansicht, daß die Bomben auf den „Hessischen Hof" als Antwort auf das erste „Nein" bereits den Rathäusern gegolten haben.

Am 3. April, 3. Feiertag, fiel die Antwort auf das zweite „Nein" schon viel deutlicher aus; ich will den Hergang, wie ich ihn erlebt habe, erzählen.

Gegen 4 Uhr nachmittags hatte ich in der Stadthauptkasse mein Ruhegehalt für 3 Monate erhoben und ging zu H. Staub, um ihn auf diese Möglichkeit hinzuweisen. Kaum dort angekommen, erscholl Vollalarm, und man hörte eine Bombe krachen. Staub und Schwester eilten in den Keller, den auch ich gegen meinen Willen aufsuchen mußte, weil schon ganz in der Nähe Bomben fielen. Ich war zum ersten Mal im Keller und fühlte mich kreuzunglücklich darin, obwohl ich anerkennen mußte, daß diese alten, tiefen Verliese wohl Schutz gewährten. Aber der Gedanke, daß das Haus im Zusammenbrechen den einzigen Kellergang verschütten könnte, war mir unheimlich. Ich verließ den Ort daher, sobald die Erschütterungen aufgehört hatten und sah, daß die Kuttel-treppe und das von ihr sich zur Neustadt neigende Gelände wohl hauptsächlich getroffen seien.

Über den ganz mit Glassplittern bedeckten Königshof, die Ritterstraße, Pfaffengasse, Domstraße, Karl-Meyer-Wall und Geiersberg kam ich ungefährdet nach Hause, wo man sich sehr um mich gesorgt hatte. Denn ganz in der Nähe, nämlich in der Riemann- und Albert-Träger-Straße, waren nicht wenige Sprengbomben gefallen, die auch bei mir das ganze Haus hatten erbeben lassen. Es hatte noch wenig gelitten: Viele Fensterscheiben und Ziegel waren zertrümmert, die Wände aber waren unbeschädigt geblieben. In der Riemannstraße sah es dagegen böse aus. Die kleinen Häuser Nr. 6 und 7 waren zermalmt, die Bewohner lagen unter den Trümmern. Zwei Bomben, deren Trichter am Eingang Köllingstraße zu sehen waren, hatten in weitem Umkreis die Häuser arg beschädigt. Ich traf Hermann Schulze an, wie er Glassplitter aus dem Vorgarten fegte und erfuhr, daß die Frau meines Bruders Friedrich in ihrem Keller, von einem Stein am Kopf getroffen, verstorben sei. Ich machte mich daher gleich auf den Weg zu ihm, kam aber nur bis zum sogenannten Hagentore, wo mehrere Volltreffer die Ostseite des Platzes niedergelegt und die Häuser neben dem Schulgebäude zum Teil niedergerissen hatten. Weil das aufgeregte Volk wieder Fliegeralarm zu hören glaubte und in den Brauereikeller stürzte, mußte auch ich hinein und eine halbe Stunde inmitten einer hin und herwogenden angsterfüllten Menge auf den Augenblick warten, in dem ich die Sperre am Eingang der Treppe durchbrechen konnte. Wieder war ich froh, als ich die freie Luft atmete. Die Nacht blieb ruhig.

Am anderen Morgen, dem 4. April, ging ich zeitig in die Neustadt. Die Lesserstiege war unpassierbar, denn mehrere Volltreffer hatten die Gegend um die Jakobikirche und diese selbst in Trümmer gelegt. Den Versuch, über den Primariusgraben nach der Kutteltreppe zu gelangen, mußte ich aufgeben, die Trümmerberge waren zu hoch. Die Stadtmauer war an einer Stelle durchschlagen. Der Weg durch „Vor dem Vogel" war zwar für Fußgänger noch frei, aber ein mit Wasser gefüllter Bombentrichter vor Hotel Petri nahm fast die ganze Straße ein. Man mußte sich über einen infolge des starken Regens glitschigen Schuttberg arbeiten. Mehrere Häuser rechts und links waren heruntergebrannt und qualmten noch. In der Neustadtstraße sah es manierlicher aus und, obwohl die Leute von Vollalarm sprachen und eilig den Kellern zuliefen, blieb ich bei meinem Vorsatz, meinen Bruder aufzusuchen. Er führte mich ins Kontor, wohin die Leiche seiner Frau gebracht war und nur mit Mänteln zugedeckt auf dem Schreibtisch lag; denn an eine zeremonielle Aufbahrung mit Blumen, brennenden Kerzen usw. war nicht zu denken gewesen. Das Wohnhaus war unbeschädigt geblieben, aber die westlichen Seitengebäude lagen in Trümmern, und dasselbe Schicksal hatten die Hintergebäude von „Müller & Vieth" erlitten. Die Bomben, welche Staubs Keller in Schwingungen versetzten, hatten dieses Unheil verursacht.

Tief erschüttert verließ ich mein Geburtshaus, das ich nicht wiedersehen sollte, ging über den durch mehrere Bomben verwüsteten Lohmarkt und, nach Überwindung eines Schutthügels, durch den Neuen Weg und die Pfaffengasse zur Domstraße. Hier ging ein Mann vor mir mit Armbinde und Stahlhelm, der laut ausrief, es sei nur Kleinalarm und keine akute Fliegergefahr. Da würde ich, sagte ich mir, wohl noch rechtzeitig in die Osterstraße gelangen. Ich kam aber nur bis zum Ausgang des Karl-Meyer-Walls in den Gehegeweg, als von Westen her die ersten Bomben krachten. Erst wollte ich hinter dem stabilen Transformatorenhäuschen Schutz suchen, aber der Trieb, bei den Angehörigen zu sein, ließ mich weitereilen. Im Birkenwäldchen, da, wo sich der süd-nördliche Weg mit dem vom Friedhof zum Wallroth-Denkmal führende Wege kreuzt, fielen aber die Bomben in so bedrohlicher Nähe und in solcher Häufigkeit, daß ich bleiben mußte, wo ich war. Hinter zwei dicken Birken suchte ich zuerst kniend, dann aber lang hingestreckt Deckung. Im Wäldchen liefen mehrere Leute herum; eine Familie (Mann, Frau, Junge) war etwa 12 m seitlich von mir ebenso in Deckung gegangen. Nun flog Welle auf Welle über mich hinweg, und ununterbrochen krachten die Einschläge, so daß ich nach kurzer Zeit die Überzeugung gewonnen hatte, daß der Angriff planmäßig die ganze Stadt zum Ziele habe. Oft hob und senkte sich der Boden unter mir, und einmal überschüttete mich eine Erdsalve. Rechts auf dem Friedhofe und links im Gehegewalde mußten Bomben gefallen sein, wie es später auch zur Gewißheit wurde. Ich hatte keine Angst; es war mir zumute wie bei den Prüfungen, die ich bestanden habe. Damals wie jetzt sagte ich mir, daß Rettung allein im ruhigen Erfassen des Augenblicks liegen könne. Ich sah nicht rechts noch links, sondern nur vor mich auf den Erdboden und lauschte auf das Anschwellen und Sich-Entfernen immer neuer Geschwader und dachte, wann trifft dich das tödliche Geschoß. Wie lange dieser Hexensabbat gedauert hat, weiß ich nicht; meinen Schätzungen nach mögen es 20 Minuten gewesen sein.

Als endlich das Krachen und Surren aufgehört hatte, erhob ich mich, an die Leute neben mir die Frage richtend, ob es wohl nun vorbei sei. Erst bekam ich keine Antwort; dann erhob die Frau ein Jammergeschrei: Ihr Mann sei tot! Andere Leute eilten herbei und ich hörte jemand sagen: „Er lebt noch, sieht aber schlimm aus!" Da ich einem Verwundeten keine Hilfe bringen konnte und mich ein unbändiger Trieb nach den nahen Angehörigen zog, ging ich eilends über die vielen umgestürzten Bäume hinweg und atmete auf, als ich das Haus noch stehend vor mir sah. Die Zertrümmerung der Fenster und Ziegel hatte Fortschritte gemacht, und innen waren die leichten Rabitz-Wände, die zur Abtrennung des Badezimmers von der Küche und zur Vermauerung der Tür zwischen den beiden Vorderzimmern beim Umbau 1934 verwendet wurden, herausgeflogen; die Türrahmen waren herausgerissen oder gelockert, so daß keine Tür mehr schloß.

Im ganzen mußten wir froh sein, so gut davongekommen zu sein, denn wie sah es wieder in der näheren und weiteren Umgebung aus? An dem von mir verwalteten früheren „Paul-Wimmerschen-Hause", Riemannstraße 3, war die Brandmauer nach den tags zuvor schon zertrümmerten Häusern Nr. 6 und 7 abgerissen, so daß man in die Stuben hineinsehen konnte. Alle drei Wohnungen sind daher unbewohnbar geworden. Kurt Liebaus Haus ist in sich zusammengebrochen; er und seine Angehörigen hatten das Haus vor dem Angriff verlassen und sind gerettet.

Eine Schilderung der Verwüstung zu geben, wäre, da buchstäblich in der ganzen Stadt kein Haus unbeschädigt geblieben ist, unmöglich. Sie ist auch unnötig, denn noch nach vielen Jahren werden die Ruinen Zeuge einer Stadtverwüstung sein, wie sie die Geschichte Europas noch nicht gesehen hat.

Hertha Reinhardt
Zeitzeuge des 3. und 4. April 1945

Mit meinen beinahe 75 Jahren fühle ich mich noch heute als Zeitzeuge jener Tage, die ich nie vergessen habe und nie aus meinem Gedächtnis streichen kann.

Ich drehe mein Lebensalter um 49 Jahre zurück und schildere die damalige Zeit in der Gegenwart. Der Krieg geht nun schon in das sechste Jahr. Seit 1942 bin ich verheiratet. Mein Mann ist als Soldat an der Ostfront. Mein Bruder befindet sich in englischer Gefangenschaft. Mein Vater ist 1943 verstorben, wenige Tage nach Eingang der Nachricht, daß mein Bruder in Gefangenschaft in Kanada ist. Ich arbeite als Verkäuferin in der ehemaligen Fleischerei Karl Kriegener in der Krämerstraße. Meine Mutter arbeitet hier ebenfalls als Haushaltshilfe. So verdienen wir unseren Lebensunterhalt, wobei wir von Kriegeners - es waren unsere Verwandten - gut unterstützt werden. Wir achten nicht darauf, wieviel Stunden wir täglich arbeiten. Es galt, die Bürger der Stadt zu versorgen, wobei die Rationierung der Fleischration eine große Rolle spielt. Viel Jammern und Klagen müssen wir uns anhören, und wie oft wird hier und dort, wo wir Kinder in der Familie wissen, ein Auge zugedrückt, obwohl das dann am Ende wieder am Gesamtkontingent Fleisch fehlte, welches bezogen wird auf die Kilomenge der abgegebenen (aufgeklebten) Fleischmarken.

Die täglichen Ereignisse an den Fronten ließen erkennen, wie nahe eigentlich das Ende des Krieges schon ist. Trotzdem kommen aber immer wieder Parolen über die „Wunderwaffe", die nun den Krieg zu Gunsten der Deutschen entscheiden wird.

Meinen Taschenkalender, aus dem Jahre 1945 stammend, nehme ich zur Hand und lese die von mir eingetragene Notiz: „Heute zum Dienstag habe ich einen freien Nachmittag." Ich befinde mich in meiner Wohnung, Oskar-Cohn-, heute Moltkestraße 19. Ich lege wichtige Papiere, wie Sparbücher, Versicherungsscheine, Geld usw. zusammen und verwahre alles in meiner Handtasche. Die Sirene ertönt, wie so oft in letzter Zeit. Fliegeralarm. Schnell suche ich unseren Kellerraum des Hauses auf, der als Luftschutzkeller ausgebaut ist. 20 Leute aus dem Haus oder von der Straße sind schon im Keller. Mit meinem Hocker finde ich noch in einer Ecke einen Platz. Plötzlich denke ich an meine Handtasche mit den vorhin eingesteckten Papieren. Ich hatte sie in der Eile wegen des Alarms in der Wohnung gelassen. Laufe deshalb nochmals schnell die Treppe hinauf in die Wohnung, nehme meine Tasche vom Tisch, schaue dabei kurz zum Fenster hinaus und sehe über der Tankstelle Jachmann bzw. kurz dahinter Tiefflieger. Ihre Richtung ist der Bahnhof. Auf dem Rückweg zum Keller schrecken mich heftige Detonationen auf. Unser Haus bebt. Ich berichte im Keller, was ich gesehen habe. Ein Mann kommt von der Straße in den Keller gelaufen und erzählt ganz aufgeregt, daß die Tankstelle Jachmann völlig zerstört ist. Nun tauchen viele Fragen der Nachbarn auf, die sich auf ihre Häuser beziehen. Aber der Mann unterlag einem

Schock, er wußte nichts mehr. Nach einer Stunde etwa scheint es draußen ruhig zu sein. Das Signal der Entwarnung hören wir nicht.

Auf eigene Gefahr verlassen wir den Keller, und ich suche meine Wohnung auf. Ich sehe, daß die Türen aus den Angeln gerissen sind, und in den Fenstern sind keine Scheiben mehr. Aber draußen, auf der anderen Straßenseite, sehe ich die Tankstelle noch, aber etwa 100 Meter dahinter steigt eine scnwarze Qualmwolke auf. Ein Schuppen der Bahn ist sicher getroffen und brennt. Von der Straße her höre ich von den vorbeieilenden Menschen: „Dort vorne bei Farbenfranke hat es eingeschlagen, die Straße ist versperrt -. Der Bahnhof steht noch."

Mein Körper ist wie gelähmt. Meine Gedanken wechseln sprunghaft. Was ist oben im Geschäft geschehen, wo ist meine Mutter, gibt es heute noch einen Angriff, warum zeigt Nordhausen nicht die weiße Flagge als Zeichen der Aufgabe, wie lange kann ich meine Wohnung noch halten? Ich habe eine große Angst in mir und traue mich nicht mehr zur Stadt. In meiner Wohnung will ich bleiben, auch wenn sie noch so nahe an der Bahn, als lohnendes Ziel der Flieger liegt.

Notdürftig schlage ich mit Pappe die Fenster zu und binde die Wohnungstür an einem Nagel fest. Auch die Verdunkelungsrollos lasse ich unten, um vor Zugluft geschützt zu sein. Zum Glück brennt das Licht noch, und das Wasser läuft aus der Leitung. Mit Angst und ohne Schlaf überstehe ich die Nacht. Früher als sonst stehe ich am 4.4. auf. Um 7 Uhr laufe ich los, um zur Krämerstraße zu kommen. Viele Leute sind schon unterwegs. Ganze Familien mit Kartons und Koffern bepackt, oder einen Handwagen ziehend, der mit Gepäckstücken voll beladen ist, ziehen stadtauswärts. Sie ahnen sicher nichts Gutes.

Ich erreiche die Krämerstraße, das Haus der Fleischerei steht noch. Nur auffallend ruhig ist es in der kleinen Straße, die vom Kornmarkt zur Engelsburg führt. Heute zum Mittwoch soll in der Fleischerei Kochwurst produziert werden. Alle Vorbereitungen dafür sind am Tage vorher getroffen. Aber daraus wird nichts. Hier läuft kein Wasser mehr, und auch die Elektroenergie fehlt. Auswirkungen des Angriffs vom 3.4. Der Meister mit seinen Leuten, darunter ein Franzose und ein Belgier, die als Fremdarbeiter nach hier verpflichtet sind, stehen tatenlos im Arbeitsraum.

Meine Mutter kümmert sich sehr um die beiden Fremdarbeiter. Sie denkt dabei immer an ihren Sohn, der in Gefangenschaft lebt. Sie will immer ein Bindeglied zur Familie der beiden Fremden sein. Beide dankten ihr das auch immer. Besonders der Franzose namens Maxim Manteau aus Paris 20. rue de Malther, dachte in diesen ernsten Stunden nicht an sich, sondern versucht immer wieder, uns zu helfen. So bietet er sich sofort an, weil in der Fleischerei nicht gearbeitet wird, mit in meine Wohnung zu gehen, um die Fenster mit Hartpappe zu reparieren. Der Meister gibt seine Zustimmung. Um 10 Uhr etwa sind wir in meiner Wohnung und beschäftigen uns mit der Reparatur der Fenster. Ich schaue zur Straße hinaus, und ein vorbeieilender Hilfspolizist mit Armbinde ruft mir im barschen Ton zu: „Seid Ihr wahnsinnig, es ist Großalarm gegeben, sucht sofort den Luftschutzraum auf!" Wir beschließen, nicht in dieser Wohnung an der Bahn zu bleiben. Wir wollen versuchen, die Krämerstraße zu erreichen. Mein Fahrrad, welches im Flur der Wohnung steht, nehme ich mit.

Unser Weg führt uns durch die Wertherstraße, am Sägewerk Schmalz vorbei, Kasseler Straße, Sandstraße, Lohmarkt, Neuer Weg, Poststraße, Kalte Gasse, Bäckerstraße und hinein in die Krämerstraße. Ständig hören wir das Heulen der Sirenen. Als wir das Haus erreichen, hören wir schon über uns das Geräusch der Flieger, und plötzlich hören wir auch im Luftraum die herabtrudelnden Bomben. Gerade als wir den Keller erreichen, hören wir auch schon die ersten Detonationen der explodierenden Bomben. Es muß ganz in der Nähe gewesen sein, denn die Kellertür wurde schon durch den Luftdruck eingeschlagen. 4 Männer schließen die Tür wieder und stemmen sich dagegen, um dem Luftdruck standzuhalten.

Wir wissen alle, die wir in diesem engen Keller sitzen, jeden Augenblick kann es auch uns treffen. Keiner wagt das auszusprechen. Nur immer wieder die Aufschreie, wenn eine Bombe in der Nähe explodierte. Es hat keine Absprache gegeben, was werden soll, wenn wir aus diesem Hexenkessel herauskommen sollten. Jeder hat mit seinen eigenen Gedanken zu tun, und wir klammern uns an die Kinder, die mit im Keller sitzen.

Ich kann die Zeitdauer nicht mehr einschätzen, die wir im Keller verbrachten. Da klopft es an die Kellertür. Ein Mann steht draußen, er hat sich trotz des Bombenhagels von seiner Arbeitsstelle in der Unterstadt zur Krämerstraße durchgeschlagen, um bei seinen Angehörigen zu sein. Er ruft: „Der Angriff ist vorüber, hier draußen im Hof brennt es, kommt heraus und löscht den Brand, sonst fällt das Haus zusammen." Wir befolgen diese Aufforderung. Ich werfe nochmals einen Blick zurück in den Keller. Da stehen die großen Bottiche, gefüllt mit Fleisch usw., und nichts können wir mitnehmen. Nur jetzt die Freiheit suchen, dem Chaos entfliehen, das steht jetzt im Vordergrund. Die Männer bemühen sich, den Brand auf dem Hof zu löschen. Ich schaue nochmals in die Küche, da steht auf dem Tisch noch eine Flasche „Nordhäuser", den wollten die Fleischer zum Frühstück trinken.

Meine Mutter rennt hilflos und ohne Ziel auf dem Hof umher. Ihr gilt jetzt mein Bemühen. Maxim, der Franzose, hat das auch bemerkt, er gesellt sich zu uns. Kurz entschlossen beschließen wir, zu Verwandten nach Petersdorf zu laufen. Wir haben den Hof noch nicht ganz verlassen, da bricht das Hinterhaus brennend zusammen. Das Feuer ist nicht mehr aufzuhalten. Die Krämerstraße zum Kornmarkt hin ist versperrt. Zwei gegenüberstehende Häuser sind zusammengefallen. Feuer kommt aus den Trümmern. Die Gebäude der Kleinbank und des Zigarrenhändlers Blume stehen nicht mehr. Meine Verwandten beschließen, nach Pützlingen zu laufen, dort haben sie Verwandte. Es ist nicht einfach, aus der Stadt zu kommen. Überall sind die Straßen durch eingestürzte Häuser versperrt, oder Feuer schlägt uns entgegen. Durch die schmale Engelsburg kommen wir nicht. In der Gumpertstraße kommen wir noch durch. In der Barfüßerstraße finden wir einen Durchgang im „Kleinen Torhaus". Vom Spendekirchhof laufen wir durch einen Schlupf in der Stadtmauer zum Geiersberg. Rechts sehen wir die Gesellschaftshäuser „Hoffnung" und „Spangenberg" brennen. Endlich haben wir oben am Lindenhof den Stadtrand erreicht. Nun laufen wir in Richtung Harzrigi nach Petersdorf. Doch unsere Verwandten sind nicht im Hause. Sie sind in die kleinen Kalkhöhlen in der Rüdigsdorfer Schweiz geflüchtet.

Es ist noch hell, und wir beschließen, weiter nach Buchholz zu laufen. Dort wohnt eine Tante von mir. Viele Nordhäuser sind in gleicher Richtung auf der Landstraße. Meine Mutter hat kaum noch die Kraft, vorwärts zu kommen. Da kommt ein Gespannfahrzeug aus Petersdorf, meine Mutter kann mitfahren.

In Buchholz bei der Tante ist kaum noch ein Platz für uns. Aber alle nehmen in dieser Notlage Rücksicht aufeinander. Wir können bleiben. Maxim richtet sich mit 2 Decken sein Lager auf dem Strohboden ein, wir können in einem Bett schlafen.

Gegen Abend laufe ich mit Maxim nochmals zum Buchholzer Berg hinauf. Von dort haben wir den Blick zur Stadt. Überall sehen wir Feuer und hören das Explodieren von Spätzündern. Und immer noch kommen uns Bürger aus Nordhausen entgegen. Sie haben Angst vor der kommenden Nacht. Am 5. April morgens spreche ich eine Frau in der Dorfstraße an, sie kommt aus Nordhausen. Von ihr höre ich, daß unten am Bahnhof, also in der Nähe meiner Wohnung, kaum etwas geschehen ist. Das gibt mir Hoffnung und Mut.

Mittags laufe ich mit Maxim nochmals zur Anhöhe hinauf. Da hören wir Tiefflieger aus Richtung Nordhausen kommend. Ein Gespannfahrzeug ist auf der Landstraße. Wir werfen uns in den Chausseegraben. Aus den Flugzeugen wird auf das Fahrzeug geschossen, die Pferde gehen durch.

Am 6. April beschließe ich dann, doch etwas zu unternehmen. Ich will wissen, was mit meiner Wohnung geschehen ist. Maxim geht mit.

Nach großen Schwierigkeiten durch die Stadt erreichen wir dann auch mein Wohnhaus. Es steht noch. Einige Mieter sind bereits wieder eingezogen. Mir fehlt der Mut dazu. Maxim erzählt mir, er hat es auf einem „Feindsender" seines Rundfunkgerätes gehört, daß die Amerikaner in einigen Tagen Nordhausen besetzen. Wir nehmen Wäsche, Kleidung und dort noch befindliche Lebensmittel mit nach Buchholz.

Am 7. April, ich vergesse diesen Augenblick nicht wieder, tritt ein Mann auf die Rampe, wo sonst Milchkannen stehen, und verkündet lautstark, daß jetzt die „Wunderwaffe" eingesetzt wird, der Feind wird zurückgeschlagen. Kein Kommentar von den Anwesenden, alle hatten ihre eigenen Gedanken dazu.

Der 8. April verstreicht ohne Besonderheiten. In der Nacht zum 9. April höre ich die Schritte vieler Menschen auf der Straße. Ich sehe zum Fenster hinaus und erkenne einen großen Leiterwagen, auf dem Säcke liegen. Der Wagen wird gezogen und geschoben von Häftlingen des KZ Dora oder eines Nebenlagers. Und hinter dem Wagen viele dahinwankende Männer in Häftlingskleidung, rechts und links auf der Straßenseite mitgehend, bewaffnete SS-Soldaten.

Am 11. April wird an der zentralen Essenausgabestelle erzählt, daß die Amerikaner schon in Nordhausen sind. In Buchholz sind kaum noch Vorräte an Lebensmitteln vorhanden. Marken werden an Deutsche ausgegeben, an Ausländer nicht. Wir müssen Maxim mit versorgen. Am 12. April rollen amerikanische Panzer in Buchholz ein. Es wird nicht geschossen. Die Leute stehen auf der Straße und fühlen sich nun frei.

Ich beschließe, mit Maxim nach Nordhausen zu gehen. Die Wohnung war noch so, wie wir sie verlassen hatten. Maxim bleibt in der Wohnung, und ich laufe zurück nach Buchholz, um meine Mutter zu holen. Am 13. April ist sie auch in Nordhausen. Ich habe mein Fahrrad mitgenommen, aber auf dem Rückweg wird es mir von 2 Polen abgenommen. Mit Gewalt wird es mir entrissen. Nur das Gepäck können wir behalten. Ich bin sehr traurig über den Verlust meines Rades. In der Wohnung erzählt mir Maxim, daß er den Bescheid erhalten hat, daß alle französischen Bürger bald in ihre Heimat kommen. Er rechnet täglich damit.

Von meinem Mann habe ich lange Zeit nichts gehört. Mein Bruder in der Gefangenschaft weiß nicht, wie es in Nordhausen aussieht. Deshalb schreibe ich meinem Bruder einen langen Brief und schildere ihm die Ereignisse hier. Maxim nimmt den Brief an sich und verspricht mir, denselben in Frankreich zur Postbeförderung zu geben. Das hielt er auch ein.

Am 19. April geht Maxim in der Frühe weg und kommt nicht wieder. Mein Bruder hat dann aus der Gefangenschaft geschrieben und nahm dabei Bezug auf meinen Brief. Maxim ließ nie wieder etwas von sich hören.

Über die ZDF-Sendung „Melodien für Millionen" habe ich versucht, Maxim ausfindig zu machen, weil wir ihm Dank sagen wollten für seine Hilfe in den schweren Tagen des April 1945. Aber die Nachforschungen blieben ergebnislos.

Mein Mann kommt am 16. Juni 1945 aus der Gefangenschaft nach Hause. Für ihn ist die Welt zusammengebrochen, denn keiner seiner Angehörigen hat noch eine eigene Wohnung - alle sind sie ausgebombt und wohnen in Notbehelfen.

Alfons Stockert
Erlebnisse eines jungen Soldaten

Ich wurde am 3. Februar 1928 in München geboren, als drittes Kind und habe eine ganz normale Kindheit erlebt, mit Volksschulabgang. Zuletzt war ich bei der Siemens AG in München beschäftigt, als Starkstrommonteur. Bin seit 1988 in Rente.
Zunächst eine kleine Vorgeschichte:
Bei Kriegsausbruch am 1. September 1939 war ich im 12ten Lebensjahr und habe in München sämtliche Luftangriffe miterlebt. Das Wohnviertel Ramersdorf, wo unsere Eltern mit uns Kindern wohnten, ist eine schöne Gegend, ich wohne heute noch in Ramersdorf. Als eine Munitionsfabrik in unserer Wohngegend im Kriege erbaut wurde, war dieses Wohnviertel immer wieder das Ziel schwerer Luftangriffe. An einen solchen Luftangriff kann ich mich noch gut erinnern, es war in der Nacht vom 2./3. Oktober 1943. In dieser Nacht wurde München sehr schwer bombardiert, besonders unser Wohnviertel. Ganz Ramersdorf wurde mit Christbäumen abgesteckt, was dann

kam, ist kaum zu schildern, es war die Hölle. Danach hatte die Stadt München immer wieder schwere Luftangriffe.

Ich war kurz vor dem Ende des 2. Lehrjahres, als der Einberufungsbefehl zur Wehrmacht kam, es war der 13. Januar 1945. Melden mußte ich mich in der Flakkaserne in Augsburg-Pfersee. Dort hatten die anderen Neuankömmlinge und ich eine kurze aber strenge Grundausbildung, dann kam der Abtransport. Zunächst kamen wir nach Jena in Thüringen, wahrscheinlich zwischen dem 20. und 25. Januar 1945. Das schlimmste in dieser Zeit 1944/45 war der sehr strenge Winter mit einer Kälte teilweise zwischen 25 und 30 Grad Minus, manchmal auch noch kälter. Wie lange wir in Jena stationiert waren, weiß ich nicht mehr genau. An ein Erlebnis kann ich mich noch gut erinnern, denn ich mußte am eigenen Körper verspüren, wie das ist. Unsere Einheit mußte, es war noch immer strenger Frost, eines Tages am Bahnhof in Jena über 3 Stunden Spalier stehen wegen eines hohen Offiziers, der ankam. Nicht nur mir, sondern der ganzen Einheit haben die Zähne geklappert in dieser grimmigen Kälte. Als der ganze Spuk vorbei war und die Einheit wieder in die Unterkünfte marschierte, waren alle sehr froh darüber. Hatte mir an beiden Füßen die Zehen erfroren, verspürte aber noch nichts, davon später.

Bald darauf wurde unsere Einheit wieder versetzt, diesmal nach Niedersachswerfen zum C-Stollen. Der Bahnhof von Niedersachswerfen war in dieser Zeit mit einem großen Transparent geschmückt mit der Aufschrift: „Räder müssen rollen für den Sieg." Es muß Anfang Februar 1945 gewesen sein.

Wieder marschierte unsere Einheit, marschieren war des deutschen Soldaten Lust, in unsere neue Unterkunft, und wir wurden gleich von Anfang an auf wichtige Vorschriften hingewiesen, aber noch wußten wir nicht, welche Aufgabe uns erwartete und welches Geheimnis es gab.

Wir haben uns in Niedersachswerfen gut eingelebt und wurden über die Spezialaufgabe unterrichtet. Unsere Einheit mußte den C-Stollen gegen Tieffliegerangriffe verteidigen. Wir hatten vier MG-Stellungen in der Nähe des C-Stollens aufgebaut. Vorher waren wir im C-Stollen drinnen, es war unvorstellbar, wie riesig die unterirdischen Stollen und Nebenstollen waren. Es waren Tausende von Menschen aller Schichten darin beschäftigt, auch viele mit gestreiften Anzügen, Häftlinge aus dem Lager Dora. Alles verlief im Trab und Kommandos der Vorgesetzten im Mittelwerk.

Meine Eltern wußten lange nicht, wo ich stationiert war. Ich durfte den eigentlichen Ort im Feldpostbrief nicht erwähnen, da die Briefe nach Hause alle zensiert wurden. Als ein Brief mit meiner Feldpostnummer ankam von meiner Mutter und ich wieder schrieb, wo ich bin, hatte ich im nächsten Brief nach Hause nur die nächstliegende Stadt Nordhausen darin erwähnt. Jetzt wußten meine Eltern ungefähr, wo ich mich befand.

Unsere Einheit hatte eine Spezialaufgabe übernommen. Nun wußten wir, warum unser Einsatz in Niedersachswerfen am C-Stollen war. Bauten die vier MG-Stellungen, den Umständen entsprechend, sehr gut aus. Die Stellungen wurden im Quadrat mit einem Abstand von etwa 10 bis 15 Metern errichtet. Unsere Einheit bekam Zwillingsmaschinengewehre mit einer Schußfolge von 1 200 Schuß in der Minute. An jeder Seite der MG's hing ein Munitionskasten mit 600 Schuß.

Die Patronengürtel waren gestaffelt, zuerst eine richtige Patrone, dann eine Leuchtspurpatrone usw., damit konnten wir bei einem Nachtangriff durch Tiefflieger die Schußrichtung verfolgen.

Ich kannte damals als 17jähriger deutscher Soldat keine Angst, im Gegenteil. Die damalige Jugend war nicht nur durch Hitler geprägt, sondern hatte einfach ganz andere Vorstellungen gehabt in dieser Zeit, das will heute keiner mehr wahrhaben.

Ich konnte den Ort Niedersachswerfen und die Stadt Nordhausen einfach nicht vergessen, darin verbirgt sich zuviel Erinnerung in mir, aber davon werde ich später noch berichten. An unsere Vorgesetzten kann ich mich namentlich nicht mehr erinnern, nur eines weiß ich noch, unser Vorgesetzter der MG-Einheit hieß Leydeck oder Leydneck, war Wachtmeister im Range eines Feldwebels. Dieser Wachtmeister war zu uns Untergebenen sehr streng, ich hätte ihn einmal bald erschossen. Vorher noch ein anderes Thema.

Noch waren meine beiden Füße und die Zehen in Ordnung, aber ich merkte schon, daß etwas nicht stimmte mit meinen Füßen und Zehen. Als es schlimmer wurde, fragte ich unseren Wachtmeister, ob ich mich ins Krankenrevier abmelden dürfte. Er gab seine Einwilligung. Ich meldete mich dann von meiner Einheit ab und ging ins Krankenrevier. Es war eine Spätfolge von Jena, diese Erfrierungen an beiden Füßen.

Der Fußweg zum Krankenrevier führte am A-Stollen vorbei und am Lager Dora. Ich bekam für diesen Weg einen Sonderausweis. Meldete mich dann beim Unterarzt, der mich sofort untersuchte. Er stellte Erfrierungen zweiten und dritten Grades fest. Wurde vorerst für 4 Tage krank geschrieben, der Unterarzt wurde inzwischen versetzt. Der neue war ein Oberarzt, auch von ihm wurde ich untersucht und für weitere 3 Wochen dienstuntauglich geschrieben. Die Erfrierungen sind zum Glück gut verheilt. In der Zeit, als ich im Krankenrevier war, gab es mehrere schwere Tieffliegerangriffe, es wurde sogar das mit einem großen Roten Kreuz gekennzeichnete Krankenrevier angegriffen und sogar durch die Fenster geschossen. Später erfuhren wir, daß dieser amerikanische Tiefflieger abgeschossen wurde. Nach nicht ganz 4 Wochen wurde ich aus dem Krankenrevier entlassen und meldete mich bei meiner Einheit zurück. Der Weg führte auch diesmal wieder am A-Stollen und am Lager Dora vorbei. Ich war eigentlich froh darüber, wieder bei den Soldaten meiner Einheit zu sein.

An ein Vorkommnis kann ich mich besonders erinnern, konnte es bis heute nicht vergessen. Als ich damals den Weg vom Krankenrevier zu meiner Einheit zurückkam, konnte ich folgendes beobachten: Mehrere Häftlinge wurden mit einem großen Holzknüppel zusammengeschlagen. Der Häftling, der dies getan hat, trug eine Armbinde mit der Aufschrift „KAPO". Es war für mich als 17jähriger Soldat ein schrecklicher Anblick, bin aber dann weitergegangen zu meiner Einheit, denn ich konnte ja nichts dagegen machen. Solche Szenen habe ich mit anderen Soldaten meiner Einheit öfters beobachten können. Erst Jahre später ist mir das Erlebnis bewußt geworden.

Als ich bei der Einheit zurück war, wurden wir alsbald von der Barackenunterkunft in einen großen Wohnwagen umquartiert, in der Nähe der vier MG-Stellungen. Es ging weiter mit Wache schieben und MG-Reinigung, denn die waren unsere wichtigsten Abwehrwaffen gegen Tiefflie-

gerangriffe. Wir mußten immer öfter Angriffe abwehren. Einmal hatten wir einen schweren Jagd-
bomberangriff. Unser Gruppenführer, ein Obergefreiter (Name nicht mehr bekannt) konnte
einen Jabo abschießen. Er hatte den Jabo voll mit der MG-Garbe getroffen. Dieser ist zirka 150 m
hinter der Stellung am Boden zerschellt.

Eines Tages wurde ich zur Nachtwache an der Stellung eingeteilt. Unser vorgesetzter Wachtmeister kontrollierte in dieser Nacht überraschend die Posten. Ich sah ihn von weitem schon
kommen und erkannte den Wachtmeister. Jeder, ganz gleich wer es war, mußte die Parole kennen. Wenn derjenige nach dreimaligem Anruf die Parole nicht sagte, mußte er gewärtig sein, erschossen zu werden. Mein Vorgesetzter kam also immer näher heran zur MG-Stellung. Ich rief
ihn an, die Parole zu sagen. Er tat nichts dergleichen, geht weiter auf die Stellung zu, habe dann
ein zweites Mal die „Parole" verlangt, wieder keine Antwort. Wahrscheinlich wollte er den Posten,
also mich, kontrollieren, wie er reagiert. Ich dachte mir: nicht mit mir. Beim dritten Anruf, die
„Parole" zu sagen, nahm ich gleichzeitig das Gewehr von der Schulter, entsicherte, dann rief ich
nochmals: „Die Parole, oder ich schieße!" Daraufhin sagte mein Vorgesetzter das Kennwort. Ich
hätte ihn sonst erschossen, weil ich annehmen mußte, er wollte spionieren. Als ich das Kennwort erfahren hatte, wußte ich Bescheid und machte meine Meldung. Der Wachtmeister ent-
fernte sich wieder. Am darauffolgenden Morgen mußte ich mich beim Wachtmeister melden,
und er fragte mich, ob ich wirklich geschossen hätte. Ich sagte: ja. Dann wurde ich vor allen anderen Soldaten der Einheit geehrt.

Zur Zivilbevölkerung haben wir Soldaten keinen Kontakt gehabt, nur ab und zu kam man ins
Gespräch, auch nur bedingt. Mit an Sicherheit grenzender Wahrscheinlichkeit hat damals die Bevölkerung von Niedersachswerfen wenig gewußt, aber vom Lager Dora mußten sie gewußt haben
und von den Häftlingen, aber nicht alles. Das, was um das Lager Dora und im Mittelwerk geschehen
ist, war für die Bevölkerung ein Tabu. Alles war rundherum sehr streng bewacht und abgeschirmt
und ein absolutes Sperrgebiet. Das Mittelwerk wurde oft von feindlichen Tieffliegern angegriffen, aber an eine Bombardierung des Ortes Niedersachswerfen kann ich mich nicht erinnern.

Das Ende des Krieges kam langsam in Sicht, so wurde unsere Einheit nach Nordhausen ver-
legt. In Nordhausen wurde unsere Einheit aufgeteilt und an verschiedenen Plätzen der Stadt eingesetzt, zirka drei Wochen vor unserer Gefangennahme durch die Amerikaner.

Ich kam mit anderen Soldaten und einem Obergefreiten, als Gruppenführer, nach Nordhau-
sen-Salza. Wir waren insgesamt 7 Mann. Außerhalb von Salza haben wir uns in ein leerstehen-
des Einfamilienhaus einquartiert. Die Familie, die in dem Haus gewohnt hatte, hatte sich
wahrscheinlich woanders in Sicherheit gebracht. Es war das letzte Haus, dann kamen Äcker und
Wiesen. Nach zirka 200 m war eine Anhöhe, dorthin hatten wir uns verschanzt und die neue
Stellung gebaut, mit zwei Zwillings-MG, die uns zur Verfügung standen. Wir hatten uns, so gut
es ging, richtig eingebuddelt. Eine MG-Stellung war tagsüber immer besetzt, die anderen hielten
sich im Quartier auf, bis zur Ablösung, und nachts hatten wir Posten aufgestellt. Es war nachts
sehr finster, man konnte kaum die eigene Hand vor dem Gesicht erkennen, aber jedes Ge-

räusch war zu hören. Ich habe überhaupt keine Angst verspürt, wenn ich nachts auf Posten war.

Wir konnten von unserer Stellung aus alles beobachten, vor uns, hinter uns und auch den ganzen Luftraum. Deutsche Jäger sah man nicht mehr, der Luftraum wurde von den amerikanischen Jabos beherrscht. Eines Tages sahen wir doch einen einzelnen deutschen Jagdflieger, aber der hatte keine Chance gegen die vielen feindlichen Jäger. Dieser deutsche Jäger wurde sofort abgeschossen, wir sahen nur noch, wie der deutsche Pilot am Fallschirm hängend zu Boden schwebte. Er kam mit Sicherheit in Gefangenschaft.

Auch konnten wir die Bombardierung auf Nordhausen von unserer Stellung aus sehr gut beobachten. Es waren die zweischwänzigen Lightning-Bomber, die ihre Bombenlast auf Nordhausen fallen ließen. Wir konnten jeden Bombeneinschlag und die Detonationen gut beobachten. Wie mag der Bevölkerung zumute gewesen sein, wo ich es selber am eigenen Leibe verspürt habe, aber in München. Tage später wurde Nordhausen von den amerikanischen Truppen besetzt. Noch bevor die Amerikaner Nordhausen besetzt hatten, hätte es mich beinahe erwischt, durch die Bordwaffen eines Jabos.

Ich war zur Wache eingeteilt und auf dem Weg zur Stellung, denn Jabos, die immer in sehr großer Höhe im Luftraum waren, sind zwar meiner Aufmerksamkeit nicht entgangen, aber trotzdem wurde ich gesehen. Ich dachte mir nichts dabei und ging meinen Weg zur Stellung weiter. Ich hatte die MG-Stellung fast erreicht, als ich hinter mir ein komisches Geräusch vernahm, es war ein Jabo, der auf mich zuflog, ich hatte nur die eine Möglichkeit, die letzten paar Meter zu laufen, ich hatte mich kaum in den Schützengraben geworfen, da war der Jabo schon heran und hat über mich mit den Bordwaffen hinweggeschossen. Ich verspürte ein leichtes Zittern in mir, aber keine Angst. Wir wollten unser Leben nicht mehr aufs Spiel setzen und hatten die beiden MG-Stellungen verlassen. Im Einfamilienhaus hatten wir uns verschanzt, vorher haben wir die MGs untauglich gemacht. Tags darauf sichteten wir die Amerikaner, dann war für uns der Krieg vorbei.

Wir sieben Soldaten berieten uns, was wir machen wollten und kamen zu dem Entschluß, unsere Zivilklamotten anzuziehen, die ich und die anderen Kameraden immer mit dabei hatten. So waren wir für kurze Zeit in Zivilisten verwandelt. Dann kam die Proklamation der amerikanischen Besatzungstruppen: Jeder Bürger der Stadt Nordhausen muß sich melden! Und das konnten wir nicht. Unser Soldbuch hätte uns verraten. So haben wir uns wieder umgezogen, so marschierten wir in die Gefangenschaft. Das war aber gar nicht so einfach, sind schon gut eine halbe Stunde gegangen, endlich sahen wir einen amerikanischen Soldaten mit einem Jeep, den hielten wir an. Er nahm uns mit. Als wir ankamen, waren schon viele hundert Deutsche in Gefangenschaft. Es war der 12. April 1945, ein Tag, den ich nie vergessen werde. Wie lange wir in Nordhausen im Gefangenenlager waren, kann ich nicht mehr genau sagen. Wie es mit der Verpflegung der gefangenen deutschen Soldaten aussah, weiß ich nicht mehr. Viele Soldaten, auch ich, hatten noch die eiserne Ration, aber die war bald verbraucht. Jedenfalls kann ich mich nicht mehr erinnern, von den amerikanischen Besatzern Verpflegung bekommen zu haben. Eines Tages kam der Abtransport von Nordhausen. Wohin der Weg führte, wußten wir nicht. Alle gefangenen deutschen Soldaten, auch ich, wurden auf Lastwagen verladen, nicht sitzend, sondern stehend, Mann an Mann aneinander gepfercht wie Tiere. Kein Soldat konnte sich mehr bewegen. Es waren einige Dutzend Lastwagen voll Soldaten, dann kam der unmenschliche Transport ins Rollen, ein Transport ins Ungewisse. Auf der Fahrt wurden wir durchgeschüttelt, denn umfallen konnten wir nicht, es war grauenhaft. Der Transport war nun schon einige Stunden unterwegs, dann erkannten wir einige Städte und Ortschaften, wo der Transport durchgefahren war, man brachte uns gen Westen, also nicht nach Osten. Die Straßen waren übersät mit Schlaglöchern und Bombentrichtern. Wir wurden immer wieder durchgeschüttelt, wenn die Schlaglöcher unsanft überrollt wurden. Auf der Fahrt gab es keinerlei Verpflegung, wir hätten sowieso keinen Bissen hinuntergebracht, außerdem verspürten wir keinen Hunger.

Manfred Just
Fünf entscheidende Tage in Nordhausen

Am 22.1.1945 mußte unsere Familie (Vater, Mutter und zwei Söhne) Breslau vor der anrückenden Roten Armee fluchtartig verlassen. Nach einem ca. 3 Wochen langen Aufenthalt bei Bunzlau begleitete uns unser Vater am Nachmittag des 13. Februar 1945 bis zum Hauptbahnhof nach Dresden. Danach mußte unser Vater wieder nach Schlesien zurückkehren, während wir noch an diesem Abend, also kurz vor dem schrecklichen Bombenangriff auf Dresden, diese Stadt in Richtung Oberbayern zu unseren Großeltern verließen. Der Bombenangriff auf Dresden zerriß damals bis Ende März den Kontakt zwischen unseren Eltern. Unser Vater, der mit unserer raschen Abreise aus dem überfüllten Dresden nicht gerechnet hatte, suchte uns anderntags in den Ruinen der Stadt. Erst Ende März konnte uns unser Vater kurz bei den Großeltern besuchen. Unter diesem Eindruck beschlossen meine Eltern, da unser Vater, der im Rahmen der Wehrwirtschaft in der Bauwirtschaft (und da im Zusammenhang mit den V-Waffen) beschäftigt war und Ende März in den Raum Nordhausen/Bleicherode/Niedersachswerfen „abkommandiert" worden war, zusammenzubleiben. So fuhren wir am Abend des Karsamstages von München aus nach Nordhausen. Wir hatten damals aus Anlaß des bevorstehenden Osterfestes eine Sonderzuteilung von Eiern bekommen, die meine Mutter in einem goldfarbenen Einkaufsnetz am Abend vor der Abfahrt in München von Schwestern der NSV oder des Roten Kreuzes am Münchner Ostbahnhof kochen ließ. Witzigerweise legten die Schwestern das Einkaufsnetz mit den Eiern in das kochende Wasser, und der Erfolg war, daß das Einkaufsnetz ausgebleicht war und die Eier eine gelbliche Farbe angenommen hatten. Meine Mutter sagte damals darüber amüsiert: „Jetzt haben wir sogar noch gefärbte Ostereier." Die Fahrt ging mit dem D-Zug nach Berlin durch die Nacht, und wir erreichten am trüben Sonntagmorgen Saalfeld und schließlich Halle, wo wir ausstiegen. Da der Anschlußzug in Richtung Nordhausen nicht mehr wegen der starken Zerstörung der Stadt vom Hauptbahnhof, sondern von einem anderen am Stadtrand gelegenen Bahnhof weiterging, mußten wir uns erst dorthin „durchschlagen". Da wir mit Koffern und Rucksäcken schwer bepackt waren, waren wir glücklich, als wir in der Innenstadt von Halle auf einer Ruinenhalde einen noch fahrbaren Kinderwagen entdeckten, den wir gut gebrauchen konnten. Von diesem Bahnhof in Halle fuhren wir über Heringen nach Nordhausen, dessen markanter Kornspeicher mir bereits damals auffiel. Auf dem Bahnhof in Nordhausen war damals und auch in den folgenden Tagen noch ein reger Betrieb. Unvergeßlich sind mir insbesondere die großen, mit Tarnanstrich versehenen dampfenden Lokomotiven, die in ihrer ockerfarbenen und braunen Bemalung wie Tiger oder Leoparden aussahen. Natürlich konnte man allenthalben die bekannten Sprüche: „Räder müssen rollen für den Sieg!" u. dgl. lesen.

Wir waren in Nordhausen zunächst im Hotel „Römischer Kaiser" einquartiert worden. Dieses Hotel machte nach meiner Erinnerung trotz der Kriegszeit damals immer noch einen sehr gediegenen und vornehmen Eindruck. Unserem Vater war in der Zwischenzeit ein Zimmer (oder eine Wohnung?) in einem noch heute sehr gut erhaltenen Haus aus der letzten Jahrhundertwende in der Kasseler Straße zugewiesen worden. Gottlob wohnten wir aber im „Römischen Kaiser" nur bis zum 3.4., während wir die Nacht vom 3. zum 4. schon in der Kasseler Straße verbrachten.

Im Laufe des 2.4. machte ich auf einer Autofahrt unseres Vaters mit einem Mitarbeiter nach Bleicherode zum ersten Mal die Bekanntschaft mit Tieffliegern. Als wir auf der Straße dahinfuhren, sah ich von Ferne silbrigblinkende Flugzeuge so niedrig über die baumbewachsenen Hügel „springen", daß ich meinen Vater fragte, was das sei. Erst in diesem Augenblick wurden der Fahrer und mein Vater auf die Tiefflieger aufmerksam. Mit dem Schrei „Tiefflieger!" stürzten die beiden sofort aus dem angehaltenen Auto, zogen mich vom Rücksitz raus und warfen sich mit mir in den Graben. Die Flugzeuge waren die doppelrumpfigen Lightnings, gefürchtete Tiefflieger. Mit diesen Flugzeugen (und den ebenso gefürchteten Mustangs und Thunderbolts; ich habe mir später ein Fachbuch besorgt und darin festgestellt, daß diese Maschinen von der Motorleistung -stärke, Bewaffnung usw. unserer M 109 weit überlegen waren) sollte ich bei der Rückfahrt von Nordhausen nach Oberbayern in den Tagen nach dem 5.4. lebensgefährliche Bekanntschaft machen. Das Auto wurde jedoch nicht getroffen, sondern wir konnten unsere Fahrt ohne weitere Vorfälle fortsetzen. Am Dienstag, dem 3.4., waren wir am frühen Nachmittag zum Kaffee bei einer Familie eingeladen, die mein Vater aus seiner früheren Tätigkeit vom Norddeutschen Zementverband her kannte: Sofern ich mich richtig erinnere, hieß entweder die Familie oder aber das Unternehmen (Baustoffhandel, Fuhrunternehmen, Brennerei von Nordhäuser Korn) Förstemann. Das Ehepaar war ungefähr um die 60 Jahre alt, er eher darüber, sie vielleicht noch in den Fünfzigern. Die Atmosphäre dieser Einladung, bei der auch an den Geburtstag meines Bruders gedacht wurde, worüber wir uns schon sehr freuten, war gedämpft und angesichts der ja nicht erfreulichen Kriegslage auch etwas bedrückt. Meine Mutter, die als Flüchtlingsfrau nun ja schon alles verloren hatte, bemerkte später amüsiert zu uns, nachdem wir weggegangen waren, wie Frau Förstemann (?) sich darüber beklagt hatte, daß ihre Angestellte zum Abstauben auf die großen Clubsessel gestiegen war.

Nach dem Kaffee, also noch vor 4 Uhr nachmittags, gingen die Eltern mit uns beiden Kindern zu Fuß von dem Anwesen der Familie Förstemann (?), das sich nach meiner Erinnerung in der Stadt befunden haben muß und einen großen Innenhof mit Stallungen für Pferdefuhrwerke hatte (in der Mitte stand auch ein Taubenhaus, das von weißen Tauben angeflogen wurde), zum Bahnhof von Nordhausen, wo mein Vater feststellen wollte, wann er am nächsten Morgen einen Zug zum Zwecke einer seiner Dienstfahrten in die benachbarte Umgebung erreichen könnte. Während noch unser Vater hierüber Auskunft bei dem Bahnhofspersonal einholte, heulten die Sirenen, und es begann auch alsbald rund um den Bahnhof zu krachen. Wir empfanden uns im Bahnhofsgebäude - nach unserer damaligen Erfahrung eines der gefährdetsten Gebäude einer Stadt überhaupt - wie in einer „Falle". (Wie sich später herausstellen sollte, war dies aber ein merkwürdiger Irrtum. Denn bekanntlich hat ja der Bahnhof von Nordhausen alle Stürme unbeschädigt überstanden. Er sah noch 1990 - abgesehen vom frischen Türanstrich - so aus wie 1945. Da wir wegen des einsetzenden Bombenangriffs den Bahnhof nicht mehr verlassen konnten, um einen Luftschutzraum zu erreichen, stürzten wir mit anderen Menschen durch die Eingangshalle auf den Bahnsteig und von dort die Treppen hinunter in den Unterführungstunnel, der unter den Geleisen zu den anderen Bahnsteigen führte. Dort standen wir eng gedrängt und zusammengekauert unter der Unterführung zwischen den Bahnsteigen 1 und 2 und hörten, wie in der Umgebung des Bahnhofs Bomben explodierten und wie von Tieffliegern Bordwaffen ratternd abgeschossen wurden. (Ich habe 1990 an derselben Stelle wieder gestanden, wo ich 45 Jahre zuvor diesen Bombenangriff mitgemacht habe. Als ich nunmehr über mir die niedrige Decke betrachtete, kam mir der furchtbare Gedanke, daß ein Volltreffer uns unter dieser schwachen Decke sofort ausgelöscht hätte.) Mit erschreckten Augen habe ich damals auf die Kacheln der Eisenbahnunterführung geblickt. (Ich konnte mich an diese Kacheln nicht mehr erinnern; als ich aber 1990 wieder an dieser Stelle stand und mich umblickte und auf die Kacheln schaute, fiel mir diese Wand sofort wieder ein.) Nachdem der Angriff zu Ende gegangen war, verließen wir den Bahnhof und suchten zunächst die Wohnung unseres Vaters in der Kasseler Straße auf. Am Abend gingen wir noch einmal zum Hotel „Römischer Kaiser", wo wir zu Abend aßen.

Die Zerstörungen des letzten Angriffs waren bereits allenthalben zu sehen. Wir passierten auch Stellen, wo noch nicht explodierte Bomben (Zeitzünder oder Blindgänger) lagen. Von anderen Fußgängern wurden wir laut auf solche gefährlichen Stellen hingewiesen. Ich erinnere mich noch, daß an einer Stelle in der Stadt, und zwar an einer Straßenkreuzung, wegen eines solchen Blindgängers der Zugang zum Bürgersteig durch eine ausgehängte Tür versperrt war.

Am Mittwochmorgen, dem 4.4., verließ unser Vater - da nach den Bombenangriffen die Züge nicht mehr regelmäßig verkehrten - mit einem Mitarbeiter wieder im Auto Nordhausen. Er berichtete uns später, er habe auf der Fahrt den anfliegenden Bomberpulk deutlich gesehen und sofort befürchtet, daß diese Flugzeuge Nordhausen angreifen würden. Die Erfahrung des Vortages sprach auch dafür. Da unser Vater höchstens eine halbe Stunde vor dem Angriffsbeginn (9 Uhr) das Haus verlassen hatte, konnte er auch alsbald in der Nähe, aber außerhalb der Stadt feststellen, daß der Bombenangriff in der Tat Nordhausen galt.

Als der Bombenangriff begann, befanden wir uns noch in der in einem der oberen Stockwerke gelegenen Wohnung unseres Vaters. Als die Sirene noch heulte, fielen schon alsbald die Bomben. Als die ersten Bomben niederkrachten, rasten meine Mutter, mein Bruder und ich die Treppen zum Kellerraum hinunter, wohin sich auch die übrigen Bewohner des Hauses - meist ältere Leute flüchteten. Der Kellerraum war düster und eng. Die Kellertür war zwar verschlossen, aber viel zu dünn, als daß wir nicht die schrecklichen Einschläge und Erschütterungen in der Nachbarschaft wahrnehmen konnten. Der Luftdruck der in der Umgebung niedergehenden Sprengbomben fegte durch das Haus und jagte sämtliche Fensterscheiben in den Fluren und Wohnungen durcheinander. Wir hörten deutlich, wie oben die Fensterscheiben klirrten und zersprangen. Es hat an sich wiederholt von den Bombeneinschlägen so fürchterlich gekracht, daß ich damals im Keller immer glaubte, daß das Haus nun aber getroffen sei. Dies war jedoch Gott sei Dank nicht der Fall. Das Haus bebte deutlich erkennbar unter den Einschlägen im Nachbarbereich. Im Keller weinten die Frauen; andere beteten laut. Meine Mutter stand mir gegenüber auf der anderen Kellerseite und hatte sich mit dem Mantel schützend über meinen Bruder gebeugt, während ich mit entsetzten Augen die sich über meiner Mutter hebende und senkende Kellerdecke beobachtete. Die älteren Männer an der Eingangstür des Kellers waren recht besonnen. Sie mahnten häufig zur Ruhe und trachteten danach, daß im Keller keine Panik ausbrach. Wenn ich mir heute vorstelle, daß dieses schreckliche Inferno nur 25 Minuten dauerte, so schien uns damals im Keller diese Höllenveranstaltung eine Ewigkeit zu dauern. Als dann draußen schließlich Ruhe einkehrte, trauten wir uns eine Zeitlang gar nicht aus dem Keller heraus, und zwar einmal, weil wir keine „Entwarnung" hörten (diese wurde wohl angesichts des nun einsetzenden Chaos auch überhaupt nicht mehr gegeben) und dann, weil wir mit einer alsbaldigen Fortsetzung des Bombenangriffs durch eine weitere „Welle" rechneten. Schließlich aber gingen die beiden älteren Männer raus nach oben, um die Lage zu überprüfen. Als sie zurückkamen, sagten sie, daß der Angriff wohl zu Ende sei. Da rappelten wir uns auf und stiegen aus dem Keller hinauf und gingen vor die Haustür. Es sah draußen schlimm aus: Die Häuser gegenüber und zu beiden Seiten der Kasseler Straße hatten zu brennen begonnen. Wohin man entlang der Kasseler Straße oder stadteinwärts schaute, brannte es. Rauch und beißender Qualm verbreiteten sich allmählich. Die Wohnung im oberen Stockwerk war „durchgeblasen", und meine Mutter und auch wir Kinder waren so mit den Nerven fertig, daß wir auf keinen Fall auch nur noch einen Tag länger in Nordhausen bleiben wollten. Leider war aber unser Vater weggefahren, und wir wußten nicht, ob und wo er wohl heil diesen Terrorangriff überstanden haben mochte.

Zunächst nahm uns ein älteres Ehepaar im Erdgeschoß dieses Hauses Kasseler Straße auf. Sie teilten mit uns auch ihr kärgliches Mittagessen. Es gab gekochten Weißkohl und Kartoffeln.

Danach beschloß meine Mutter, mit uns in die Stadt bzw. zum Bahnhof zu gehen. Wir wollten uns erkundigen, wie wir aus der Stadt herauskommen konnten. Völlig sinnloserweise machten wir uns auch auf die Suche nach unserem Vater in der völlig verwüsteten und allenthalben immer stärker brennenden Stadt. Unser erster Anlaufpunkt war wieder die Familie Förstemann (?). Jedoch, welch ein furchtbarer Unterschied gegenüber dem dezenten, friedlichen Nachmittag des vergangenen Tages. Das Anwesen war verwüstet, z. T. brannte es. Das Wohnhaus war noch heil, aber Förstemanns waren schon im Begriff, kleinste Habseligkeiten herauszuräumen und mit dem Handwagen wegzubringen. Sie waren ebenfalls nervlich so fertig und mit sich so sehr beschäftigt, daß sie uns bei der Suche nach unserem Vater auch nicht mehr weiterhelfen konnten. Wir verließen sie daher alsbald und irrten nun angesichts des immer schrecklicher werdenden Feuersturms über offene Plätze.

Wir waren sehr verzweifelt, und ich wurde plötzlich aggressiv. Als wir an einem brennenden Haus vorbeikamen, vor dem auf einem Schutthügel ein halbzerstörtes Klavier lag, schrie ich plötzlich: „Wenn dieser verdammte Hitler doch endlich mit dem Krieg aufhören würde!" Als meine Mutter das hörte, packte sie mich und schrie mich laut an: „Wenn du nicht sofort deinen Mund hältst, dann packen sie uns und schmeißen uns in das Feuer."

Und dann geschah wieder ein Wunder: Als wir einen der Plätze in Nordhausen durchquerten, kam uns am anderen Ende unser Vater entgegen, der inzwischen längst in der Kasseler Straße gewesen war, aber uns nicht vorgefunden hatte und sich nun seinerseits auf den Weg gemacht hatte, um uns zu suchen. Unsere Eltern stürzten aufeinander zu, wir Kinder hinterher, und wir alle umarmten uns und beschlossen feierlich - im wahrsten Sinne des Wortes - daß wir, komme was da wolle, in diesem Krieg nicht mehr auseinandergehen wollten. Wir kehrten in die Kasseler Straße zurück, bündelten unsere wenigen Koffer und Habseligkeiten und warteten auf einen offenen Lastwagen, der uns und noch andere Menschen aus Nordhausen hinaus nach Niedersachswerfen (wenn dies richtig ist?) fuhr. Wir fuhren an dem späten Nachmittag zu einem Bergwerk und fanden in einem hohen Stollen tief in einem Berg eine Bleibe zur Übernachtung. Bei der Abfahrt aus der Kasseler Straße brannten nun die Häuser schon weithin vollständig. Am Anfang noch um die Mittagszeit hatte ich beobachtet, wie bei einem Haus in der Nachbarschaft das Feuer langsam das Dach hinauf in Richtung auf den Lichtleitungsmasten zu, der auf dem Dach angebracht war, stieg. Als wir dann abfuhren, hatte das Feuer den Lichtleitungsmasten erreicht. Nordhausen war ein einziges Flammenmeer, als wir die Stadt verließen.

Die Nacht vom 4. auf den 5.4. verbrachten wir in dieser gewaltigen Stollenanlage. Am späten Abend ging mein Vater mit mir zum Eingang des Bergwerks, um mit mir einen gerade stattfindenden und gemeldeten nächtlichen Bombenangriff auf eine der Nachbarstädte - man sprach damals im Stollen von Halle - anzusehen. Der Himmel war in der Ferne blutrot, und man sah am Horizont die Explosionen der Bomben.

Am Morgen des 5.4. verließen wir den gewaltigen Bunkerstollen. Dabei bemerkten wir, daß einer von unseren Koffern gestohlen worden war. In diesem Koffer befanden sich u. a. zwei

Gegenstände, die uns bzw. mich wohl noch lange später in Gedanken beschäftigten, und zwar die Pistole meines Vaters und mein Buch über das Leben Friedrichs des Großen. Meine Mutter erklärte schon damals und noch oft später, sie sei froh, daß die Pistole gestohlen worden sei. Sie war nämlich der Ansicht, daß die Pistole uns im Notfall ohnehin nicht helfen würde, ja im Handgemenge mit einer Pistole die Situation für uns eher noch gefährlicher gewesen wäre als ohne Waffe. Mich interessierte ohnehin mehr der Verlust des Buches. Ich hatte es mir in Breslau auf der Flucht als Lektüre für die zu erwartenden endlosen Bahnfahrten mitgenommen. Das Buch war bebildert und entsprechend dem Geschmack der Zeit leicht lesbar. Der Schwerpunkt lag naturgemäß im Trend der damaligen Propaganda: Friedrich der Große als Symbol für das Ausharren auch in verzweifelter Kriegslage bis zum erfolgreichen Ende, bis zum sogenannten Wunder des Hauses Brandenburg. Am Nachmittag des 5.4. waren wir wieder in Heringen, wo wir die Fahrt unterbrechen mußten und einen Luftkampf zwischen amerikanischen und einem deutschen Flugzeug beobachteten. Das deutsche Jagdflugzeug wurde abgeschossen. In der Nachbarschaft lagen aber auch die halben Aluminiumtrümmer eines niedergegangenen Bombers. Von Heringen aus fuhren wir mit dem Zug weiter bis zum Stadtrand von Halle, und in der Nacht vom 5. auf den 6.4. vom anderen Ende Halles, wo vorher meine Mutter in der dunklen Nacht noch in einen schlammgefüllten Bombentrichter, den sie nicht gesehen hatte, gestürzt war, über Leipzig, wo wir einen Tagesangriff - diesmal im Bunker - „mitmachten", nach München und Oberbayern zurück.

Frieda Schlöffel

Meine Erlebnisse zum Kriegsende 1945

Von 1923 bis 1954 wohnte ich in Urbach bei Nordhausen. Vom 20.3.1943 bis 9.4.1945 war ich als DRK-Schwesternhelferin in verschiedenen Lazaretten in Deutschland tätig. Da wir von Jahr zu Jahr verstärkt unter den Fliegeralarmen und Bombardierungen zu leiden hatten, ließ ich mich am 15.8.1944 in mein Heimatlazarett Nordhausen versetzen. Hier erlebte ich am 4. und 5. April die beiden schweren Bombenangriffe auf Nordhausen mit.

Ich arbeitete im Reserve-Lazarett-Krankenhaus am Taschenberg, und nur mit großem Glück überlebte ich den letzten Angriff. Ich hatte Ostern an beiden Tagen Dienst. Es waren warme, sonnige Frühlingstage, aber über der Stadt lag eine beängstigende Stille, so als ahnten viele, daß uns Schweres bevorstand. Unser Ausweichlazarett auf der Sägemühle bei Neustadt wurde weiter schnellstens vervollständigt. Ich mußte am Dienstag nach Ostern bis Mittag arbeiten und hatte dann frei für die geleisteten Feiertage. Gegenüber vom Krankenhaus wohnte ich privat bei Frau Püchtler. Dort befand ich ich mich, vielleicht gegen 13 Uhr, um mit meinem Rad nach Urbach zu fahren.

Plötzlich bekamen wir Fliegeralarm, und ich ging mit den Hausbewohnern in den Luftschutzkeller (Alarm gab es ja fast jeden Tag, aber meistens geschah nichts.)

Wir waren noch nicht alle im Keller, da fielen schon die ersten Bomben. Dann ging's richtig los, wir schaukelten im Keller hin und her, so bebte die Erde. Wie lange der Angriff dauerte, weiß ich nicht. Das Haus blieb zum Glück stehen, nur Türen und Fenster waren beschädigt, und überall lag Schutt herum. Die Leute aus dem Haus verließen schleunigst mit Handwagen Nordhausen in Richtung Steigerthal. Ich lief zurück zum Krankenhaus. Dieses hatte in der Mitte einen Volltreffer erhalten bis zum Erdgeschoß, so daß es nun aus 2 Teilen bestand. Unsere Verwundeten und zivilen Nordhäuser Patienten waren fast alle sicher unten im Keller untergebracht.

Nun begann bis in die Nacht hinein die Verlegung unserer Verwundeten in das Ausweichlazarett „Sägemühle". Im Keller wurden nun die Verletzten des letzten Angriffs ärztlich versorgt und auf Pritschen dicht an dicht gelegt. Wir arbeiteten bis spät in die Nacht. Wasser holten wir aus der Brauerei gegenüber, dort war ein gut erhaltener Tiefbrunnen, denn die Wasserleitung war natürlich kaputt. Ein paar Stunden schlief ich dann in dem Haus, wo ich vorübergehend wohnte, ganz allein zwischen Schutt.

Früh war ich dann am Mittwoch wieder drüben im Krankenhaus. Wir hatten den Patienten im Kellerraum Essen gegeben, ich hatte dann gerade eine Schüssel mit Wasser und ein paar Tücher, um sie zu waschen. Dabei stand ich in der Mitte des Ganges, wo darüber der Schutt der Bombe lag vom Vortag, beim Bett einer verwundeten Schwester, als mich etwas weiter davon ein Verwundeter rief. Als ich bei ihm war, kam der 2. Fliegeralarm, und nun ging es noch schlimmer zu als am Tage zuvor.

Die Erde bebte, und Bombe auf Bombe fiel. Plötzlich gab es einen ungeheuren Krach, und ein Volltreffer traf nochmal die Mitte des Hauses und schlug bis zum Keller durch. Wir waren nun in dichten Staub gehüllt, und das Wasser mit den Tüchern gab mir und dem Verwundeten einen Schutz zum Atmen. Wir dachten, daß wir nun verschüttet seien. Aber als sich dann der Staub legte und der Angriff zu Ende war, sah ich doch noch einige Kellerfenster, aus denen man kriechen konnte.

Jedoch war ringsum ein großes Grauen. Wo ich vorher noch gestanden hatte, lag der ganze Schutt des Hauses, darunter sicher alle tot (auch ich wäre dabei gewesen). Am Rande des Schutthaufens ragten Menschen heraus und schrien um Hilfe. Ihnen zu helfen war schwer, aber zum Glück waren auf unserer Seite einige Sanitäter, die begannen zu helfen, so gut sie konnten. Wer sich sonst noch bewegen konnte, kroch aus den Kellerfenstern, ich auch. Draußen war es grausam. Im Splittergraben des Krankenhauses lagen lauter Tote und Verwundete.

Ich lief in Richtung Friedhof nach Osten nach Urbach. Aber die Straße dorthin brannte, da Phosphor geworfen worden war, und so brannten die Häuser und der Asphalt. Wir sprangen zwischen dem Feuer hin und her. Überall lagen Tote und Verwundete. Als ich endlich den Stadtrand erreicht hatte, kamen die Tiefflieger von Osten her und beschossen uns. So mußten wir dringend in Deckung gehen und dann wieder weiter. Auch da schrien die Menschen, sicher wurden dabei wieder viele von oben erschossen.

In Richtung Urbach gab es viele kleinere und größere Bombentrichter auf den Feldern und Feldwegen. Da aber trockenes Wetter geherrscht hatte, konnte man gut über die Felder laufen. Gegen Abend traf ich dann völlig verschmutzt, aber noch lebend in Urbach ein, meine Eltern und meine Schwester waren glücklich, daß ich alles überstanden hatte, war doch unser lieber Bruder noch im November 1944 in Holland gefallen.

Unser Haus füllte sich nun stündlich mit Bekannten aus Nordhausen, die auch alles verloren hatten. Wir waren dann ca. 20 Personen in unserem Haus für einige Zeit. Da täglich Tiefflieger über das Dorf kamen, konnten wir nicht hinaus. Ich versuchte dann doch, mit dem Fahrrad zur Sägemühle zu kommen, um mich im Ausweichlazarett zu melden. Auch da mußte ich ein paarmal Schutz im Straßengraben suchen. Da genug Schwestern im Provisorium vorhanden waren, wurde ich auf „Abruf" am 9.4.1945 nach Hause entlassen. Wenige Tage später kamen die Amerikaner als Besatzung auch nach Urbach. Als sie im Ort einfuhren, standen wir hinter den Fenstern und weinten über diesen sinnlosen Krieg, der so viele Opfer forderte und allen Menschen Leid brachte. Aber wir fühlten uns nun auch frei und konnten wieder ohne Angst darangehen, aufzuräumen.

Ich arbeitete gleich bei meinem Vater in der Werkstatt als Tischler, denn wir bekamen viel Arbeit. Mein Vater hatte zum Glück kurz vor dem Angriff einen größeren Posten Fensterglas in Nordhausen gekauft. So konnten wir viele Fenster wieder verglasen, die von Leuten aus Windehausen gebracht wurden. Dort waren sicher etliche Bomben gefallen und hatten die Fenster zerstört.

Über die Häftlinge kann ich nur sagen, daß wir wußten, daß in der Boelcke-Kaserne Fremdarbeiter lebten und wir dachten, wenn der Krieg vorbei ist, werden sie sicher bei uns plündern. Aber davon merkten wir nichts. Als ich nach einer Woche mal nach Nordhausen ging, um zu sehen, ob in meinem Zimmer noch Sachen von mir zu finden seien und auch das Fahrrad, sah ich 2 Häftlinge in Decken gehüllt bei einer Runkelmiete im Felde sitzen. Sie waren ganz verstört und hatten sicher Angst. Ich gab ihnen mein Brot, welches ich mir mitgenommen hatte. Trotzdem sahen sie sehr ängstlich aus. Sie hatten ja auch viel leiden müssen und nun kein Vertrauen mehr zu uns Deutschen.

Rudolf Uhley (1887 - 1976)

Aufzeichnungen

Nachdem jetzt 12 Wochen seit dem schweren Angriff auf Nordhausen vergangen sind, wollen wir versuchen, unseren Freunden und Bekannten, soweit es möglich ist, Nachricht über unser Schicksal und das Schwere, das wir in der Zeit durchgemacht haben, zu geben.

Die Lage für Nordhausen spitzte sich in den Tagen vor Ostern mit dem Heranrücken der Amerikaner immer mehr zu. Am 1. Ostertag hatte ich wie üblich Volkssturmdienst von 7 Uhr an, der darin bestand, Ein-Mann-Löcher gegen die angreifenden Panzer auszubauen. Während die Amerikaner vom Westen kamen, wurden die Löcher am Ausgang der Stadt im Osten ausgehoben; sinnlos, wie der ganze Dienst im Volkssturm seit Monaten war. Gewehre und Munition waren überhaupt nicht vorhanden. Die ganze Besatzung von Nordhausen bestand nur aus Marinesoldaten, die hier büromäßig tätig waren. Trotzdem sollte die Stadt verteidigt werden, was zur Vernichtung der 1000jährigen Stadt führte. Bei meiner Rückkunft gegen Mittag hatten wir einen leichten Luftangriff, beschädigt wurden der Fliegerhorst und einzelne Häuser in der Stadt. In unserer Straße wurde das Hotel „Hessischer Hof" in Trümmer gelegt, wo es eine Anzahl Tote gab.

Die Stimmung wurde von Stunde zu Stunde unruhiger. Abends um 7 Uhr waren wir noch zu einer Hochzeit in der Markt-Kirche und anschließend zu einem Beisammensein mit dem jungen Paar und den Eltern. Aber auch diese kleine Feier wurde durch einen erneuten Fliegerangriff und die Abberufung des Hausherrn, Dr. Weber, als Arzt zum Volkssturm unterbrochen. Als wir nach Haus gingen, wurden noch Rettungsmaßnahmen für Verschüttete durchgeführt.

Am Ostermontag wollten wir noch das Damenzimmer meiner Frau zu einem bekannten Landwirt schicken, leider wurde dies nichts, da unsere Leute plötzlich zum Volkssturm eingezogen wurden. - Am Dienstag, dem 3. April, bekamen wir dann schon den 1. größeren Angriff. Für uns war es insofern besonders schwierig, da unser Haus durch Flüchtlinge überbelegt war. Die Wohnung meiner Tochter war in Magdeburg im September 1944 und im Januar 1945 ausgebombt. Die Möbel hatten wir zum größten Teil noch retten können. Sie standen in meinem Büro. Einen kleinen Teil hatte meine Tochter auf dem Friedhof unterstellen können, die auch zum größten Teil gerettet wurden, obwohl auch dieses Haus schwer beschädigt war.

Mein Schwager, Dr. Zierold-Prutsch, kam mit meiner Schwester und einer alten Tante von 82 Jahren mit einem Treck Anfang Februar von seinem Gut in Westpreußen. Innerhalb von wenigen Stunden mußten sie flüchten und kamen mit einem Trecker und 2 Anhängern mit geretteten Möbeln und Kleidung zu uns. Außerdem war meine Nichte mit ihrem Mädchen und 3 Kindern aus Danzig zu uns geflüchtet und wohnte ebenfalls mit in unserem Haus bei meiner Schwiegermutter. Da Nordhausen überbelegt war, war es uns leider nicht möglich, meinen Schwager oder meine Nichte anderweitig unterzubringen, so daß alle Verwandten mit ihrem Hab und Gut in unserem Hause wohnten. Leider ging alles verloren.

Am Dienstag, dem dritten Osterfeiertag, gegen 16 Uhr, hatten wir schon einen recht schweren Angriff; in der Stadt - hauptsächlich am Rand - wurden viele Häuser total vernichtet, und es gab bereits viele Tote. Unser Haus hatte hauptsächlich Fenster- und Türschäden erlitten. In der früheren benachbarten Gärtnerei von Ebersberg waren viele Bomben gefallen. - Vor dem Angriff wurde ich von den Direktoren der Reichsmonopolverwaltung angerufen, die mir mitteilten, daß die Amerikaner am nächsten Morgen erwartet würden und sie gern noch 50 000 l Sprit an die Brennereien abgeben würden. Wir hatten immer angenommen, daß der Bahnhof und damit auch die dort liegende Monopolverwaltung besonders gefährdet wären. Im Gegenteil sind beide jedoch verschont geblieben. Den Sprit habe ich noch zur Verteilung aufgegeben. Als wir die ersten Spritfässer zur Monopolverwaltung fahren wollten, kam der Angriff dazwischen. Mit Mühe konnten wir noch unsere Pferde retten. Unsere Wohnung war durch den Angriff stark mitgenommen; wir begannen aber sofort mit Aufräumen und Ausfegen der Glasscherben. Nachts haben wir abwechselnd gewacht, da ein Verschließen der Räume nicht mehr möglich war. Während dieser Zeit rollten dauernd durch unsere Straße die zurückflutenden deutschen Truppen.

Am Mittwoch, dem 4. April, hieß es plötzlich, daß neuer Fliegeralarm sei, die Sirenen versagten bereits. Mit Mühe und Not kamen wir in unseren Keller, als auch schon die Bomben fielen. Der Angriff dauerte ungefähr eine halbe Stunde und war ganz furchtbar. Die Flugzeuge, schätzungsweise 5 - 600 an der Zahl, kamen vom Osten und haben die ganze Stadt vollständig vernichtet. Was noch stand, ist später durch die riesige Feuersbrunst vernichtet worden. Allein auf unserem Grundstück mit Hof und Fabrik sind 6 Bomben gefallen, und im Garten entstanden ebenfalls 4 große Bombentrichter. Nur dem Glück können wir es verdanken, daß keine Bomben auf unser Wohnhaus gefallen sind, denn sonst wären wir sicher nicht unter den Trümmern, wie soviele andere, herausgekommen. Als der Angriff vorüber war, konnten wir alle unbeschadet aus dem Keller durch unser Wohnhaus gehen. Auch von meinen Angestellten ist keine bei den Angriffen umgekommen. Der Anblick, der sich uns bot, war entsetzlich. Die ganze Hallesche Straße brannte bereits. Die Fabrik und das Wohnhaus von meinem Schwiegersohn uns gegenüber waren ein Flammenmeer. Anscheinend ist Phosphor mit geworfen worden, da die Flammen rotgelb waren. Das Spritbassin in meiner Brennerei war getroffen und fing ebenfalls zu brennen an. Da an ein Löschen nicht zu denken war, fingen wir gleich gemeinsam an, noch zu retten, was zu retten war. Das Schlimme war, daß unsere Lagerbestände an Sprit und Branntwein besonders groß waren. Wir hatten durch die Spritsperre sämtlichen Sprit für Wehrmachtsaufträge abnehmen müssen, konnten aber im Februar und März fast nichts verladen, da keine Waggons mehr zur Verfügung gestellt werden konnten.

Gemeinsam haben wir alles, was wir konnten, zuerst in unseren Garten getragen. Mit meiner Frau faßte ich unsere Anzüge und Kleider, Leibwäsche usw., was wir in einem Bettbezug tragen konnten. Weil das Feuer immer größer wurde, warfen wir diesen in einen Bombentrichter, wo wir hofften, daß er vom Flammenflug verschont blieb. Aber leider war dies nicht der Fall, und die Sachen sind verbrannt. Genauso verloren wir im Garten später noch durch Feuer fast alles, was wir dahin geschleppt hatten, darunter auch die Koffer mit den Anzügen und der Wäsche von meinem Sohn, einen großen Offizierskoffer meines Schwiegersohns Kurt Schulze, der Ostern auf Urlaub bei uns war und erst am Dienstagfrüh wieder abgereist war. Als wir merkten, daß der Garten durch die furchtbare Feuersbrunst und den aufkommenden Sturm gefährdet war, versuchten wir, einen Teil der Sachen etwas weiter hinaus auf die Straße auf einen freien Platz zu bringen. Aber auch hier wurden das Feuer und der Sturm immer stärker. Die Sachen schleppten wir wieder einen Teil weiter bis zur Brauerei, wo wir alles in einer offenen Laube unterstellten. Gegen 2 Uhr hieß es, daß ein neuer Fliegerangriff zu erwarten sei und die Stadt geräumt werden müßte. Meine Nichte war mit ihren Kindern und ihrem Mädchen die erste, die flüchtete, und zwar nach Urbach, einem der nächsten Dörfer.

Wir waren noch 12 Personen, meine Schwiegermutter mit 87 Jahren, die kaum gehen konnte, eine alte Dame von 82 Jahren, meine Schwester und mein Schwager, meine Tochter mit ihren Kindern, meine Frau und ich. Mit Mühe und Not schleppten wir die beiden alten Damen bis zur Gärtnerei meines Freundes, Herrn Ebersberg, dessen Haus noch einigermaßen stand, während die Gärtnerei vollständig zerstört war. Wir überlegten, daß wir vielleicht bei einem Landwirt in Leimbach, wo wir noch unsere Möbel unterstellen wollten, einen Raum bekommen könnten. Wir ließen die beiden alten Damen im Keller und gingen bei Regen und Sturm gegen 17 Uhr über aufgeweichte Felder nach Leimbach. Ein riesiger Flüchtlingszug bewegte sich von Nordhausen aus auf allen Landstraßen. Gegen 19 Uhr kamen wir in Leimbach bei Herrn Benkenstein an, wo wir freundlich aufgenommen wurden. Über 60 Menschen haben allein auf diesem kleinen Hof Unterkunft gesucht. Die Menschen schliefen auf dem Heuboden über dem Kuhstall, in der Waschküche und in den Zimmern. Für uns wurde ein Strohlager in einer Kammer aufgeschüttet, wo wir zu 12 Menschen 3 Wochen lang schliefen. Meine Frau saß in einem Stuhl, mit 7 Menschen zusammen in einem kleinen Zimmer die ersten Nächte. Verpflegt wurden wir von der Volks-wohlfahrt, was besonders schwierig war, da über 2 600 Flüchtlinge in dem kleinen Dorf Leim-bach (500 Einwohner) Unterschlupf gefunden hatten. Die Menschen schliefen teilweise in den nassen Aprilnächten in den Wäldern, da nicht alle Unterkunft gefunden hatten. In den nächsten Tagen versuchten wir nun, aus Nordhausen unsere aufgestellten Sachen zu retten. Die Schwie-rigkeit bestand darin, daß Nordhausen immer wieder durch Tiefflieger angegriffen wurde. Die Bauern trauten sich mit ihren Wagen überhaupt nicht in die Stadt. Auf mein Bitten haben wir am nächsten Tag die beiden alten Damen abgeholt und einige Sachen, die wir gerettet hatten, mit-gebracht. Zu unserem großen Leid mußten wir feststellen, daß gerade die besonders wertvollen Kleidungsstücke vollständig verbrannt waren. Besonders das Silber und Metall war im Garten und auf der Straße zusammengeschmolzen. Immer wieder haben wir versucht, aus Nordhausen unser Hab und Gut, was noch da war, bergen zu können.

Der Feind besetzte Nordhausen erst eine Woche nach dem Angriff. Nordhausen selbst hat durch den ersten Angriff, den wir miterlebt haben und die späteren mit den Feuersbrünsten furchtbar gelitten. Es steht jetzt nur noch der Rand von Nordhausen, und zwar der nördliche, westliche und südliche. Von den 7 Kirchen ist nur noch eine leidlich erhalten und der Dom ohne Dach. Von unserer Straße bis zur Promenade ist kein Haus mehr vorhanden. Die ganze Innen-stadt liegt in Schutt und Asche. Auch die Verluste an Menschen sind außerordentlich hoch. Ent-setzliche Szenen müssen sich in den Kellern unter den brennenden Häusern abgespielt haben. Am letzten Tag, bevor der Amerikaner kam, war ich noch einmal um 4 Uhr morgens in der Stadt und wollte versuchen, unsere Sachen aus dem Keller zu bergen. Leider konnten wir noch nicht in den Keller, da die Hitze noch zu groß war. Wir waren jedenfalls beruhigt, da wir sahen, daß alles noch im Keller erhalten war und wir dieses retten konnten. Es waren viele Kisten und Koffer von Freunden dabei, die diese bei uns untergestellt hatten. Aus Fabrik, Büro und Wohnhaus war nichts mehr zu retten. Die Spritvorräte und Spirituosen, Zucker usw. sind restlos verbrannt. Damit sind für uns unendliche Werte verlorengegangen. Allein 20 000 l Sprit, 30 000 l Korn, 120 Ztr. Zucker sind neben den anderen Rohstoffen verbrannt.

Nachdem der Amerikaner die Stadt besetzt hatte, sind zuerst unsere Frauen in die Stadt gegangen, um nachzusehen. Zum großen Schrecken mußten wir feststellen, daß in den ersten Tagen von Polen und leider auch von Deutschen furchtbar geplündert worden ist. Aus unserem Keller im Wohnhaus ist alles bis auf das letzte gestohlen. Neben unseren Kleidern und Wäsche hatten wir unsere Tafelservice für 24 Personen und 12 Personen im Keller, sämtliches Kristall und viele Kisten und Koffer von unseren Freunden. Wir haben nicht ein Stück mehr von diesen Sachen. Von dem Schmutz, der fußhoch im Keller herumlag, kann man sich überhaupt keine Vorstellung machen. Genauso wie bei uns, ist es in ganz Nordhausen geschehen, soweit nicht die Bewohner in den erhaltenen Häusern zurückgeblieben sind - und auch da ist geplündert worden. Auch die erhalten gebliebenen wenigen Fabriken, Marmeladen-, Tabak- und Schürzenfabriken - sind in den nächsten Tagen restlos ausgeplündert worden. Unendliche Werte wurden dabei vernichtet. Immer wieder wurden von den Ausländern nach der Plünderung Wohnhäuser und Fabriken angezündet, so daß noch wochenlang das Feuer andauerte.

Hella Alert
Die Apriltage 1945 in Salza

Ich wohnte damals in Salza, meine Eltern hatten eine Gärtnerei (Dienemann), und ich war damals fast 12 Jahre alt. Meine Freundin und ich besuchten jeden Dienstagnachmittag den Ballettunterricht im Bann (Jugendzentrum der HJ, an der Lesserstiege). Als mich meine Freundin zu Hause abholen wollte, hörten wir schon den Fliegeralarm. Dann ging alles sehr schnell. Die Zeit reichte nicht einmal, um den kleinen Erdbunker aufzusuchen, den mein Vater draußen im Garten gebaut hatte. Wir flüchteten alle in unseren Keller.

Nach dem Angriff liefen wir durch die Straßen. An unserem Haus waren lediglich die Scheiben des Schaufensters zerborsten. Aber das Gemeindehaus hatte einen Volltreffer erhalten, weitere Häuser waren getroffen, auch eine Schulfreundin mit Mutter und Schwester war ums Leben gekommen. Insgesamt waren in Salza 12 bis 15 Opfer zu beklagen. Wir hatten alle große Angst vor einem weiteren Angriff. Am folgenden Tag, dem 4. April, flüchteten meine Mutter und ich, wie auch andere Leute aus der Nachbarschaft, ins Herreder Hölzchen. Wir nahmen nur etwas zu essen mit. Aus dem Wald heraus beobachteten wir den Angriff auf Nordhausen, wie die Häuser brannten, Mauern einstürzten, das ganze schreckliche Geschehen. Gegen Abend, als etwas Ruhe eingetreten war, liefen wir nach Hause. Da kamen uns viele Leute entgegen, vor allem Frauen und Kinder, viele schwer bepackt mit Handwagen, Kinderwagen. Sie riefen uns zu: „Salza soll geräumt werden. Frauen und Kinder in den Kohnstein!" Wie ich dann erfuhr, ist vieles von Bürgermeister Hirt und seiner rechten Hand, Frau Korn, organisiert worden. Wir betraten unser Haus, beluden einen Handwagen mit Wolldecken, Federbetten, etwas Wäsche und Verpflegung und zogen zum Kohnstein.

In dieser Situation war uns unser Untermieter eine große Hilfe, ein Ingenieur aus Schönebeck namens Waldemar Klein, der im Mittelwerk arbeitete. Ich weiß nicht mehr genau, ob er jetzt mit ging oder uns am Eingang in Empfang nahm. Als wir den Stollen betraten - ich weiß nicht mehr, von welcher Seite aus - sahen wir die vielen Menschen auf dem Betonfußboden liegen, auf Decken und Matratzen, dazwischen ihr Gepäck. Viele Frauen und Kinder waren darunter. In der Mitte führte ein Gang von ca. 2 m Breite hindurch. Herr Klein führte uns in einen Seitenstollen, der nach rechts abzweigte. Überall brannte elektrisches Licht, und wir bemerkten große Mengen an Maschinen, Werkzeug und ähnlichem Gerät. Wir durften uns in einer Art Ingenieurbude niederlassen, einem Holzverschlag, in dem 2 Betten standen, außerdem ein Spind, ein Tisch und zwei Stühle.

Hier blieben wir vom 4. bis zum 12. oder 13. April. Ich kann mich auch erinnern, daß meine Mutter und Herr Klein am folgenden Tag in unser Haus nach Salza gingen und auf einem Tafelwagen Matratzen, Hausrat und anderes herbeischafften.

Mittags wurde aus Kesseln Essen ausgegeben, auch Brot wurde verteilt. Mit Herrn Klein liefen wir durch die Stollen, und an einer Stelle zeigte er uns Haken und sagte, daß dort Menschen hingerichtet worden seien.

Als wir nach Salza zurückkehrten, stellten wir fest, daß nicht alle Einwohner in die Kohnsteinstollen geflüchtet waren. Manche alten Leute waren zurückgeblieben, auch in unserem Haus. Wir sahen dann auch die ersten amerikanischen Soldaten. Als wir in den Kohnstein flüchteten, hatten wir den Vogelbauer mit dem Wellensittich in unser Schaufenster gestellt. Nach über 8 Tagen Abwesenheit trafen wir den Vogel gesund und munter an. Wie uns die alten Leute im Haus erzählten, haben ihn amerikanische Soldaten gefüttert.

Irma König
Bomben auf Bielen

Es war der 3. Ostertag, Dienstag, der 3. April 1945. Ich wohnte in Bielen und arbeitete in der Schürzenfabrik Becker in Nordhausen. Am Mittag, kurz vor 12, ertönte die Sirene: Feindalarm! Wir durften Schluß machen und sind schnell mit dem Fahrrad nach Hause gefahren. Als dann Entwarnung kam, sind wir Mädchen nicht wieder auf Arbeit gefahren. Im Dorf lagen viele Soldaten von Wehrmachtseinheiten, aus Kassel, Hofgeismar, die vor den Amerikanern zurückgewichen waren.

Da die Sonne schien, lief ich durchs Dorf. Überall Wehrmacht. Auf einmal gab es wieder Luftalarm. Ich kam zu meiner Großmutter. Auch sie hatte drei oder vier Soldaten als Einquartierung. Dann erschienen auch schon die ersten Jabos, und ich hörte ihre MG-Salven. Neugierig stand ich vor der Hoftür und beobachtete den Himmel, als mir einer der Soldaten zurief: „Aber rein in den Keller!" Ich konnte gerade noch bemerken, wie ein Christbaum am Himmel gesetzt wurde, den der Wind offenbar in unsere Richtung trieb. Im Keller erlebte ich dann, wie Bomben auf unser Dorf fielen. Es krachte fürchterlich, und das Fachwerkhaus meiner Großeltern erbebte bis in die Grundmauern. Später kam dann mein Onkel und rief uns zu: „In Bielen brennt's. Ich muß helfen, Pferde einzufangen." Im Dorf waren mehrere Häuser von Bomben getroffen worden. Einwohner und Freunde packten Spitzhacken und räumten auch mit den Händen Trümmer und Holzbalken beiseite. Ich sah, wie Teile von Toten zusammengesucht und in einer hölzernen Kiste gesammelt wurden. Sieben oder acht Häuser waren vollständig zerstört worden, drei beschädigt. Die Bomben fielen gegen halb bis dreiviertel 5 Uhr am Nachmittag. Am 4. April sind auf Bielen keine Bomben gefallen.

Heinz Seidenstricker
Die Tage danach

Am Mittag und Nachmittag des 4. April 1945 flüchteten viele Menschen aus der brennenden Stadt auch in Richtung Leimbach, so auch meine Eltern und ich.

Auf der Höhe der jetzigen Siedlung Himmelgarten war die Straße durch mehrere Bombentrichter unterbrochen. Wir mußten über die Felder ausweichen, als Doppelrumpf-Tiefflieger (Lightnings) auftauchten und auf uns schossen. Wir warfen uns ins Feld, wo es nur geringe Möglichkeiten gab, Deckung zu finden. Trotzdem gelangten wir unverletzt nach Leimbach und fanden mit anderen Familien Zuflucht in einer Scheune. Wir blieben dort mehrere Tage. Als amerikanische Panzer, aus Nordhausen kommend, das Dorf durchfuhren, begrüßten wir sie an der Hauptstraße. Ich war damals vierzehn Jahre alt.

Nach den Amerikanern kamen die Fremdarbeiter, zogen plündernd von Haus zu Haus, wobei sie auch den aus der Stadt Geflüchteten die letzte Habe abnahmen. Sie nahmen uns unsere Koffer weg, die wir aus dem Luftschutzkeller gerettet hatten. Die meisten Menschen versteckten sich angstvoll in den Kellern. Wir Jungen beobachteten, wie die Fremdarbeiter am Feuerwehrturm den herumlaufenden Gänsen den Hals umdrehten.

Durch Bemühungen meines Vaters gelang es uns, am Van-der-Foehr Damm bei einer Familie vorübergehend ein Zimmer zu beziehen, das wir mit fünf Personen, außer mir meine Eltern, Schwester und Oma, bewohnten. Da wir Jungen den ganzen Tag die Gegend durchstreiften, fiel es uns auch auf, daß abends am Stadtpark Amerikaner mit Jeeps auftauchten und an Kinder und Frauen Schokolade verschenkten. Wir dachten uns nichts dabei, als wir sahen, daß Frauen jeden Tag mit den Amerikanern mitfuhren. Eines Tages blieben die Amerikaner aus. Man erzählte sich, daß nun die Russen kommen würden. Dann hörten wir durch den Stadtpark lautes Klappern und Trappeln von Pferdehufen, das nicht enden wollte. Wir schlichen durch den Park bis an die Hindenburg-Allee. Aus dem Gebüsch heraus erblickten wir eine lange Kolonne von Planwagen, mit Pferden bespannt und voller Soldaten, die, wie wir richtig vermuteten, Russen waren. Sie dürften wohl in Richtung Harz gezogen sein.

Hildegard Koch
1945 in Nordhausen

25 Jahre war ich alt. Die Front der Gegner der Deutschen rückte immer näher. Das brennende Kassel, das wir bis Nordhausen erkennen konnten, ließ die Angst vor dem Kommenden in uns wachsen. Eine stille Hoffnung, daß der Krieg beendigt sei, ehe wir Front wurden. Das Flüchtlingselend, das wir täglich erlebten, die Fliegeralarme fast täglich, waren schon zermürbend. Am 22. Februar Flieger über der Stadt. Alarm und gleichzeitig Detonationen von Bomben. Was war passiert? Die Schützenstraße war getroffen. Genau gegenüber dem Haus meiner Nennoma Emilie Henze Nr. 69 war das Haus total zerstört. Berge voller Schutt mußte ich überwinden und durch ein kaputtes Fenster einsteigen. Die Haustür war voller Schutt. Am nächsten Tag schon kamen Trupps von Häftlingen aus dem Konzentrationslager, die aufräumen sollten. Der Schutt vor der Haustür barg eine Frauenleiche, die mit ihrem Sessel durch die Luft geschleudert aus dem

gegenüber liegenden Hause stammte. Die Häftlinge gaben den Anwohnern Adressen, um ihre Angehörigen zu verständigen. Fast alle steckten ihnen etwas zu essen zu. Der Kapomann schaute weg. Gottlob zog sich die Aufräumung, die nur mit Hacke und Schaufel passierte, einige Zeit hin, so daß es zu Kontakten mit Häftlingsangehörigen kommen konnte. Die Anwohner riskierten viel. Eine riesige Bombe mußte noch entschärft werden, sie war nicht explodiert. Weil ich meiner Oma und Tante täglich etwas Warmes zu essen brachte, bekam ich mit, was da passierte.

Bei Fliegeralarm flüchteten wir jetzt noch schneller in die Keller, obwohl die Angst, darin verschüttet zu werden, groß war. Immer mal wieder fiel eine Bombe. Arnoldstraße, das Hotel „Hessischer Hof" war total weg. Meine Mutter, die als Hebamme gerade in der Klinik Dr. Steinmüller war, konnte mit Hilfe leisten bei den paar Überlebenden. Dann kam der April. Ostern, wir wußten, die amerikanische Armee war schon im Anrücken auf unsere Gegend. Wir haben nicht mehr mit einem Luftangriff gerechnet. Am 3. April hatte es schon zweimal Voralarm gegeben und dann Alarm und auch gleich Detonationen. Ganz in unserer Nähe. Mein Mann versuchte, in der Jahnstraße die Menschen mit auszubuddeln. Mit Schaufeln, die die Männer mitbrachten. Tote und Verletzte, das Entsetzen stand meinem Mann im Gesicht. Da ich hochschwanger war, begab ich mich mit meinem 4jährigen Mädelchen zu meiner Mutter, wo ich hoffte, eventuell Hilfe zu bekommen.

Die ganze Nacht machten wir noch einen Durchbruch in die Kellerwand von über einem Meter Dicke zum Nachbarn, Bäcker Breithaupt. Wir hatten nur einen Luftschacht mit kleiner Ausstiegsmöglichkeit, und ich hatte Angst, darin zu ersticken. Am anderen Morgen wollte ich gerade das Haus im Altendorf verlassen, um ins Geschäft der damaligen Saarlandstraße, jetzt Töpferstraße, zu gehen, da schrien uns die Nachbarn zu, Flieger im Anflug auf Nordhausen, so hatte ein Geheimsender gemeldet. Es gab keinen Alarm, und Bomben detonierten bereits. Wir konnten nur noch in den Keller flüchten. Es war gegen 9 Uhr. Was dann innerhalb 20 bis 30 Minuten auf unsere alte, schöne Stadt an Tod und Verderben niederging, konnten wir erst später erfassen. Man hörte nur Detonationen, es bebte die Erde, und wir glaubten, nicht lebend aus dem Keller zu kommen. Was war mit meinem Zuhause, was war mit meinem Mann?

Er hatte auch durch das Telefon den Geheimsender gehört und war mit unseren Gesellen ins Freie hinter den alten Friedhof mit dem Rad gefahren, weil er meinte, daß er vielleicht mehr Hilfe bringen konnte, wenn er nicht mit im Keller war. Er sah, wie von den Flugzeugen Markierungsbäume, Christbäume, so sagte man, gesetzt wurden, und er wußte natürlich, was das bedeutete. Er sagte mir später: „Mein Gedanke war nur - armes Nordhausen!" Es folgte Welle auf Welle von Flugzeugen, und sie warfen ihre Bombenlast ab. Er hatte sich in eine Bodenwelle gedrückt, aber die Flieger hatten die Leute entdeckt, und Tiefflieger flogen sie einige Male an und beschossen die einzelnen Menschen. In jeder fliegerfreien Minute versuchten sie, mehr Deckung zu finden. Gottlob trafen die Flieger nicht. Er erzählte auch gleich, daß zwei Flugzeuge beim Angriff auf Nordhausen abgeschossen seien und über der Stadt niedergegangen wären.

Kurz nach 11 Uhr, als die Menschen aus der Stadt flüchteten und mein Mann nicht kam, versuchte ich, mit meiner Mutter und meinem Kind nach Hause zu gelangen. Vom Altendorf nach der Stolbergerstraße/Ecke Saarlandstraße. Durch die Stadt war es unmöglich, in Etagenhöhe lag der Schutt, brennende Häuser und immer wieder explodierende Bomben. Das Feuer lief in den Trümmern lang. Oh Gott, was war aus meinem Mann und den Schwiegereltern und Freunden geworden? Wir mußten zurück und versuchten über die Wallrothstraße an Hoffnung und Spangenberg vorbeizukommen. Wir kamen nicht weiter, denn auch hier brannte es. Das Haus von Dr. Bischof zerstört. Mich verließen die Kräfte, und ich lief mit dem Kind an der Hand zurück ins Altendorf, um noch abzuwarten, ob mein Mann kommen würde. Immer mehr Menschen, nur das Nötigste bei sich, flohen aus der Stadt.

Endlich kam mein Mann. Unser Haus war stehengeblieben, aber das Feuer läuft an den Häusern lang. Von der Firma Killinger flogen brennende Bücher und Papiere durch die Luft. Wasser gab es nur in Bombentrichtern. Man versuchte, zu Hause für jeden das Nötigste zu retten.

Wir hatten verabredet, uns in die Wälder zu retten, und wollten uns am Harzrigi treffen. Mein Mann war von der Saarlandstraße aus und ich vom Altendorf aus mit Mutter und Kind aufgebrochen. Mit Kinderwagen, in dem ich etwas Babywäsche für das kommende Kind und etwas für uns transportierte und dem Fahrrad, an dem wir einen großen Korb befestigt hatten. Das Wetter war schlecht. Das Feuer entwickelte einen starken Wind, denn die Stadt war ein Flammenmeer. Durch Schlamm und Dreck und unzählige Bombentrichter war uns der Weg versperrt. Immer wieder mußten wir vor Fliegern Deckung suchen. Es ging nicht weiter, und so blieben wir in der ersten Nacht nach dem Angriff auf Nordhausen unter Büschen des Wilden Hölzchens im Regen liegen. Die Flieger über uns waren so tief, daß wir die Positionslampen deutlich sehen konnten, und unsere Stadt sah schaurig aus. Sie war ein Flammenmeer, und immer wieder Detonationen von Blindgängern und Zeitzündern, die hochgingen. Gegen Mitternacht fand uns mein Mann durch unseren Familienpfiff. Wir beschlossen, zurück ins Altendorf in meiner Mutter Haus zu gehen, da man Angst hatte, daß die Entbindung, die ja stündlich geschehen konnte, mir gefährlich werden könnte. Ich war in keiner guten Verfassung. Beim Tagwerden flüchteten wir wieder in den Garten der Familie Kneiff. Dort lagen überall Menschen unter den Bäumen und Sträuchern, denn immer wieder kamen die Tiefflieger, die auf einzelne Menschen schossen. Drei bis vier Tage später waren wir mal wieder im Altendorf. Wieder Flieger, und wir sahen vom Küchenfenster aus, daß sie gezielt auf den Dom Bomben warfen und trafen, und wieder flüchteten wir in den Keller.

Einige Nächte schon hörten wir das Rollen der Panzer und in der Ferne Geschützfeuer. Es heißt, die amerikanische Armee steht kurz vor Nordhausen, und wir hoffen, die Bombenabwürfe hören auf. Die Bevölkerung des Altendorfs entschließt sich, weiße Tücher rauszuhängen. Da kommt ein Trupp SS-Leute die Straße entlang. Mit vorgehaltener Maschinenpistole werden wir gezwungen, die „Lappen" wieder einzuholen. Nentwig hat sich entschlossen, die Stadt zu verteidigen, so sagt man uns, und wieder leben wir in Angst. Meine Mutter versucht, ihre Patienten zu erreichen, und sieht das Ausmaß der Zerstörung. Die eine Familie unter Trümmern, die anderen Patienten wegen Brand und Schuttbergen nicht zu erreichen. Sie drückt sich immer wieder in die Trümmer, wenn die Tiefflieger kommen. Dann endlich, nach einer Nacht voller Angst, in der wir ständig das Rollen der Panzer hören, kommen im Schutz von Schützenpanzern die ersten Amerikaner. An der Ecke Schärfgasse - Altendorf wird eine große Kanone aufgestellt. Wir atmen auf, denn die Flieger werden wohl nun nicht mehr kommen. Die Soldaten sind freundlich zu den Menschen und Kindern.

Meine Schwiegereltern hatten im Haus von Dr. Förstemann, Stolbergerstraße, Unterschlupf gefunden. Am Einzugsmorgen hatten Kinder und Männer des Volkssturms ein Flakgeschütz an der Kreuzung Wilhelm-Nebelung-Straße Ecke Stolberger Straße zur „Verteidigung" aufgestellt. Die Bevölkerung sorgt dafür, daß die Waffen fortgeschafft werden. Die SS hat dem Volkssturm die Verantwortung für die Verteidigung übertragen und ist getürmt.

Da es durch unser Dach regnete, stieg ich, mein Mann war bei den Eltern, weil der Schwiegervater sich das Leben nehmen wollte, im Dachgebälk umher und setzte die Ziegeln wieder ein, die zum Glück fast alle nur verrutscht waren. Wie ich das, hochschwanger, geschafft habe, ist mir heute noch ein Rätsel. Die ersten Leute trauen sich aus den Häusern, sie versuchen, sich Gewißheit über die Angehörigen zu verschaffen. Da kommen auch schon die ersten Frauen weinend zu meiner Mutter. Sie muß helfen, man hat sie vergewaltigt. Wieder neue Sorgen und Angst.

Drei Tage unter der Sicherheit der amerikanischen Kanone wird frühmorgens am 13.4. mein Sohn geboren. Die Stiefel habe ich noch vom Angriff an. Am Nachmittag wird noch ein Junge in unserer Wohnung geboren. Meine Mutter half vielen und nahm sie auf. Nachts war Ausgangssperre. Die Stadt war nach der Befreiung der KZ-Lager den Häftlingen zur Plünderung freigegeben. Die Männer wurden zusammengetrieben und mußten die Toten aus der Boelckekaserne bergen. Es waren Häftlinge, die durch die Bomben der Alliierten ums Leben gekommen waren, wie so viele Nordhäuser. Mein Mann war ein anderer geworden und hatte weiße Haare bekommen.

Inzwischen gab es eine Meldepflicht im Gehege. Im Beisein eines amerikanischen Offiziers mußte jeder seine Papiere vorlegen. Wer keine Papiere hatte, wurde strengstens verhört, und wer nicht nachweisen konnte, daß er schon lange Zeit kein Soldat war, wurde verhaftet, und ein langer Zug marschierte nach Lager Dora. Sie kamen erst nach vielen Wochen, völlig abgemagert und seelisch am Ende, zurück. Mein Mann kam nur davon, weil zufällig in seinem alten Jagdanzug, den er vom Angriff an trug, sein Jagdschein steckte, der erst vor wenigen Wochen erneuert war. Nach dieser Meldung im Gehege mußten wir auf dem Ehrenhain den toten Häftlingen mit Blumen die letzte Ehre geben und bekamen dann erst eine Lebensmittelkarte.

Wir hatten auch versucht, meine Nennoma und Tante zu finden, aber sie lagen unter den Trümmern. Wer nicht erschlagen durch die Bomben war, verbrannte in den Trümmern. So ging es auch ihnen. Wir fanden nur die Trümmer und auch die Überreste des abgeschossenen Bombers, der unterhalb des Grundstücks Schützenstraße 21/22 und dem Gelände Sangerhäuser Straße lag. Unsere Hoffnung war lange Zeit, daß die Oma sich aufs Dorf habe retten können. Leider erwies sich das als Irrtum. Viel später erfuhr ich durch einen Augenzeugen, der sich bei mir erkundigen wollte, was aus Henzens und den Hausbewohnern geworden war. Das Haus brannte. Sie hatten, selbst auf der Flucht vor dem Feuer, zerschunden und verletzt aus den Kellern gekommen, die Hilferufe aus dem fast zerstörten Haus gehört und Hilfe zu schicken versprochen. Sie hatten geschrien: „Helft uns, wir sind fünf Frauen im Keller und können uns nicht selbst befreien." Sie sind am lebendigen Leibe verbrannt. Mir wäre wohler gewesen, ich hätte es nie so erfahren. Es belastet mich heute nach 50 Jahren immer noch.

Meine Mutter wurde oft unter Soldatenschutz zu gebärenden Frauen gebracht und auch wieder nach Hause, wenn es noch in die Sperrstunde fiel.

Es gab auch manche nette Geste der Soldaten. Wenn ich mit dem Kinderwagen und dem Kind an der Hand die Altendorfer Stiege hoch wollte, kam ein Soldat des Wachpostens und half mir, den Wagen die Treppe hochzutragen. Er schenkte meiner Kleinen Schokolade, die sie nicht aß, weil sie sie nicht kannte.

Mein Mann war eingesetzt, den Schlachthof aufzuräumen. Es sollte wieder geschlachtet werden. Es gab keine Kühlanlagen. Überall lagen noch Leichen von Menschen und Tieren. Tausende von Fliegen setzten sich sofort auf jedes Stück Fleisch, und 24 Stunden danach lebten die Maden. Es war schrecklich. Wir schnitten aus jedem Stück, ehe wir es verkaufen konnten, Madennester raus. Typhus hatte sich ausgebreitet. Wir waren alle betroffen, vor lauter Ekel.

An den Plünderungen waren nicht nur Ausländer und Häftlinge beteiligt, sondern auch unsere Landsleute. Es waren die, die noch wußten, wo sie ihr müdes Haupt hinlegen konnten und nicht die Ausgebombten.

Am 22.4. fand der erste Gottesdienst in der Altendorfer Kirche statt. Pfarrer Trautmann hielt ihn und taufte auch meinen 9 Tage alten Sohn, man wußte ja nicht, wie würde die Besatzungsmacht sich verhalten.

Im Juni wurden die Tresore der Bank geöffnet, und da meine Schwester aus Düsseldorf dort einige Koffer und Schmuck deponiert hatte, meldete ich mich beim Captain, der die Sachen aus den Kellern der Mitteldeutschen Landesbank freigab. Als ich aber keinen Schlüssel hatte, sollte ich den Koffer aufbrechen, um zu beweisen, daß keine Waffen drin seien. Er nahm aber dann Abstand davon, weil er meinen Angaben Glauben schenkte. Wir hofften, daß der Ami als Besatzungsmacht blieb, denn Gerüchte wurden laut, der Ami geht weg und der Russe kommt, und es wurde Wirklichkeit. Wir hatten den Amerikaner mit seiner riesigen Technik erlebt, und dann kamen die Russen. Auf Panjewagen saßen sie, von Pferdchen gezogen. Im Nebenhaus hatte man ein Transparent über die Straße gespannt mit den Worten: „Wir grüßen die siegreiche Rote Armee!" Wenig später hörten wir die Hilfeschreie der Frauen von nebenan. Man hat sich gleich schadlos an ihnen gehalten. Wieder lebten wir nur in Angst. Immer wieder floh ich auf den obersten Boden mit meinem kleinen Mädchen und zog die Leiter hoch.

Vor Plünderungen blieben wir geschützt. Die Polen, die gegenüber wohnten in einem Raum und denen meine Mutter geholfen hatte, holten die Eindringlinge aus unserem Haus und machten ihnen klar: „Gute Frau." Sie befestigten an unserem Haus ein weißes Schild mit schwarzem Kreuz und schrieben in russisch „Typhus" darunter. Der Russe, der Angst vor Seuchen hatte, machte daraufhin einen großen Bogen um unser Haus. Beim Verkauf in der Fleischerei wurde es immer schwieriger. Es gab Fleisch und Wurst nur auf Marken, und die Russen kamen und verlangten nur für Geld Ware. Ein russischer Fliegeroffizier trieb es zu toll. Er zog die Pistole und zwang uns, was er wollte, herauszugeben. Bis ich eines Tages zur GPU in die Karolingerstraße lief und die Russen als Schutz holte. Sie gingen nicht glimpflich mit ihren Leuten um, und da er betrunken war, wurde er furchtbar geschlagen und mitgenommen. Wir haben ihn nie wieder gesehen.

Irene Großmann
Ein Rückblick

Es ist gar nicht so einfach, sich nach 50 Jahren noch genau an alle Ereignisse zu erinnern, zumal man als Kind noch nicht soviel Interesse am Zeitgeschehen hat. Aber einige Dinge sind doch in der Erinnerung geblieben. Zum Beispiel die ersten Anzeichen eines kommenden Krieges. So mußte mein Vater im Spätsommer 1939 unseren PKW (einen Adler Triumph Junior) auf dem Nordhäuser Fliegerhorst abliefern, angeblich zu einer Übung. Aber wir bekamen ihn nie wieder, der Krieg war ausgebrochen!

Wir Jugendlichen haben die Tragik der damaligen Zeit eigentlich gar nicht so begriffen, oder auch verdrängt. Wir freuten uns z. B. über jeden Fliegeralarm oder jede Vorwarnung. Kam der Alarm in der Nacht, begann unsere Schule 2 Stunden später. Kam der Alarm während des Unterrichts, durften die Kinder aus der Umgebung der Schule nach Hause gehen, während die anderen Kinder den Keller der Schule aufsuchen mußten.

Die größeren Schüler wurden zu verschiedenen Einsätzen herangezogen, was uns immer eine willkommene Abwechslung war. Einmal im Monat mußten wir im Sitzungssaal der Stadtverwaltung Lebensmittelkarten zählen und zusammenstellen, welche dann an die Bevölkerung ausgegeben wurden. Einige Schüler mußten zum Wehrkreiskommando (es befand sich in der Bahnhofstraße im Gebäude der ehemaligen Poliklinik), um dort die Karteien der Soldaten zu vervollständigen. Andere mußten nach Wolkramshausen in die Munitionsfabrik.

Und wenn feindliche Flugzeuge mal Brandplättchen abgeworfen hatten (das waren kleine Brandsätze, welche sich auf den Feldern durch Sonneneinstrahlung selbst entzündeten und die Ernte vernichten sollten), mußten wir raus, um diese Plättchen einzusammeln. Ebenso verlief es mit Kartoffelkäfern, die wir suchen und aufsammeln sollten. Dadurch hatten wir natürlich sehr viel Unterrichtsausfall. Ich glaube, dies war auch der Grund, daß man uns das Abschlußzeugnis der Mittleren Reife ohne die obligatorische Prüfung überreicht hat.

Wenn im Winter die Kohlen knapp waren, wurde die Heinrich-Mittelschule geschlossen, und die Jungen dieser Schule hatten nachmittags in unserer Mathilden-Mittelschule Unterricht. Da entstand manche interessante Korrespondenz. Die größeren Jungen wurden dann Ende 1944 als Luftwaffenhelfer eingezogen, von denen nicht alle aus dem Krieg zurückkehrten. Unsere männlichen Lehrkräfte wurden schon Anfang des Krieges eingezogen und wurden ersetzt durch bereits pensionierte Lehrer. Bis auf unseren Bio-Lehrer, Herrn Kurt Wein, hatten wir nur weibliche Lehrkräfte.

Außerhalb der Schule trafen sich die Jugendlichen der Stadt bei den HJ-Nachmittagen und, was noch wichtiger war, auf dem „Bummel". Der war in der Rautenstraße gegenüber vom Stadthaus. Man promenierte von der Weberstraße bis zur Töpferstraße und zurück und fand dies furchtbar interessant. Zum Leidwesen der Polizei. Diese hatte ihr Domizil im Stadthaus und versuchte öfter mal, die Jugendlichen zu vertreiben. Wir rannten auch voller Respekt davon, aber sobald die Luft rein war, promenierten wir weiter.

Nach der Zerstörung der Stadt versuchten einige junge Einwohner durch Handzettel und Aufrufe, den Bummel an eine andere Stelle der Stadt zu verlegen, aber es mißglückte. Eine alte Tradition läßt sich eben nicht künstlich erhalten.

Die Nordhäuser Gesellschaftshäuser, wie Spangenberg, Hoffnung, Harmonie usw., wurden während des Krieges zu Lazaretten umfunktioniert. Ebenfalls in der Erziehungsanstalt am Weinberg. Wir mußten von der HJ (Hitlerjugend) aus dort Unterhaltungseinsätze machen.

Der größte Teil der Jugendlichen war in der HJ organisiert mit unterschiedlichen Interessengruppen. So gab es bei den Jungen u. a. einen Spielmannszug, eine Marine-HJ, eine Reiter-HJ, Flieger, Funker usw. Bei den Mädchen waren Sport- und Spielgruppen. Diese Spielgruppen hatten die Aufgabe, mit einstudierten Liedern, Tänzen und Sketchen den Verwundeten im Lazarett etwas Abwechslung zu bringen, was wir auch mit Begeisterung taten.

Ich bin in der Bäckerei meiner Eltern aufgewachsen und mußte schon als Kind, auf Grund des Personalmangels, vor der Schule in der Backstube helfen, Brötchen austragen und nach der Schule Brote ausfahren und Brotmarken aufkleben, welche dann bei der Stadtverwaltung abgerechnet wurden. Über allzuviel Freizeit konnte ich also nicht verfügen.

Mein Vater wurde beauflagt, täglich eine bestimmte Menge Brot für das im Kohnstein befindliche Lager Dora zu backen. Täglich kam ein LKW mit einem Fahrer, einem Capo und zwei Häftlingen, um das Brot zu holen. Der Capo war ein Aufseher. Meistens wurden dazu kriminelle Häftlinge ausgewählt. Mit den Häftlingen durften wir nicht sprechen. Nur mit dem Capo, und meine Mutter hat später von ihm erfahren, daß er seine Frau aus Eifersucht erschlagen hätte.

Durch verschiedene geheime Informationen erfuhren wir etwas von dem Leben im Lager. Aber erst nach dem Krieg wurden uns die ganze Tragik und die furchtbaren Geschehnisse bekannt.

Nicht weit von unserer Wohnung befanden sich das Amtsgericht und das Gefängnis. Da konnten wir täglich hören und sehen, wie die Häftlinge zum Arbeitseinsatz gebracht wurden. Man hörte sie deshalb, weil alle Häftlinge nur Holzschuhe trugen und das Klappern der Schuhe auf dem Straßenpflaster weithin zu hören war. Vor dem Krieg hatten wir auch einige jüdische Kunden, später dann nicht mehr. Ich brachte z. B. jeden Freitag ein spezielles Brot (ich glaube „Verges" genannt) zur Fam. Kleimenhagen. Sie hatten in der Rautenstraße ein Textil- und Bekleidungshaus. Als der Herr Kleimenhagen mal wieder aus unserem Geschäft ging, bemerkte mein Vater: Der Herr Kleimenhagen war heute recht komisch, er hat mir einige Male die Hand gedrückt und sich ein paarmal verabschiedet, ich glaube, der geht weg! Ein paar Tage später war er auch weg, und das Geschäft wurde von der Fa. Theiss übernommen.

Juden, welche noch in Nordhausen waren, wurden zu niederen Arbeiten herangezogen. Ein jugendlicher Jude mußte, mit dem gelben Judenstern auf der Brust, bei uns in der Straße fegen. Man sagte, es wäre der Sohn vom Rechtsanwalt Warburg. Er sah immer recht hungrig aus, und mein Vater überlegte stets, wie er ihm mal etwas Brot zustecken konnte. Ich weiß nicht, ob es ihm gelungen ist. Man mußte ja äußerst vorsichtig sein und konnte niemandem trauen.

Zum Thema Luftschutz gibt es auch noch etwas zu sagen. Die offizielle Bezeichnung war, glaube ich, Deutscher Reichsluftschutz-Bund. Diese Organisation sollte die Bevölkerung auf evtl. Luftangriffe vorbereiten und in den Gebäuden für entsprechende Vorbeugungs- und Schutzmaßnahmen sorgen. Die Hausbesitzer mußten ihre Dachböden entrümpeln und Löschwasser, Sand und Feuerklatschen dort bereitstellen. Auf den Straßen wurden große Holzbottiche aufgestellt, welche ständig mit Wasser gefüllt waren, Löschwasser für den Ernstfall. Für die öffentlichen Gebäude wurde jeweils ein Luftschutzwart benannt, der in diesen Häusern die entsprechenden Vorkehrungen zu treffen hatte. So wurde z. B. mein Vater als Luftschutzwart für die Petrikirche eingesetzt. (Wir wohnten unmittelbar neben dieser Kirche.)

An die Bevölkerung wurden Volksgasmasken ausgegeben, und in Abständen wurden in den Häusern Übungen und Belehrungen durchgeführt, wie man im Ernstfall diese Gasmasken benutzen sollte. Wir Jugendlichen mußten auf Anweisung der HJ regelmäßig zur Schulung ins Waisenhaus. Wir lernten u. a. die einzelnen Kampfgasarten und ihre Wirkungsweise kennen, die verschiedenen Brand- und Sprengbomben und andere Kampfmittel. Auch das Anlegen der entsprechenden Verbände und Wundbehandlung wurde uns beigebracht. Für uns war das eine ganz interessante Abwechslung, und es hat uns viel Spaß gemacht. Es war ja auch noch nichts passiert!

Als dann der Ernstfall eintrat, erinnerte sich niemand mehr an das Gelernte. Jeder war nur bestrebt, seine eigene Haut zu retten. Im Februar 1945 mußten wir erstmals den Keller unter unserem Haus aufsuchen. Aber da waren auch nur einzelne Bomben am Schlachthof und in der Schützenstraße gefallen.

Am 3.4.1945 in den Nachmittagsstunden war dann ein weiterer Angriff. Aber auch hier hielten sich die Schäden noch in Grenzen. Abends kamen zwei Männer von der NSDAP zu uns und holten unsere sämtlichen Brot- und Backwarenbestände weg, für die ausgebombten Leute, welche sich an einer Sammelstelle befanden. Ich weiß aber nicht, wo das war.

Mein Vater hat sich kurz zur Ruhe gelegt und ist dann zeitig wieder aufgestanden, um zu backen, damit die Versorgung mit Brot am nächsten Tag gewährleistet war. Das Wassernetz war ausgefallen, aber auf irgendeine Weise haben wir erfahren, daß in der Weberstraße in einem

Haus noch Wasser war. Ich wurde, mit Eimern bewaffnet, in die Weberstraße geschickt, um Wasser zu holen. Da ich einige Zeit warten mußte, stellte ich mich in die Haustür und beobachtete die Straße. Plötzlich hörte ich Motorengeräusch, und im nächsten Moment sah ich die ersten Christbäume am Himmel. Die Sirenen waren ausgefallen und konnten die Bevölkerung nicht mehr warnen. Ich rannte, so schnell ich konnte, nach Hause. Unsere Hausbewohner hatten sich alle in einem Kirchenraum ebenerdig unter dem Turm eingefunden. Auch viele Nachbarn hatten hier Schutz gesucht.

Und dann brach das Inferno über uns los. Nach ca. 20 Minuten war alles vorbei. Die noch Lebenden krabbelten aus den Schuttmassen raus. Unser italienischer Arbeiter, selbst schwer verletzt, hat mich von den auf mir liegenden Trümmern befreit. Er selbst erlag seinen Verletzungen und ist später in einem Bombentrichter beerdigt worden.

Meine Eltern brachten meine schwerverletzte Schwester in den Keller des noch stehenden Gerichtes an der Morgenröte. Dort hatten viele Ausgebombte Zuflucht gesucht. Auf dem Dach des Gerichtes lag noch ein Blindgänger, welcher die Leute noch in Unruhe versetzte. Mich hatte mein Vater losgeschickt, um zu erkunden, wie wir mit meiner verletzten Schwester aus der Stadt kommen könnten. Ich weiß nicht mehr, welche Häuser noch standen, zerstört waren, oder brannten, aber auf dem Petersberg war ein Bombentrichter am anderen. In der Gartenstraße stand noch ein Teil der Bäckerei Bühling, und Frau Bühling hat an die vorbeiströmenden Menschen Brot und Brötchen verteilt. Ich wollte wieder zurück zum Petersberg, aber da brannte schon alles (man hatte Phosphor abgeworfen), und ich bin mit dem Menschenstrom aus der Stadt, Richtung Leimbach gezogen. Am Alten Friedhof wurden wir nochmal von Tieffliegern beschossen. Die haben auf Flüchtlinge geschossen!!! Ich bin dann 50 km gelaufen und 6 Wochen bei meinen Verwandten gewesen. In den Wäldern um Stolberg fanden wir viel abgelegte KZ-Kleidung, deren sich die Häftlinge entledigt und sie gegen Zivilkleider getauscht hatten.

Auf einem Pferdewagen kam ich nach 6 Wochen wieder nach Nordhausen und sah mit Erschütterung das ganze Ausmaß der Zerstörung. Die Amerikaner hatten die Stadt besetzt. Die wichtigsten Straßen waren vom Schutt geräumt. Ausländer, Fremdarbeiter und ehemalige Häftlinge zogen noch durch die Straßen, und die Bevölkerung hatte Angst vor Rache und Plünderungen.

Mein erster Weg führte zum Petersberg. Es war ein furchtbarer Anblick. Die Straßen waren schon wieder begehbar. Kein Haus stand mehr. Nur ein paar Mauerreste. Was die Sprengbomben nicht klein gemacht hatten, hat der anschließende Brand vernichtet. Von der Petrikirche standen nur noch der Turm, der uns vor dem Bombentod bewahrt hatte, und die Sakristei der Kirche. Hier hatten, wie überall in der Stadt, die Plünderer nach Beute gesucht. Ein eingemauerter Wandschrank war aufgebrochen, und die wertvollen Kirchengeräte und Pokale waren daraus verschwunden. Zerrissene Schriftstücke lagen zwischen den Trümmern am Boden. Später wurde die Sakristei abgerissen. Das muß so 1948 gewesen sein, denn mein Mann mußte mit anderen Kollegen dem sehr festen Kreuzgewölbe mit dem Preßlufthammer zu Leibe gehen. Schade d'rum!

Am Güterbahnhof standen Waggons mit Lebensmitteln und Industriewaren und wurden von der Bevölkerung geplündert. Dort haben sich auch Besitzkämpfe abgespielt, weil jeder das größte Stück für sich wollte. Bei der Fa. Bahlmann und Becker (Magnetkaufhaus) und anderen Betrieben hat sich ähnliches abgespielt. Die Amerikaner gingen dann oft dazwischen, um das Plündern zu verhindern. Sie hatten für die Einwohner der Stadt eine Ausgangssperre verhängt. Ich glaube von abends 21 Uhr bis morgens 6 Uhr durften wir die Straße nicht betreten.

Um die Brotversorgung der Bevölkerung zu garantieren, wurde mein Vater in eine leerstehende Bäckerei in der Kasseler Straße eingewiesen. Der Besitzer war noch in Gefangenschaft, seine Familie hatte das Haus verlassen, und das leerstehende Haus war von Polen, Tschechen und anderen Ausländern besetzt. Mit Hilfe der Amerikaner wurde das Haus geräumt, und wir haben dann mit sehr viel Mühe und Arbeit das Haus gesäubert und die Bäckerei eröffnet. Das war Ende Mai 1945.

Im Sommer zogen dann die Amerikaner ab, und die sowjetischen Truppen rückten nach. Ein Unterschied wie Tag und Nacht. Die Amis mit modernster Technik und Fahrzeugen in ihren gut sitzenden Uniformen. Und dann die sowjetischen Truppen, von Entbehrungen und Strapazen gezeichnet, abgerissen, auf Panjewagen, gefolgt von riesigen LKW und Panzern.

Lieselotte Holzmann
Im Siechhof gefangen

Ich besuchte die Handelsschule in Nordhauen und arbeitete seit Herbst 1938 in der Südharzer Bank Ecke Neustadtstraße/Bahnhofstraße, danach in der Nortak in der Horst-Wessel-Allee bis zur Geburt meines Sohnes Ende 1944. Damals wohnte ich schon wieder in Urbach. Mein Mann, Magnus Holzmann, Oberleutnant der Wehrmacht, lag verwundet im Lazarett in Coburg. Nach seiner Genesung kam er zu Ostern nach Urbach und sollte sich zwecks Fortsetzung seines Dienstes in Kassel melden. Da dort bereits die Amerikaner waren, meldete er sich in Nordhausen im Wehrbezirkskommando in der Bahnhofstraße. Als er am 4. April mit dem Fahrrad in die Stadt fuhr, geriet er in den schweren Luftangriff.

In den folgenden Tagen war er mit einer Kompanie im Südharz, ich glaube, im Raum Ilfeld, ohne aber an Kampfhandlungen beteiligt zu sein: „Wir sollen da Geschütze kriegen, aber sie kommen nicht," äußerte er damals. Sie zogen sich in den Harz zurück, wo er den Befehl zur Auflösung der Kompanie gab.

Die Amerikaner waren schon mehrere Wochen im Dorf, als er eines Nachts zurückkehrte. Einige Tage später holten ihn die Amerikaner ab und brachten ihn nach Nordhausen in den Siechhof, wo eine größere Anzahl von Nationalsozialisten inhaftiert war. Wie mein Mann mir später erzählte, warf man ihm vor, als Stadtkommandant von Nordhausen mit Kreisleiter Nentwig zusammengearbeitet zu haben. Aber das stimmte nicht, er hatte Nentwig nie zu Gesicht bekommen. Seine Beschwerde darüber, daß er mit diesen Gefangenen zusammengelegt worden sei, hatte Erfolg. Er wurde entlassen und kehrte zu uns nach Urbach zurück.

Dann marschierten die Russen ein, und irgendwann im August wurde allen Angehörigen der ehemaligen Wehrmacht befohlen, sich im Nordhäuser Landratsamt zu melden. Mein Mann und einige Offiziere und Unteroffiziere, u. a. Karl-Heinz Bickel, Fliegeroffizier, und Eberhard Menzel, der wohl bei der SS gewesen war, der Sohn des Lehrers Menzel, versteckten sich in der Urbacher Kirche ganz oben unterm Dach, später in einer Jagdhütte des Lehrers Menzel im Alten Stolberg.

Im Oktober flüchteten wir im Eichsfeld über die Grenze nach Friedland.

10. Mai 1994

Irma König

Der Einzug der Amerikaner in Berlin

Am Dienstag, dem 10. April 1945, standen wir am Abend in Bielen im Garten hinterm Haus (ich wohnte damals in der Silbergasse). Auf einmal zischte etwas in großer Höhe über unsere Köpfe. „Solange wir das hören, tut es uns nichts", sagte mein Großvater. Da standen die Ami-Panzer schon am Hainer Berg und schossen übers Dorf.

Am Kirchturm hing eine große weiße Fahne, wohl ein Bettuch. Ich vermute, daß es mein Onkel gewesen ist, der das Tuch dort oben anbrachte. Meine Großmutter sagte mehrmals zu mir: „Unsere Fahne hängt schon." Das Hissen der weißen Fahne war nicht ungefährlich. Seit Wochen liefen „Kettenhunde" herum. Einer von ihnen beschuldigte dann auch einen jungen Soldaten, die weiße Fahne gehißt zu haben, und wollte ihn sogar vom Turm herabstoßen.

Am Vormittag des 11. April, gegen 11 Uhr, fuhren die Ami-Panzer, von Nordhausen kommend, auf der F 80 in Bielen ein. Wir liefen an die Straße und haben gewinkt. Die Panzer machten jedoch keinen Halt, sondern fuhren weiter in Richtung Görsbach. Später waren die Amis im Dorf einquartiert. In jedem Hof stand ein Panzer. Ein Sanitäter half bei der Geburt eines Kindes. Die Soldaten schenkten der Frau dann Schokolade und Apfelsinen.

Die Russen haben später mehrere Einwohner von Bielen, kleine Pg., nach Buchenwald gebracht: Albert Hendrich (den Ortsbauernführer), Otto Etzrodt, Karl Ziegler, Willi Ufermann und Julius Helbig. Willi Ufermann ist in Buchenwald umgekommen.

Mein Vater war Lokführer bei der Reichsbahn. Ab und zu wurde ihm ein Pole als Heizer zugeteilt. Ich habe manchmal gehört, wie er zu meiner Mutter sagte: „Mach doch mal ein Brot mehr - ich habe heute wieder den Polen."

Mai 1945. Mein Vater half mit, aufzuräumen und den Schienenverkehr wieder in Gang zu bringen. Er erzählte uns, wie eines Tages ein Kollege zu ihm kam und sagte: „Du, dein Pole sucht dich." Mein Vater dachte: Jetzt kriegste eins vor'n Schädel. Doch der Pole sagte ihm: „Ich nach Hause. Du immer gut gewesen." Er zog aus seiner Jacke ein Kistchen Zigarren und schenkte sie meinem Vater.

Es war einige Tage nach dem Einzug der Amerikaner. Ich wohnte damals in Bielen in der Silbergasse und war 18einhalb Jahre alt. Ich arbeitete seit 1941 in der Schürzenfabrik Becker in Nordhausen. Mit meiner Freundin und einer Cousine lief ich neugierig in die zerstörte Stadt, wo es noch rauchte und stank. Wir kamen zur Schürzenfabrik Becker. Der Betrieb war nicht zerstört. Nur die Fensterscheiben waren überall zersprungen. Nebenan die Näherei Bahlmann war nur zum Teil erhalten geblieben. Dort lagerten in einer Garage Kisten, die schon aufgebrochen waren. Wir sahen in ihnen fertige neue Babybekleidung. Meine Cousine, ausgebombt vom Klosterhof, hatte ein acht Wochen altes Kind, und ich beschloß daher, einige Stücke mitzunehmen. Wir gingen mit den Sachen weiter in die Bahnhofstraße, als ich plötzlich mehrere Schüsse hörte. Ich sah, wie eine Frau stürzte. Ob sie sich aus Furcht auf die Erde geworfen hatte oder von Schüssen getroffen war, weiß ich nicht. Da warf ich die mitgenommenen Sachen schnell weg, denn mir war klar, daß eine amerikanische Patrouille die Schüsse abgegeben hatte und gegen Plünderer einschritt.

Wir liefen zur Zorge und am Ufer in Richtung Bielen. Als wir in die Nähe der Boelcke-Kaserne kamen, bemerkten wir tote Häftlinge. Sie waren aufgedunsen und braun wie Schokolade. Wir liefen angstvoll an ihnen vorüber in Richtung Bielen.

Rolf Hecker

Von den Amerikanern mal kurz einkassiert

Es wird etwa eine Woche nach dem Einzug der Amerikaner in Nordhausen gewesen sein. Deutschland hatte noch nicht kapituliert; im Harz gab es noch vereinzelten Widerstand kleiner deutscher Truppenverbände.

Am bewußten Tag hielt ich mich in der Rückertstraße auf, unweit meines Elternhauses, als ein Trupp mit Gewehren bewaffneter Amerikaner erschien und mich mit eindeutigen Gesten und dem kurzen Zuruf: „Come on, boy!" abführten. In der Leimbacher Straße waren schon andere Festgenommene versammelt. Nachbarskinder hatten das beobachtet und meine Eltern informiert. Bald danach kam meine Schwester und wollte mir eine Jacke geben, was die Amerikaner aber nicht erlaubten.

Da die Bewachung nicht sonderlich streng gehandhabt wurde, so schien es mir jedenfalls, dachte ich sogleich an Flucht; denn bis zur Frankenstraße und von dort in den Alten Friedhof war es nicht weit. Und dorthin würden die Amerikaner mich wohl nicht verfolgen, sie galten als nicht gerade mutig. So drückte ich mich an Häusern und Gartenzäunen entlang und wähnte mich schon entwischt, als ich einen Stoppruf hörte. Im Umdrehen sah ich einen der Bewacher sein Gewehr heben, und schon krachte ein Schuß über mich hinweg. Nach diesem Warn- und Schreckschuß kehrte ich schnell zu den anderen zurück, deren Zahl sich vergrößert hatte. Irgendwann kam ein Armeelastwagen, gesteuert von einem Dunkelhäutigen. „Was hatte man mit uns vor, wohin will man uns bringen, vielleicht in ein Gefangenenlager? Soldat war ich noch nicht, „nur" Luftwaffenhelfer, und schon Ende Januar ordnungsgemäß mit einem amtlichen Papier entlassen!" Diese und schlimmere Gedanken schwirrten durch meinen Kopf. Der Fahrer nahm den Weg durch die Wilhelm-Nebelung-Straße, und dann ging es das Gehege hinunter. Und schon endete die Fahrt. Im Gelände, es muß wohl das der Rotleimwiese gewesen sein, hieß es erst mal warten. Die Posten mußten uns eine bestimmte Distanz zum Gebäude halten. Sie fluchten und schrien andauernd: „Move back, you god damned...!" So nach und nach wurden wir einzeln einem Offizier vorgeführt. Mein Schulenglisch reichte aus, um den Sinn der gestellten Fragen schon vor der Übersetzung richtig erfaßt zu haben. Er fragte nach dem Alter, ob ich Soldat gewesen und noch im Besitz von Waffen sei. Weiter wollte der Offizier herausbekommen, und das erschien mir als wichtigster Punkt der Befragung, ob ich von deutschen Soldaten und Munitionsverstecken in und um Nordhausen wüßte. Guten Gewissens konnte ich diese Fragen verneinend beantworten und war damit entlassen. Froh, diese Festsetzung so schnell und glimpflich überstanden zu haben, eilte ich nach Hause, von den Meinen freudig begrüßt.

Rudolf Mönch

Unschuldig im Internierungslager Niedersachswerfen

Anfang April 1945 wurde ich aus meiner Dienstverpflichtung im Ingenieur-Büro Niedersachsen (ehemals Askania) entlassen und kam mit meinem Fahrrad durch den Harz, in dem noch geschossen wurde, ungehindert bis zum Ortseingang von Niedersachswerfen. Da hielt ein amerikanischer Jeep neben mir. Einer der drei Amis riß meinen Karton auf. Ich mußte auf den Jeep aufsteigen und alles, was ich hatte, stehen- und liegenlassen. Die Amis sprachen kein Wort deutsch und sahen kein Dokument an, aber einer saß immer nach rückwärts gerichtet mit der Waffe in der Hand. Am Ziel bei „Rulf und Friese", jetzt Bekleidungseck, war wohl kein Offizier da. Wir fuhren weiter, vielleicht zu dessen Wohnung, jetzt Bochumer Straße, bald hinter Bötel, wo aber auch nichts passierte, außer, daß ich mit erhobenen Händen an der Wand stehenbleiben mußte. Nach einiger Zeit kam ein offener LKW, auf dem schon viele Männer standen. Wir fuhren durch Salza, an meiner Wohnung vorbei nach Niedersachswerfen. Im eingezäunten Gebiet direkt neben dem Sägewerk standen Häftlingsbaracken. Wir waren etwa 50 bis 60 Männer und wurden in einem großen Raum eingeschlossen. Die Feldbetten standen dicht aneinander, so daß kaum Platz zum Durchgehen blieb. Kein Tisch und kein Stuhl. Wir mußten Stacheldraht vor unsere Fenster nageln und durften die Baracke nicht verlassen.

Ich erinnere mich noch an einen Häftlings-Kapo, der in einer benachbarten Baracke wohnte, die ansonsten leerstand. Wir waren den ganzen Tag über in der Baracke eingeschlossen, erst ziemlich zum Schluß durften einige von uns, darunter auch ich, draußen Werkzeug suchen. Das Essen wurde uns jeden Tag in die Baracke gebracht - mir ist nur ein Brei aus Kartoffeln und Kohlrüben in Erinnerung. Ich habe Frau Nentwig gesehen, die Frau des ehemaligen Kreisleiters. Sie lief draußen in einem dunklen Trainingsanzug herum. Die Frauen waren in einer anderen Baracke, nicht weit von uns, inhaftiert und mußten für uns das Essen kochen.

Eines Tages sahen mich am Fenster die Hilfspolizisten aus Salza. Ihr Hauptmann war Schuhmacher Karl George. Sie sagten erstaunt: „Mönch, was machst du denn hier, du gehörst doch gar nicht dazwischen." Ich bat sie, bei den Amis für mich auszusagen, aber es kam zu keiner Befragung oder früheren Entlassung. Die anderen Inhaftierten waren wohl alle hohe Amtsträger der Partei. So auch Herr Nagel, der später in meinem Kantoreichor mitsang und mir erzählte, daß er Wirtschaftsrat im Landratsamt gewesen war und sogar hohe SS-Offiziere bei ihm Genehmigung holen mußten.

Nach und nach wurden einige abgeholt, keiner kam zurück. Nach etwa 5 Wochen, mehr als die Hälfte meiner Mitbewohner war bereits abgeholt worden, wurde ich aufgerufen und wieder zu „Rulf und Friese" gefahren. Dort wurde ich von mehreren Amis verhört, wobei ein Dolmetscher zur Verfügung stand. Man fragte besonders nach der Zugehörigkeit zur Partei und ihren Untergliederungen. Und es machte offensichtlich Eindruck, als man erfuhr, daß ich das fünfjährige Kind eines Juden adoptiert hatte. 1946 wurde die Ehe in West-Berlin geschieden, weil diese Frau „nie wieder in das ‘Kaff’ Nordhausen zurückgehen wollte“.

Das Schlimmste in der Häftlingsbaracke am Kohnstein waren die Flöhe und nachts die Wanzen. Ich wurde am 14.5.1945 entlassen.

Fritz Schmalz

Streng bewachter Marsch zum Lager „Dora“

Im Zusammenhang mit dem Lager Dora sollte in Erinnerung gebracht werden, daß sich sämtliche, schon heimgekehrte ehemalige Soldaten und Offiziere am 25. August 1945 in der sowjetischen Kommandantur zwecks Registrierung einzufinden hatten. Der Befehl hierzu war an allen Litfaßsäulen angeschlagen und vom Stadtkommandanten, Held der Sowjetunion Krawtschenko, unterzeichnet. Zeitungen und Stadtfunk gab es nicht. Da viele der Ehemaligen beim Nichterscheinen eine Bestrafung fürchteten, gingen sie zum befohlenen Treffpunkt, dem vormaligen Landratsamt in der Grimmelallee.

Sie mußten, nachdem bewaffnete Rotarmisten das Gelände abgeriegelt hatten, in Kolonnen antreten und in Richtung Parkallee marschieren. Daß man den Weisungen der starken Bewachung zu folgen hatte, beweist ein Vorfall, der sich in Altentor-Nähe abspielte: Einer der ehemaligen Soldaten trat aus der Reihe aus und wurde auf der Stelle erschossen.

Von nun an verletzte niemand mehr die Disziplin. Der Marsch führte über Krimderode zum Lager Dora, dessen noch einwandfreie Umzäunung jeden Fluchtversuch vereitelte. Welche Gefühle und Gedanken jeder einzelne bei dieser Inhaftierung hatte, möge dahingestellt sein. Einige, welche in der Lage waren, ihre Mitgliedschaft in einer antifaschistischen Partei nachzuweisen, aber auch Angehörige der Intelligenz (z. B. Ärzte) durften schon bald als freie Menschen das Lager verlassen.

Verpflegung gab es nicht. Aber schon bald hatte es sich in Nordhausen herumgesprochen, wo die Angehörigen abgeblieben waren. Viele Ehefrauen liefen zum Lager und warfen den Männern Lebensmittel über den Zaun, was von den Wachmannschaften geduldet wurde.

Am nächsten Tag wurde bekannt, daß alle, die an Ort und Stelle ihren Beitritt zur KPD oder SPD erklärten, frei kämen. Von dieser Möglichkeit machten viele Gebrauch. (Dies möge auch zur Erklärung dienen, daß die Mitgliederzahl gewisser Parteien damals sprunghaft anstieg.) Andere wieder, die irgendwelche „Beziehungen“ hatten, kamen mit einer entsprechenden Bescheinigung frei. Voraussetzung war aber, daß sie der Nazi-Partei nicht angehört hatten.

Nach und nach verringerte sich so die Anzahl der Eingesperrten. Der Rest wurde noch einmal durchsiebt, und es blieben nach 14 Tagen nur wenige übrig, die man ins Hanewacker-Lager brachte, von wo aus sie an verschiedenen Einsatzorten Zwangsarbeit verrichten mußten. Daß man bei dieser Großaktion Kriegsverbrecher entdeckt hat, ist nicht bekannt. In den Tagen danach mußten sich alle ehemaligen Soldaten in der Polizei-Direktion, die sich zusammen mit der neuen Stadtverwaltung in einer ehemaligen Kautabakfabrik in der Spangenbergstraße befand, registrieren lassen. Man erhielt hierfür nach stundenlangem Anstehen eine Quittung mit den Unterschriften des Polizeidirektors Abeska und des KP-Vorsitzenden Schwager, die man ständig bei sich zu tragen hatte. Für die meisten war dies der letzte Akt in Verbindung mit der früheren Wehrmacht.

Artur Grosser

August/September 1945 im Lager „Dora"

Am 1. Juli 1945 kehrte ich nach sechs Wochen des Hungerns aus dem amerikanischen Internierungslager Calbe an der Milde in meine Heimatstadt Nordhausen zurück. Ich wog noch 89 Pfund. Ich meldete mich beim Wiederaufbaustab der Stadt und schuftete mit Pike und Schaufel, um mitzuhelfen, die Kanalisation wieder in Ordnung zu bringen. Angestellt war ich bei der Firma Gebhardt & König (Schachtbau), wo ich unter der Leitung der Bergassessoren Jähde und Wember arbeitete.

Eines Tages ordnete die russische Kommandantur, die sich im ehemaligen Landratsamt befand, an, daß sich sämtliche ehemaligen Wehrmachtsangehörigen zu melden und an der Henschu-Ecke zu sammeln hätten. Wer dem Aufruf nicht folgen würde, hätte strenge Bestrafung zu erwarten. Ich weiß noch, daß wir mehrere hundert Männer waren, die von russischen Soldaten bewacht wurden. Ich bemerkte, da ich zufällig in der Nähe eines Kastanienbaumes am Straßenrand stand, wie einer von unseren Kameraden am Baum sein 'Wasser' lassen wollte. Ein Russe, der wohl glaubte, daß er fliehen wollte, erschoß ihn mit seiner Kalaschnikow. Da ich beim besten Willen nicht erkennen konnte, daß eine Fluchtabsicht bestand, muß ich fast annehmen, daß es vorsätzlicher Mord war. Man nahm dem Toten seine Papiere ab und schleppte ihn fort. Dann setzte sich die Kolonne in Richtung Westen in Bewegung. Wir wurden in das ehemalige KZ-Lager „Dora" gebracht, in Baracken eingesperrt und streng bewacht. Ich wurde dort mehrere Wochen festgehalten. Unsere Angehörigen mußten uns Essen bringen. Nachts hörte ich mehrmals MP-Salven. Vermutlich wurden sie auf Flüchtende abgefeuert.

Russische Frauen verhörten uns und fragten, bei welcher Einheit wir gekämpft hätten. Wer in Rußland gewesen war, wurde länger festgehalten. Ein Betriebsleiter Schröder holte mich heraus, vermutlich, weil in seinem Betrieb Arbeitskräfte fehlten.

Otto Müller

1945/46 in der Teichmühle bei Münchenlohra

Ich heiße Otto Müller und war 1945 vierzehn Jahre alt. Wir wohnten in der Teichmühle am Teich-Bach, etwa 1,5 km östlich von Münchenlohra, oder, anders ausgedrückt, etwa gleich weit entfernt von Hainrode und Münchenlohra. Die Teichmühle war also ein Einzelgehöft und weithin sichtbar.

Zu Ostern 1945 verließ ich die Schule. Am 4. April, meinem Geburtstag, beobachtete ich, wie die Bombenflugzeuge hoch über unserem Hof hinweg in Richtung Nordhausen flogen. Zu dieser Zeit lebten bei uns drei Sanitäter der Wehrmacht, die am achten oder neunten April in Richtung Harz abmarschierten. Auch in den folgenden Wochen und Monaten tauchten immer wieder einzelne Landser auf, teils schon in Zivilkleidung, die sich in ihre Heimat durchschlagen wollten und die wir für eine Nacht aufnahmen.

Von den Amerikanern, die am 10. April einrückten, weiß ich nicht viel zu berichten. Sie haben uns wohl nicht weiter belästigt. Von meinem Hochsitz, den ich mir auf einem Birnbaum angelegt hatte und von dem ich die Straße, die von Nohra nach Münchenlohra führt, gut einsehen konnte, bemerkte ich eines Tages - es muß Anfang Juli gewesen sein - wie sich eine Kolonne mit Pferden bespannter Planwagen, Panjewagen genannt, näherte. Die ersten Russen! Sie zogen von Nordhausen und Nohra heran. Zu meinem Schrecken sah ich, wie das fünfte Fahrzeug von der Straße abbog und auf dem Feldrain zu unserem Gehöft fuhr. Im Wagen saßen vier oder fünf Russen. Meine Mutter bot den Soldaten frisch gepflückte Kirschen und Essen an, was sie wenig interessierte. Vielmehr begannen sie, das Haus nach versteckten Waffen und Landsern zu durchsuchen, während wir uns in einer Ecke der Küche aufstellen mußten. Sie beschimpften uns als Faschisten, und dann begann eine furchtbare Plünderei, die ich mein Lebtag nicht vergessen werde. Das zweitemal erschienen acht Russen zu Pferde und plünderten, und zum drittenmal am Heiligen Abend 1945.

Wir hatten uns Notausgänge geschaffen, indem wir ein Fach aus einer Fachwerkwand heraus-nahmen und einen Schrank vor die Öffnung stellten, durch die wir auf den angrenzenden Heu-boden flüchten konnten. Am Heiligabend bin ich im Schlafanzug und in Schrotensocken (Schrotensocken wurden aus Filzstreifen geflochten) bis nach Münchenlohra gelaufen, um Hilfe zu holen. Zwei beherzte Männer kamen mit Knüppeln mit, einer sprach etwas polnisch oder russisch. Als wir uns unserem Hof bis auf etwa 100 Meter genähert hatten, bemerkten die Russen uns und feuerten gegen uns mehrere MP-Salven ab. Dann sahen wir, wie der Panjewagen über den Berg in Richtung Nohra davonzog. Erschüttert betraten wir die total verwüsteten und ausgeräumten Gebäude.

Durch den Ausflug im Schlafanzug zog ich mir eine schwere Lungenentzündung und beiderseitige Rippenfellentzündung zu. Ich bekam Schüttelfrost und Fieber und schwebte längere Zeit zwischen Leben und Tod. Mein Vater ist hinter den Russen hergelaufen, hat die Spur des Wagens deutlich im Reif gesehen, bis sie sich vor Nordhausen verwischte. Er beschwerte sich in der Kommandantur in der Grimmelallee, und tatsächlich suchten uns einige Offiziere der GPU zu Hause auf, sahen sich alles an und sagten zu uns: „Wenn wieder kommen Soldat - Axt nehmen und Kopf abhacken!" Wir hatten unsere Haustür aus Eichenholz verbarrikadiert, aber die Fenster zu ebener Erde boten genügend Gelegenheit, ins Haus zu gelangen. Die Überfälle haben sich 1946 noch zweimal wiederholt. Einmal lief meine Mutter den Russen davon, auf einem Feldweg nach Hainrode, um den Polizisten zu holen, der gleich im ersten Haus wohnte. Der aber winkte erschrocken ab: „Was soll ich denn da!"

Bei einer dieser Plünderungen erschossen die Russen in Hainrode Karl Strube und seine Tochter und in derselben Nacht in Wollersleben ein älteres Ehepaar namens Jungermann.

Abkürzungs- und Siglenverzeichnis

AN   Amtliches Nachrichtenblatt für die Stadt Nordhausen und den Kreis Grafschaft Hohenstein (Nr. 1 v. 30.8.1945)

Chronik StA   Chronik des Jahres 1945. Stadtarchiv Nordhausen, II A 815

DM   David Malachowsky: Nordhausen, liberated April 11, 1945. In: The Liberators. Edited by Yaffa Eliach and Brana Gurewitsch, New York 1981

LAH   Leo A. Hoegh, Timberwolf Tracks. The History of the 104th Infantry Division 1942 to 1945, Washington 1946

MB   Manfred Bornemann, Schicksalstage im Harz. Das Geschehen im April 1945, 7. Auflage, Clausthal Zellerfeld 1990

MS   Manfred Schröter, Die Zerstörung Nordhausens und das Kriegsende im Kreis Grafschaft Hohenstein 1945. Beiträge zur Heimatkunde aus Stadt und Kreis Nordhausen, Sonderheft 1988

N   Bestand N (bis 1950) der Akten des Stadtarchivs Nordhausen

S   Bestand S (1945 - 1990) der Akten des Stadtarchivs Nordhausen

SHK   Südharzer Kurier. Amtliches Mitteilungsblatt des Kreises Nordhausen - Südharz der NSDAP

Th Vztg   Thüringer Volkszeitung. Organ der KPD, Bezirk Thüringen

US   Ulrich Saft, Krieg in der Heimat ... bis zum bitteren Ende im Harz, Militärbuchverlag Walsrode 1994

Vber. 1946   Verwaltungsbericht des Rates der Stadt Nordhausen für das Kalenderjahr 1946

X   Bestand X (1802 - 1945) der Akten des Stadtarchivs Nordhausen

Schriftenreihe
„Heimatgeschichtliche Forschungen des Stadtarchivs Nordhausen/Harz

Nr. 1   R. H. Walther Müller
Die Merwigslindensage in Nordhausen,
ein Denkmal der Thüringer Frühgeschichte, 1953

Nr. 2   R. H. Walther Müller
Geschichte des Nordhäuser Stadtarchivs, 1953

Nr. 3   Amtsbuch der Reichsstadt Nordhausen 1312 - 1345
Liber privilegiorum et Album civium
Herausgegeben von R. H. Walther Müller, 1956

Nr. 4   Ludwig Hoerner
Frühe Photographie in Nordhausen
Ludwig Belitski (1830 - 1902), prominenter Photograph
und engagierter Bürger, 1992

Nr. 5   Werner Rathsfeld
Die Graupenstraße. Erlebtes und Erlittenes, 1993

Nr. 6   Schicksalsjahre 1945. Inferno Nordhausen.
Chronik, Dokumente, Erlebnisberichte.
Zusammengestellt von Peter Kuhlbrodt, 1995